BEAUQUESNE

SA COMMUNE, SON CHÂTEAU-FORT

SA PRÉVÔTÉ ROYALE

ÉTUDE HISTORIQUE

PAR

J. DUCHAUSSOY

ABBEVILLE

C. PAILLART, IMPRIMEUR-ÉDITEUR

1898

BEAUQUESNE

Sa Commune, son Château-Fort
sa Prévôté royale

BEAUQUESNE

SA COMMUNE, SON CHÂTEAU-FORT
SA PRÉVÔTÉ ROYALE

ÉTUDE HISTORIQUE

PAR

J. DUCHAUSSOY

ABBEVILLE
C. PAILLART, IMPRIMEUR-ÉDITEUR

1898

INTRODUCTION

Beauquesne, aujourd'hui simple commune rurale de 2,402 habitants, à l'extrémité méridionale du canton de Doullens, était jadis une ville d'une certaine importance. Ville de commune dès le temps de Philippe-Auguste, munie d'une forteresse considérable à la fin du second tiers du XIIe siècle, elle fut jusqu'à la veille de la Révolution, le chef-lieu d'une prévôté royale dont le ressort s'étendit longtemps depuis la Somme, à son quatrième bras en entrant dans Amiens par le nord-ouest, au « Pont-où-Dieu-ne-passa-oncques, » jusque vers le confluent de la Lys et de l'Escaut, dans la Belgique actuelle.

C'est en considération de ce passé que cette commune, malgré sa déchéance présente, nous a paru mériter une notice historique, et tel est le but du travail qui va suivre.

1er Septembre 1896.

BEAUQUESNE

Sa Commune, son Château-Fort, sa Prévôté royale

CHAPITRE PREMIER

Origine et étymologie du nom de Beauquesne.

Des différentes formes sous lesquelles ce nom se présente dans les auteurs et dans les chartes et autres documents historiques où on le rencontre, les principales sont les suivantes : en latin, *Bellaquercus* et *Belcanœ* ; en français du Moyen-Age ou de nos jours, *Belcaine*, *Biaukaine* et *Beauquesne*. Toutes les autres ne sont que de simples variantes se rapportant à l'un de ces quatre ou cinq types. La plupart d'entre elles ont été insérées par M. Garnier dans son *Dictionnaire topographique du Département de la Somme*, avec l'indication des auteurs qui les ont employées. La reproduction de ce tableau pourrait être fastidieuse pour le lecteur ; aussi nous abstiendrons-nous de le donner, d'autant plus qu'on trouvera toutes ces citations disséminées au cours de notre travail.

Beauquesne : Quelle signification attribuer à ce nom ? Serait-ce par hasard quelque beau chêne croissant sur son emplacement qui le lui aurait donné ? Ou bien lui viendrait-il, comme le prétendent divers auteurs cités par le

P. Daire (1), d'un chêne qui y aurait été dédié spécialement au dieu gaulois *Belen* ?... Eh! pourquoi pas, après tout ? N'avions-nous point en effet, à deux pas, une forêt consacrée tout entière à cette divinité, la *Beleni Sylva* ou forêt de Baizieux ?

Une longue dissertation sur les mérites respectifs des deux opinions pourrait trouver ici sa place ; mais, estimant qu'il n'en saurait résulter aucune solution satisfaisante, nous préférons nous en abstenir, laissant au lecteur le choix de l'acception qui lui paraîtra la plus vraisemblable.

(1) *Histoire du Doyenné de Doullens*, article BEAUQUÈNE.

CHAPITRE II

La contrée aux temps anciens et dans la première partie du Moyen-Age. — Premières notions sur Beauquesne. — Création de sa gruerie.

Le pays au nord de la Somme, aujourd'hui si fertile et si riche, était jadis couvert de bois et de marécages, et partant peu peuplé, comparativement au reste des Gaules. Au temps de la conquête romaine en effet, cinquante ans avant Jésus-Christ, l'étroit canton des Bellovaques, situé au sud de cette rivière, recélait à lui seul, au dire de César (1), autant d'hommes en état de porter les armes que tous les territoires habités par les Amiénois, les Atrébates, les Morins et les redoutés Nerviens tous ensemble, malgré leur étendue sept à huit fois plus grande.

Essartées en partie, une première fois, sous la domination romaine, ces forêts ne tardèrent pas à reconquérir le terrain qu'elles avaient perdu, lorsque les affreuses dévastations des Barbares, au IIIe, au IVe et au Ve siècle de notre ère, eurent fait du nord de la Gaule une sorte de désert, de sorte qu'elles arrivèrent à reformer un tout presque ininterrompu. C'était, en première ligne, et de l'ouest à l'est, entre la Somme, la Manche et l'Authie, la forêt de Crécy, qui occupait l'emplacement de ce qui fut plus tard le Ponthieu. A l'est de celle-ci et y attenant, c'était la forêt de Vicogne, entre celles de Baizieux, au

---

(1) *Guerre des Gaules*, livre II, IV.

sud, en face de Corbie, et de Lucheux, au delà de l'Authie vers le nord. Plus à l'est, de deçà Péronne et Bapaume à la Sambre, c'était la forêt d'Arrouaise, qui touchait à celles de Nouvion et de Thiérache, limite extrême de la Picardie vers la Meuse.

Plus au nord, c'étaient les forêts de l'Artois et de la Morinie et enfin cette immense forêt charbonnière (*carbonaria Sylva*), qui couvrait, à elle seule, presque toute la région dont fut formé plus tard le comté de Flandre, et qui valut aux premiers maîtres de ce grand fief d'être désignés par le titre de « comtes forestiers (1). »

La prévôté royale de Beauquesne s'étendit fort longtemps, du sud au nord, sur une large zone de la contrée jadis couverte par toutes ces forêts ; et c'est à ce titre que nous croyons devoir en rappeler le souvenir.

L'une d'entre elles, la forêt de Vicogne (*foresta Viconiœ*, ou *Windegonia Sylva*), ayant été plus particulièrement, pendant sept siècles, et dans presque toute son étendue, comme le noyau de cette prévôté, nous allons en dire brièvement quelques mots.

Un titre du mois de juin 1186 nous fait connaître sa délimitation exacte. « Elle commençait, dit cette pièce, à Létoile-sur-Somme, et sa lisière de l'ouest suivait, le long du Ponthieu, une ligne à peu près droite aboutissant à un saule, sur l'Authie, en face d'Outrebois (*Ultra Sylvam*). De là sa limite côtoyait la rive gauche de l'Authie, puis celle de la Grouches, son affluent, en remontant jusqu'à sa source. Elle atteignait ensuite Bucquoy ; puis elle longeait le fief de Bapaume et de Miraumont ; et enfin, s'infléchissant au sud vers Posières, elle englobait plus loin le quart de Longueval, Montauban et Fricourt (2). »

Le long de sa limite méridionale, depuis Létoile jusqu'à

---

(1) Voir Dom Grenier, *Introduction à l'Histoire de la Picardie*, page 68.
(2) Procès-verbal de délimitation du Comté d'Amiens par des arbitres chargés de ce travail. Cette pièce se trouve reproduite dans l'*Histoire des Comtes d'Amiens*, de Du Cange, page 358.

Bray et Suzanne, l'abbaye de Corbie, héritière, lors de sa fondation, des possessions du comte Guntland dans ces parages, avait fort bien su en accroître l'importance, car son délégué à la commission de délimitation y démontra que, non seulement *Biauquesne*, mais encore des localités plus éloignées et également enclavées dans la Vicogne, telles que Bazentin, Mailly, Canaples, Vignacourt, Villers-Bocage et Bertangles, en faisaient ou en avaient fait partie.

La forêt de Vicogne était traversée par quatre des dix voies romaines qui rayonnaient autour d'Amiens. La première, à l'est, se dirigeait vers Bavai par Querrieux, Albert et Bapaume. C'est entre ces deux dernières localités qu'elle coupait l'extrémité orientale de la forêt.

La seconde suivait à peu près le tracé actuel de la route d'Amiens à Arras, et sortait de la Vicogne à mi-chemin de ces deux villes, à Thièvres, la *Teucera* de la Table Théodosienne.

La troisième passait, comme notre route nationale n° 16, par Poulainville, Lavicogne et Beauval, et traversait l'Authie au-dessous de Doullens pour gagner de là Saint-Pol et Thérouenne.

La quatrième enfin, qui était l'artère principale, sortait d'Amiens par le faubourg Saint-Maurice et se dirigeait vers Boulogne-sur-Mer en traversant successivement Saint-Vast-en-Chaussée, Saint-Ouen, Domqueur, Yvrench, Estrées, Dourier, etc (1).

A gauche de Saint-Ouen, près de Létoile-sur-Somme, se trouvait un camp romain encore existant, qui couvrait, dit Dom Grenier, une surface de vingt-sept journaux, et pouvait contenir de trois à quatre mille hommes. M. l'abbé Bourlon, dans son manuscrit, nous dit que « plusieurs antiquaires se sont plu à gratifier Beauquesne d'une certaine importance dans les derniers temps de la période gallo-romaine, et que, selon eux, on y aurait dirigé, du

---

(1) DOM GRENIER, ouvrage cité, pages 49 et 50.

camp de Létoile, une voie romaine qui, sous la dénomination de chemin vert ou de Beauquesne, aurait traversé »..... de l'ouest à l'est, la forêt de Vicogne, en coupant la quatrième et la troisième des voies énumérées plus haut, et se serait terminée, vers Marieux, à la rencontre de la seconde de ces chaussées.

Quoiqu'il en soit, nous devons reconnaître qu'il ne reste, aux environs de notre commune, aucun vestige de ce « chemin vert ». Il est vrai de dire, avec Dom Grenier (1), que, partout où elles gênaient l'agriculture, le laboureur a soigneusement effacé les traces de ces voies. Un seul indice pourrait en être resté dans Beauquesne même, où une rue, dirigée dans le sens indiqué, a porté, jusqu'à la fin du siècle dernier, le nom de « rue d'Estrées (2). » Or, le même auteur nous dit, à l'appui de cette conjecture, que partout où l'on rencontre un lieu désigné par l'une de ces appellations : *Estrées*, *Estraon*, *Vitry*, etc., et, en latin du Moyen-Age, *Strata via* ou *Via strata*, *Strata publica*, etc., là, dit-il, on est certain de saisir le passage de l'une de ces voies (3).

Le premier document qui fasse mention de la forêt de Vicogne, du moins parmi ceux qui nous sont parvenus, est le titre de la fondation de l'abbaye de Corbie, souscrit le 8 des ides de septembre de l'année 659, par le roi Chloter III et sa mère, sainte Bathilde. Parmi les immeubles octroyés aux bons moines par ces royaux personnages se trouvent deux « portions » de cette forêt. L'une, commençant à Létoile-sur-Somme, s'étendait, vers l'est, jusqu'à l'une des voies romaines citées plus haut. Ses contours, bien indiqués dans le texte de la charte, ne sauraient être retracés aujourd'hui, à cause des noms de lieux, qui nous sont complètement inconnus.

L'autre est simplement désignée comme sise en un endroit appelé *Taccacum*, dont nous ignorons aussi la

---

(1) Ouvrage cité, page 425.
(2) C'est aujourd'hui la rue Pol ou Saint-Pol.
(3) Dom Grenier, ouvrage cité, pages 426 et 427.

situation, et qui avait été précédemment achetée par le comte Frodin et cédée depuis par lui, par voie d'échange, au fisc royal.

En même temps que ces deux parties de forêt, la même charte ajouta à la libéralité royale deux autres domaines : l'un, celui de Talmas (*Templum Martis*), entièrement situé, dit ce document, dans le *pagus ambianensis*. Quant au second, il avait été la propriété du comte Guntland et était, paraît-il, le comté même de Corbie, auquel Beauquesne, ainsi que nous venons de le dire, se trouvait ou devait se trouver bientôt rattaché.

La grande abbaye ne jouit pas en paix de tous ces domaines, malgré la fervente piété des chefs de l'empire carlovingien, et quelques-uns lui échappèrent. Deux siècles après la donation de Chloter III, Charles le Chauve faisait entrer toute la Vicogne dans les possessions des comtes de Flandre, en dotant Baudouin Bras-de-Fer, son gendre, de tout le pays jusqu'à la Somme.

Beauquesne cessa alors, s'il ne l'avait déjà fait, d'appartenir à la manse abbatiale et devint bientôt, à ce qu'assure M. l'abbé Bourlon, sur la foi de Dom Grenier, « l'un des chefs-lieux de cette vaste seigneurie de Flandre. » Un officier portant le titre de gruyer (1), y fut établi pour veiller à la conservation des forêts de la contrée, et connaître des délits qui s'y commettraient. Ses jugements, ajoute-t-il, s'y prononçaient encore, au XIII° siècle, dans la salle de la Blanque-Table.

(1) Un *gruyer* était, ainsi qu'il est dit plus haut, un officier chargé de la conservation des forêts de sa circonscription, et cette circonscription portait, de même que la fonction du gruyer elle-même, le nom de grurie : en latin de ce temps, *gruaria* ou *griaria*.

CHAPITRE III

BEAUQUESNE INCORPORÉ AUX DOMAINES DES COMTES DE SAINT-POL. — FONDATION DE PLUSIEURS GRANDS DOMAINES ECCLÉSIASTIQUES AUX ENVIRONS : VALVION, VALDESMAISONS, SÉRIEL, ETC.

Le grand comté de Flandre, qui était lui-même un démembrement de la monarchie franque, ne garda pas mieux qu'elle son unité. Dès le xe siècle, la partie méridionale s'en détacha pour former le comté de Saint-Pol. Beauquesne fit partie de cette nouvelle seigneurie et nous voyons, l'an 1050, le comte Roger faire don « de l'autel de cette paroisse (1), avec deux parts de dîme (2), en même

(1) « *Altare*, autel. — On entendait, par droit *de Altare* les oblations faites à l'occasion des offices, et particulièrement de la messe. » — DELGOVE, *Histoire de Doullens*, p. 264.
(2) La dîme était une redevance au profit du clergé. Établie, ou du moins généralisée par Charlemagne et imposée à toutes les exploitations agricoles ou horticoles de son vaste empire, sa quotité n'était pas partout la même ; mais tous les biens-fonds y étaient soumis. A Beauquesne, elle se percevait à raison de six du cent.
On distinguait les dîmes en *grosses dîmes*, *menues dîmes* et *novales*. Les premières consistaient dans les levées sur les blés, les seigles, l'orge, la pamelle, l'avoine, le foin, le vin, etc. : en un mot, elles pesaient sur les produits des terres. Les secondes étaient divisées, à leur tour, en *verte dîme*, levée sur les légumes, tels que pois, fèves, haricots ; *dîme de sang et charnage*, sur les troupeaux ; *dîme de laine*, sur les toisons des moutons ; *dîme de cour*, sur la volaille. Les *novales* se percevaient sur les terres de la paroisse nouvellement défrichées.
La perception de la dîme se faisait par le décimateur ou par son fermier. Pour ce qui concernait les récoltes, les laboureurs et les particuliers faisaient ordinairement faire, soit au prône de la messe paroissiale, soit à la porte de l'église, la publication, à jour et à heure indiqués, de l'ouverture de la moisson ou de la vendange, et, en consé-

temps que de l'autel d'Orville et des hameaux de Terramesnil, Amplier et Caumesnil, à la Collégiale qu'il avait fondée, sous le vocable de saint Sauveur, dans la ville de Saint-Pol (1). »

Plus tard, « le 7 des kalendes d'août 1175, le pape Alexandre III confirma la donation du comte Roger (2). »

Beauquesne formait alors l'extrémité méridionale du domaine de ces comtes de Saint-Pol, car Doullens et sa châtellenie, dont Beauval était une dépendance, faisait partie du comté de Ponthieu, et, au sud, c'était immédiatement l'Amiénois et le Corbiois.

Mais qu'était Beauquesne au temps du comte Roger? Etait-ce une ville? Etait-ce un simple village? Toutes nos recherches à cet égard, nous devons l'avouer, sont restées infructueuses. La seule chose que nous apprenne sur ce point la charte précitée, lorsqu'elle fait mention de « l'autel de Beauquesne, » c'est qu'il existait alors une paroisse dans ce lieu. Or, s'il est vrai, comme le dit M. l'abbé Bourlon, que le nombre des paroisses était, à cette époque, assez restreint dans l'Amiénois, on devrait en conclure qu'il n'était tout au moins plus un simple hameau.

Il ne semble pas qu'il y ait jamais eu de seigneur particulier à Beauquesne, comme il en existait dans les localités voisines. Nous n'en trouvons du moins aucune trace dans les seuls documents où se rencontrent les noms des seigneurs de cette époque, c'est-à-dire dans les cartulaires des établissements religieux dont nous allons parler bientôt. Les archives du Pas-de-Calais mentionnent bien plusieurs personnages ayant porté le nom de Beauquesne

---

quence, les décimateurs étaient tenus de se trouver sur le champ dont la récolte était à enlever. A Beauquesne, dès que le champarteur avait marqué son droit, le maître du champ pouvait enlever sa récolte, en laissant sur place la part du décimateur.

Voir DARSY, et, en l'Etude du Notaire de Beauquesne, un acte de notoriété du 30 décembre 1785.

(1) MALBRANCQ, *De Morinis*, t. II, p. CXVIII.
(2) *Chronicon Locrii*, pages 331 et 352; et DOM GRENIER, t. XXVI, f° 99 r°.

— il en existe même encore de nos jours — mais cela n'indique nullement qu'ils aient appartenu à une famille seigneuriale de l'endroit. Nous trouvons en effet dans une fondation religieuse de 1342, dont nous nous occuperons plus loin, divers habitants de notre commune appelés De Beauval, et parfaitement roturiers. Il en est encore ainsi du reste aujourd'hui pour bien d'autres noms, et ces appellations sont tout au plus l'indice du lieu d'origine de ces familles (1).

La donation du comte Roger est la première en date de celles qui, à notre connaissance, ont été faites à l'Eglise par les seigneurs de notre contrée. Bon nombre d'autres l'avaient certainement précédée, car dans ce milieu féodal les violences étaient fréquentes, et la plupart des barons en avaient chacun un certain stock à leur actif. Or, lorsqu'ils se croyaient en danger de mort, ou qu'ils en envisageaient seulement l'éventualité, la peur de l'enfer les saisissait, et, pour s'en préserver, ces grands propriétaires faisaient don de quelque domaine au clergé, pour en obtenir des prières. Il faut dire, avec M. Alex. Bouthors (2), que ces largesses n'étaient pas bien onéreuses pour les barons, et qu'elles tournaient même à leur profit,

---

(1) Les personnages mentionnés aux Archives précitées sont Richard *de Bellaquercu*, bailli d'Hesdin en 1216 ; Robert *de Bellaquercu*, bailli d'Arras en 1269 ; Daniel *de Biékenes*, bailli de Saint-Omer en 1273, et Jehan *de Biékenes* en 1274 ; Jehan *de Biaucaisne*, peut-être le même, bailli de la même ville en 1299 et 1300 ; Amauri *de Biaukesne*, pair et homme de Béthune en 1292, et enfin Jehan *de Biaukesne*, sous-bailli d'Arras en 1292, 1293 et 1295, qui avait pour frère Colart *de Biaukesne*. L'un d'eux, Jehan, bailli d'Arras en 1293, avait gravé sur son sceau « un cavalier coiffé d'un heaume à grillages, vêtu de la cotte hardie, tenant un faucon au poing et galopant à gauche. » — Note : « Ce sceau participe à la fois du type de chasse et du type équestre, car la housse du cheval est aux armes d'Artois (de France au lambel de trois pendants, chaque lambel chargé de trois châteaux). » — Tiré des *Archives Nationales*, S. 5208, n° 72.

On peut constater que ce sceau ne porte rien qui rappelle Beauquesne.

(2) *Coutumes locales du Bailliage d'Amiens.*

car la réserve du champart (1), qu'ils stipulaient d'ordinaire, comme condition de la faculté de défricher, leur créait de nouvelles ressources pour stipendier des hommes d'armes. En outre, leur vanité, unie à leur intérêt, les poussait encore à ces fondations, car le droit d'amortissement, le droit de donner une portion de leur territoire à titre éternel étant une des attributions de la souveraineté faisant partie des droits régaliens, ils étaient bien aises de s'en emparer. De plus, en usant de ce droit usurpé en faveur de l'Eglise, qui était la puissance morale de l'époque, ils avaient encore l'avantage de l'intéresser à appuyer leur usurpation.

Par bonheur, ces largesses tournaient à bien pour la population elle-même, car elles servaient à améliorer son sort. En ces temps de furieux désordres, les donataires, « les illustres enfants de saint Benoît, défrichant, comme le dit M. Darsy, un sol que quatre siècles de barbarie avaient couvert de ruines, de bois et de broussailles, créant des villages, sauvant du pillage et de l'incendie les ouvrages de la Grèce et de l'Italie, transcrivant les manuscrits, collationnant les chroniques, écrivant l'histoire, créant des écoles, fondant des hôpitaux, abolissant l'esclavage, embrassaient dans leur incessante activité, dans leur action généreuse, tout ce qui tient à la civilisation ou au bonheur des peuples (2). »

(1) Le *champart* (*campi pars*), que l'on nomme aussi *terrage*, était la redevance foncière due au seigneur qui avait primitivement concédé la terre. Il ne se percevait que sur les terres à labour. Ce droit était, à Beauquesne, « de huit gerbes ou warats (fourrage avec grain, tel que hivernache, dravière, fèves, que l'on donne aux chevaux) du cent sur tous ablais (récoltes) venus à meurison (maturité) ». Ici comme ailleurs, le propriétaire de la récolte était tenu de conduire à ses frais, sous peine d'une amende de LX livres parisis, cette part du seigneur dans sa grange du champart. Il lui était défendu d'enlever la récolte de son champ avant que le champarteur, prévenu par lui, n'eût été, dans le champ, *marquer son droit*, c'est-à-dire compter les gerbes et marquer le nombre qui lui en revenait. Il était défendu de laisser une terre à labour en friche, de l'enclore ou d'en changer la destination sans l'aveu du seigneur.

(2) DARSY, t. 1ᵉʳ, p. XXXVI.

« Les religieux, dit de son côté Dom Grenier (1), plus intelligents que les barons féodaux, employaient leurs serfs à défricher des portions de forêts de leur dépendance... Ils assignaient à une famille un certain canton; elle s'y établissait, y vivait du produit de sa culture, c'est-à-dire de la portion qui lui était assignée, à mesure que le nombre de ses membres augmentait, et c'est ainsi que, d'une simple métairie, on voyait naître un village. » Telle est l'origine de la plupart de nos agglomérations rurales, et c'est de cette façon que, dans les classes inférieures, se reforma la famille, chose inconnue parmi les esclaves du monde romain.

Charlemagne, voyant les bons effets de ces entreprises monacales, prit à cœur de les imiter. Pour cela, il donna, en 813, « à tous ses officiers des forêts l'ordre de rechercher partout des *hommes utiles,* et de confier à chacun de ceux qu'ils trouveraient un bois à défricher, afin de développer par ce moyen la prospérité de ses États. »

Les résultats espérés ne se firent pas attendre, et, après lui, les Northmans auront beau multiplier leurs ravages. L'élan une fois donné ne s'arrêtera plus : nous en avons la preuve dans les cartulaires des établissements religieux, qui nous montrent, existants déjà, deux siècles après la mort du grand empereur, tous les villages que l'on rencontre aujourd'hui dans le nord de la France.

L'époque des croisades fut, dans toute la chrétienté, mais surtout en France, un temps d'éclosion pour une foule d'ordres religieux nouveaux ; et, à tous ces nouveaux établissements, les dotations ne manquèrent point. C'est alors que prirent naissance, dans nos environs, tous ces domaines ecclésiastiques que l'on y trouvait encore au siècle dernier, et qui furent supprimés seulement à la Révolution.

Au XIIe siècle encore, un canton d'une certaine étendue, situé au sud et au sud-est, mais surtout au sud-ouest

---

(1) *Introduction à l'Histoire de la Picardie,* p. 72.

et à l'ouest de Beauquesne, avait conservé le nom de Vicogne (1), et, dans une charte de l'année 1144, Guy II, comte de Ponthieu, déclare « qu'il est de toute notoriété que ce canton fait partie de son fief. »

Il se trouvait possédé, à cette époque, sous la suzeraineté desdits comtes de Ponthieu, par divers seigneurs dont les principaux paraissent avoir été ceux de Picquigny, de Beauval, de Doullens et d'Orville. C'est d'eux du moins qu'émanent la plupart des donations intéressant ce canton, et que nous trouvons inscrites aux cartulaires Saint-Jean, de Fieffes et du Gard.

Il paraît avoir été, alors encore, en grande partie boisé et infesté de loups, car les titres de l'abbaye du Gard motivent ainsi les défrichements : « à cause des ravages des loups — *ob rabiem luporum.* »

La première en date, à nous connue, des donations rapportées plus haut est celle que firent de concert, vers la fin du premier tiers du XIIe siècle, à l'abbaye de Saint-Jean d'Amiens, Goscelin d'Orville et son fils Robert, Girard de Picquigny, vidame d'Amiens, et Robert, fils d'Ybert de Doullens, pour la fondation du prieuré du Valvion. Cette fondation fut faite à un titre absolument privilégié, car elle fut déclarée de suite entièrement libre de toute redevance, de dîme comme de champart.

La part contributive des seigneurs d'Orville comp· « le manoir du Valvion avec le bois qui le clôt et le protège au sud et à l'ouest, et en outre une charruée et demie (2) de terre dans la Vicogne. »

Le vidame Girard et Robert de Doullens donnèrent, dans la Vicogne également, chacun une quantité de terres

---

(1) Une petite commune du même nom s'y trouve encore, située à peu près à son centre.

(2) La charruée de terre — *carrucata* — est l'étendue de terre que l'on peut cultiver en une année avec une charrue attelée de quatre chevaux. La mesure de la charruée variait selon les provinces: elle était, en Picardie, de cent vingt journaux, c'est-à-dire de quarante journaux à la sole.

égale à la précédente, de sorte que la dotation du prieuré fut ainsi, dès l'origine, de quatre charruées et demie de terre labourable : cinq cent quarante journaux au total (1). Robert d'Orville et ses fils après lui y ajoutèrent d'autres bienfaits, c'est-à-dire les champs d'Etienne et de Martanesme, sur le terroir de Marieux, et une autre terre avec un bois, appelée « la haie aux chèvres — *haya caprina*, » que les frères auront le droit d'enclore de fossés toujours curables à volonté, et en outre le libre pâturage sur les terroirs d'Orville, de Marieux, de Terramesnil et de Beauquesne ; l'usage enfin du bois de Marieux pour les besoins « des frères et des sœurs » qui habitaient ledit prieuré (2).

Les seigneurs de Picquigny et de Doullens ne bornèrent pas là leurs générosités envers les religieux de l'abbaye de Saint-Jean. De nouvelles concessions faites vers la même époque, et bientôt imitées par le seigneur de Beauval, Guy Candavène, héritier, par sa femme, des seigneurs de Doullens, enrichirent les bons moines de plusieurs autres domaines situés sur le même canton, tels que « les terres Saint-Jean, » à l'ouest de Beauquesne, comprenant trois cent quarante journaux de terre, et, un peu plus loin, Valdesmaisons, entouré de dix-huit cents journaux. Diverses autres terres : Septenville, avec

(1) Le journal — *dieta* — était une surface de terrain qu'une charrue attelée de quatre chevaux pouvait labourer en un jour. Le journal variait aussi d'étendue : celui de l'Amiénois, divisé en cent verges de vingt pieds de côté chacune, comprenait quarante-deux ares vingt centiares.

(2) Le prieuré du Valvion dépendait de l'abbaye de Saint-Jean. Or cette abbaye eut pour origine le prieuré de Saint-Firmin-au-Val, fondé à Saint-Roch en 1115. La règle des Prémontrés y ayant été introduite en 1124, le prieuré fut, peu après, érigé en abbaye sous le vocable de saint Jean-Baptiste. A l'origine, le couvent était double, comme beaucoup d'autres de cet Ordre, à cette époque : c'est-à-dire qu'une partie était destinée aux religieux et une autre aux religieuses. Mais des scandales paraissent s'être produits, et les conciles en interdirent l'usage. Dès l'an 1148, l'abbé Foulques de Montdidier transféra les religieuses au Valvion et dans la ferme de Bertricourt, près de Longpré-lès-Amiens.

douze cent soixante journaux de dépendances, Savières, Olaincourt, et plusieurs autres, formèrent bientôt, au profit de la manse abbatiale, comme autant d'anneaux d'une chaîne à peu près ininterrompue et étendue jusqu'aux portes d'Amiens. Mais, il faut le dire, tous ces divers domaines ne jouirent pas des mêmes immunités que le Valvion et les terres Saint-Jean, car toutes restèrent soumises, envers les donateurs, au droit de terrage (1).

Les Prémontrés de Saint-Jean ne furent pas les seuls religieux qui jouirent des faveurs des maîtres de la Vicogne : les terres du Rozel, par exemple, sises au nord de Valdesmaisons, furent données, vers 1180, par le sire de Picquigny, au prieuré de Saint-Sulpice de Doullens, et le Valheureux (2), amasé de douze cent quatre-vingt-six journaux de propriétés diverses attenant à celles du Rozel, fut attribué, de 1138 à 1160, par les seigneurs de Picquigny, de Beauval et de Doullens, aux Cisterciens du Gard.

Au sud du Valvion, entre Beauquesne et Puchévillers, une colonie de Templiers fut à son tour installée à Sériel, vers le milieu du même siècle, par le seigneur de Pas et sa femme ; et, en 1154, le comte Jean de Ponthieu concéda « aux frères du Temple dudit Sériel » trois charruées de terre dans la Vicogne, à leur portée. Guy, seigneur de Raincheval, ajouta à ce don celui du bois de Sériel, nommé alors Sériaulx.

En 1209, Adam de Puchévillers leur concéda deux parts de la dîme et tout le terrage qu'il possédait sur quatre-vingts journaux de terre, et, en 1229, Bauduin, seigneur de Beauval, tout « le térage qu'il avoit ou lui compertoit ou pooit comperter et appartenir ou terroir dudit Sériel sur toutes et chacune les terres desdits frères. »

Il faut lire, dans le cartulaire de Fieffes, tous les actes

(1) *Vallis domorum.* Voir le *Cartulaire Saint-Jean.*
(2) *Vallis erroris, Vallis hederosa, Vallis edere, Valerreus, Valerros, Valerroz.*

d'acquisition tantôt de terres, tantôt de droits de terrage, de dîme ou de parties de dîme faites de ci, de là, par ces « Religieux du Temple, » pour arrondir leur domaine ou pour le dégrever des charges foncières qui pesaient sur lui ! Grâce à ces acquisitions, leurs possessions arrivèrent à comprendre un total d'un peu plus de mille journaux d'un seul tenant (1).

En outre de ces biens, les Templiers de Sériel possédaient, dans Beauquesne même, nous ne savons depuis quelle époque, ni en vertu de quelles transactions, un espace d'une certaine étendue borné à l'est par la rue Saint-Antoine, à l'ouest par la rue Verte, et au sud par la ruelle qui relie ces deux rues l'une à l'autre. Quoiqu'il ait changé de maîtres depuis près de six siècles, en passant, aux premières années du xive, en la possession des Hospitaliers, nommés plus tard les Chevaliers de Malte, ce terrain s'appela jusqu'à nos jours « le Temple », et les diverses propriétés qui le couvrent sont restées, jusqu'à la Révolution, mouvantes de Sériel. Une foule d'actes conservés aux archives du notaire de Beauquesne confirment cette dépendance.

Jusqu'au milieu de ce siècle, on remarquait sur ce groupe de propriétés de grandes inégalités de surface, des excavations profondes ; mais tout a été comblé et nivelé depuis lors. Les constructions qui s'y trouvaient jadis paraissent avoir été situées au nord-est, sur la parcelle portée sous les n°s 356 à 359 de la section S du plan cadastral, dont

---

(1) Cette étendue de terres était fort réduite au xviiie siècle, car un acte de l'Etude du notaire de Beauquesne, du 23 juin 1766, établit que « le lieu seigneurial, maison, cense de Sériel, comprenant maison, granges, étables, pourpris, chapelle et autres édifices, » contenait 28 journaux 70 verges. En outre un petit bois taillis occupait 31 journaux et 5 verges. Enfin l'exploitation agricole s'étendait sur 465 journaux et 35 verges en sept pièces de terre labourable, dont la plus grande, sise aux Grands Combles, comprenait 268 journaux 75 verges. Le surplus avait été aliéné, mais était resté mouvant de Sériel.

Le patron était saint Georges, et il se disait, dans la chapelle, trois messes par semaine.

l'avant-dernier propriétaire, contemporain de ces nivellements, nous a maintes fois affirmé y avoir rencontré, sous le sol, d'importants débris de substructions. Ce qu'étaient les bâtiments qui les recouvraient, nul ne saurait le dire. C'était vraisemblablement une sorte de maison de ville des Templiers depuis longtemps disparue.

CHAPITRE IV

QUELQUES MOTS SUR LES CARTULAIRES DES ANCIENS COUVENTS. — CONFESSION DU SEIGNEUR DE BEAUVAL; LÉGENDE DU SIRE DE CRÉQUY.

En parcourant tous ces cartulaires d'anciens couvents, on est étonné de voir le nombre, à première vue exagéré, des actes de confirmation que se faisaient octroyer les religieux, pour chacune des donations qu'ils avaient reçues, par les donateurs eux-mêmes et par leurs femmes, leurs enfants, leurs frères, sœurs, oncles, tantes, et par leurs héritiers, de génération en génération. Ce qui les poussait à prendre toutes ces précautions, c'était le peu de confiance qu'ils avaient dans la bonne foi de tous ces personnages livrés à leurs instincts brutaux. Et ils avaient bien raison ! Le cartulaire Saint-Jean lui-même nous en a conservé une preuve palpable dans un acte de repentir formulé tout au long, vers l'an 1142, par l'un de ces barons, Guy *Candavène*, seigneur de Beauval, issu d'une branche cadette de la famille des comtes de Saint-Pol. Cette pièce, souscrite par lui, est ainsi conçue : « ... La cour des princes fourmille de gens pervers et mauvais conseillers. C'est ainsi que, oublieux, en ce qui me concerne, des largesses et des promesses de paix que j'avais faites aux religieux du Valvion, et prétendant, contre toute raison, annuler les donations faites en leur faveur par les seigneurs de la Vicogne, j'ai entrepris d'exiger d'eux par la violence le terrage de toutes les terres qu'ils cultivent dans la Vicogne... Mes hommes, mettant de côté toute crainte de

Dieu et des hommes, ont envahi le manoir du Valvion avec une grande multitude de chariots, et, mettant les granges au pillage, ils en enlevèrent une quantité innombrable de gerbes de blé et d'avoine. Mais maintenant, reconnaissant le bon droit des religieux et ma propre injustice, je déclare reconnaître libre et à l'abri de toute hostilité tout ce qu'ils possèdent dans la Vicogne, soit en récoltes, soit en droits de terrage, de dîme, de pâturage, et en usages de bois. Et, de plus, pour expier ma mauvaise action, et en réparation du préjudice que je leur ai causé, j'accorde aux religieux une charruée de terre, » etc..

Il se repentait, le colérique baron : c'était bien ! Mais ce repentir ne le préserva pas de nouveaux accès de violence, car l'histoire lui en attribue d'autres encore, dont, il est vrai, il se crut quitte après d'autres donations à l'Église. Il avait du reste en cela l'exemple de son père, Hue Candavène, qui, peu d'années auparavant, ayant vu le curé de son village écarter du pied, à l'autel où il disait la messe, le chien du seigneur qui l'obsédait, s'était précipité sur lui et l'avait massacré sur l'autel même.

Ils ont passé, ces fiers seigneurs ! Les moines de tous ces prieurés aussi ont passé ; et il n'est resté, de ces temps reculés, dans le pays, qu'une gracieuse légende. Nous croyons devoir demander au lecteur licence de la lui raconter.

A l'angle nord-est du domaine du Valvion, à quelques mètres de la borne qui sépare trois cantons, ceux de Doullens, d'Acheux et de Pas, et quatre terroirs, ceux de Beauquesne, de Raincheval, de Marieux et de Sarton, se trouve un monolithe d'un certain volume, un grès, dont plusieurs antiquaires se sont occupés, et dont la surface présente un dessin assez vague. La plupart de ces auteurs voient, dans ce monolithe, le débris d'un monument de l'époque dite druidique. Nous ne nous risquerons point à soutenir ou à combattre cette hypothèse. Nous trouvons plus de charme à ce qu'en rapporte la tradition populaire, et voici l'origine qu'elle attribue à la marque imprimée sur la pierre ;

Au temps des croisades, raconte-t-elle, un sire de Créquy, seigneur du terroir voisin, s'en fut en Terre-Sainte et fut pris par les Sarrasins. Echappé, plus tard, des prisons des Infidèles, après un long esclavage, il s'en vint, au retour, heurter à la porte de son manoir. Là, paraît-il, tout annonçait, ce jour-là, grande fête : vestibules et salles somptueusement décorés, valets affairés, vassaux en liesse. Il y avait enfin et surtout grande affluence de seigneurs et de nobles dames. Les cloches sonnaient à toute volée, et tout ce monde faisait escorte à un couple qui se dirigeait vers l'église. A cette vue, le bon pèlerin s'enquiert du but de tous ces préparatifs : « C'est, lui dit-on, que la dame de céans, dont le premier époux est mort en Palestine, se remarie tout à l'heure !... » Qu'on se peigne, à ces mots, sa stupeur, ses angoisses ! Vite, il court au-devant de l'infidèle, il se nomme ; il raconte son histoire, ses malheurs, sa délivrance... Vains efforts ! Les ans et les souffrances l'ont vieilli, l'ont rendu méconnaissable, et on le traite d'imposteur. Il insiste ; il rappelle le passé ; il cherche à émouvoir le cœur de la dame et à ranimer en elle son souvenir. Mais, hélas ! le passé qu'il invoque est bien loin, et le cœur de la châtelaine est tout à ses nouveaux sentiments. Qu'il parte donc, et que tout cela finisse ! D'ailleurs le prêtre n'attend-il pas à l'autel, et cette foule de nobles assistants va-t-elle perdre son temps à écouter les sornettes d'un vagabond ?... Pauvre chevalier ! tu croyais avoir épuisé toutes les rigueurs du sort, et c'est là seulement que t'attendait le plus cruel de ses coups ! Dans un instant, tout sera fini : un autre prendra ta place à ton foyer et entrera en possession de tes biens !..... Tout à coup une idée, fille du désespoir, traverse son cerveau : « Qu'on me bande les yeux ! s'écrie-t-il ; et, pour bien montrer qui je suis, je veux aller, en cet état et monté sur mon coursier, frapper, malgré ma longue absence, aux quatre bornes de mon domaine... »

L'épreuve, grâce à son étrangeté, fut acceptée, dit-on, et victorieusement soutenue. Il n'en fallut pas moins pour rendre à leur légitime possesseur et une épouse et les biens de ses pères ; et le paysan montre encore aujourd'hui sur le grès l'empreinte qu'y aurait laissée le fer du palefroi du sire de Créquy. De là son nom : *la Borne ferrée*.

CHAPITRE V

Beauquesne aux comtes d'Amiens et de Vermandois. — Son retour aux comtes de Flandre. — Construction de son chateau-fort. — Ce qu'étaient ces chateaux.

Depuis l'époque de la donation du comte Roger, un siècle s'est écoulé tout entier pendant lequel nous ne connaissons absolument rien de Beauquesne, en dehors des quelques mentions contenues dans les fondations religieuses dont nous venons de parler. Des changements importants s'y étaient pourtant produits durant cette période, car, ce siècle à peine écoulé, nous le trouvons changé de maître, et passé en la possession des comtes d'Amiens.

A la faveur de quelles circonstances s'est opéré ce transfert ? C'est là encore une question que nous avons vainement cherché jusqu'ici à résoudre. Serait-ce à la suite d'un évènement tel que celui de la révolte du comte Hugues II de Saint-Pol contre son suzerain le comte de Flandre ? Révolte survenue aux premières années du xiie siècle, et qui fut promptement réprimée, mais que le vainqueur punit en enlevant au comte Hugues la seigneurie d'Ancre, dont il fit présent à Marguerite de Clermont, comtesse d'Amiens, en la mariant en premières noces à Charles de Danemark. Ou bien notre châtellenie serait-elle entrée tout simplement dans la dot de Béatrix, fille de cette même Marguerite et de son second époux, le comte Hugues de Saint-Pol, alors que, vers l'année 1146, elle avait épousé Robert de Boves, fils cadet du sire de

Coucy, à qui elle avait porté le comté d'Amiens? Ou bien enfin cette même châtellenie aurait-elle été, comme tant d'autres, ravie directement à son légitime propriétaire, le comte de Saint-Pol, par le comte de Vermandois, Raoul le Vaillant, petit-fils du roi Henri Ier et frère utérin de Marguerite de Clermont? Quoiqu'il en soit de ces diverses hypothèses, et qu'il l'ait enlevée au comte de Saint-Pol ou à sa fille Béatrix et à Robert de Boves, son mari, Raoul n'en jouit pas longtemps, car il mourut en 1152, laissant pour héritier de ses domaines, que ses rapines avaient considérablement agrandis, son fils, Raoul II, surnommé le Jeune et aussi le Lépreux.

Pendant les quinze années qu'il en fut titulaire, le jeune comte paraît être resté, par le fait de son infirmité, à peu près étranger à leur administration. Nous voyons en effet son beau-frère Philippe, fils et héritier de Thierry d'Alsace, comte de Flandre, agir, pendant cette période, en administrateur de ses biens. Marié, en 1156, à Isabelle de Vermandois, sœur aînée du jeune comte, nous voyons Philippe confirmer, en 1161, sept ans avant la mort de Raoul, la donation à l'abbaye de Saint-Jean d'Amiens de différents domaines faisant tous partie de l'Amiénois, tels que le Valvion, Valdesmaisons, Septenville, Savières, Olaincourt, etc. (1). Il est encore, et plus près de nous, un autre témoin de l'autorité exercée par Philippe pendant cette période, dans les états de son beau-frère : c'est le château de Beauquesne.

A la mort du malheureux Raoul, Philippe d'Alsace, qui venait, peu auparavant, le 17 janvier 1168, d'hériter de son père, le comte de Flandre, recueillit encore, du chef de sa femme, la totalité des biens de son beau-frère ; et tous les historiens des Pays-Bas, Meyer, Oudegherst, Gislebertus Montensis, Jacques de Guyse, Malbrancq et autres, font complaisamment, à cette occasion, l'énumération des fiefs transmis à la comtesse Isabelle par le défunt. C'était

---

(1) Du CANGE, *Histoire des Comtes d'Amiens*, page 316.

d'abord le Vermandois, avec la nomenclature de toutes les seigneuries que le comte possédait directement dans ses limites ; puis c'était le comté de Valois ou de Crespy ; ensuite le comté d'Amiens, puis Beauquesne ; et enfin la suzeraineté sur une foule de seigneurs nominativement indiqués (1).

Ajoutées au grand comté de Flandre, ces nouvelles possessions élevèrent très haut la puissance de Philippe, et firent de lui, comme le dit M. Leglay dans son *Histoire des comtes de Flandre*, « le plus grand et le plus redoutable des vassaux de la couronne de France. » Nous le verrons bientôt essayer de tirer parti de cette situation. Mais revenons à Beauquesne.

La mention particulière dont il est honoré par tous les historiens ci-dessus cités, à la suite et en quelque sorte sur le même rang que des fiefs considérables comme l'étaient les comtés d'Amiens et de Valois, est bien faite pour nous donner une haute idée de l'importance qu'avait acquise, à cette époque, notre châtellenie. Il est vrai qu'elle venait, comme nous l'avons dit plus haut, d'être dotée par Philippe d'Alsace lui-même d'un puissant château-fort qui en relevait singulièrement la valeur.

Que le comte Philippe ait été le constructeur de cette « ferté insigne », il ne saurait venir à l'idée de personne de le contester, car le témoignage des historiens que nous avons mentionnés est unanime à cet égard. La date de la construction ne prête pas à plus d'incertitude : les expressions employées par Malbrancq indiquent en effet que le

---

(1) « Adierat Quintinopolim (Saint-Quentin), Royam, Peronam, Hanas (Ham), Enchrias (Encre ou Ancre), Montem Desiderii (Montdidier), Ribomontem (arrondissement de Saint-Quentin), Nigellam (Nesles). » Gislebert de Mons y ajoute : « Ropis (Roupy), Boclis (Tincourt-Boucly), Athies, Claris (Cléry), Capis (Cappy), Caunis (Chaulnes), Torota (Thourotte), Choisis (Choisy-au-Bac, Oise), Rissuns (Ressons-sur-Matz, Oise), Lachenis (Lassigny, Oise), Comitatum Valesium, qui te Crispiacensis ; Comitatum Ambianorum ; *Belcanas, quas structurâ* NOBILITAVERAT *insigni* ; hominium (c'est-à-dire la suzeraineté) de Guisâ, » etc. (MALBRANCQ, t. III, liv. X, ch. 23.)

travail était achevé à l'époque de la mort du jeune Raoul. Or, comme Philippe n'avait pu l'entreprendre avant que son mariage ne lui en donnât la faculté, la date recherchée se trouve forcément comprise dans l'espace de douze années qui s'est écoulé entre ces deux évènements, c'est-à-dire de 1156 à 1168.

Le langage pompeux dont se sert, en parlant de ce château, l'historien des Morins, n'avait, il faut le dire, rien d'exagéré, car ses proportions étaient considérables et dépassaient de beaucoup celles de la célèbre Bastille de Paris.

Mais, avant d'en donner la description, voyons tout d'abord ce qu'étaient ces châteaux du Moyen-Age (1).

Une forteresse, à notre époque, est une construction, ou plutôt un ensemble de constructions élevées par un Etat dans un but de défense nationale, pour opposer une barrière aux invasions de l'étranger.

Il n'en était pas ainsi du château féodal. Celui-ci était un édifice construit par un baron entouré de ses tenanciers, pour lui servir de demeure, et dans lequel il pût braver les attaques de ses voisins, et même celles du représentant du pouvoir central. C'était là, on le voit, un objectif tout opposé.

Aux premiers siècles de notre ère déjà, les grands propriétaires gallo-romains fortifiaient parfois leurs habitations à la campagne ; les barbares franks et autres, qui leur succédèrent, suivirent leur exemple. Pourtant, il faut le dire, cet usage ne se généralisa que vers le xe siècle.

« Il paraît que ces *fertés (firmitates)* étaient faites seulement de bois et de terre. Autour de l'enceinte où l'on voulait bâtir, on creusait un fossé large et profond. La terre, rejetée en dedans, formait un monticule artificiel, la *motte*. On plantait, sur le pourtour, des pièces de bois équarries fortement liées entre elles, de façon à former

---

(1) La description qui va suivre est tirée en grande partie du savant ouvrage de M. Viollet-le-Duc.

une palissade continue qu'on fortifiait souvent par des tours de bois, de place en place. Dans cette enceinte, on élevait les bâtiments en bois qui servaient de logement pour les serviteurs, d'écuries, de greniers, de magasins. Par-dessus se dressait une grosse tour carrée en bois, qu'on revêtait, en cas de siège, de peaux de bêtes fraîchement écorchées, pour empêcher d'y mettre le feu : c'était le *donjon (dominium)*, c'est-à-dire la maison du maître. La porte s'ouvrait un peu au-dessus du sol ; on n'y arrivait que par un escalier en planches qui descendait par-dessus le fossé dans la campagne. Tels étaient les donjons du nord au xe siècle (1). »

Malgré les précautions que l'on put prendre, toutes ces constructions en bois restèrent facilement inflammables, et on se vit enfin forcé d'y employer des matériaux plus résistants : la pierre de taille, ou même le simple moellon. Vers le xiie siècle, cet usage était devenu général en Europe.

La configuration de ces châteaux était différente, selon qu'ils étaient situés en plaine ou sur un escarpement. Dans ce dernier cas, elle variait selon la forme affectée par le plateau. En plaine, ils étaient ordinairement rectangulaires et flanqués d'une tour carrée aux quatre angles. La motte artificielle sur laquelle ils étaient assis leur permettait de dominer tous les environs. Jusqu'à l'invention des ponts-levis, on ne communiquait avec l'extérieur qu'à l'aide de ponts-volants en bois jetés sur le fossé, et qu'on enlevait en temps de guerre, de manière à se trouver complètement isolés.

La porte d'entrée, à laquelle aboutissait le pont-volant, présentait une triple fermeture : d'abord, en dehors, le *tape-cu*, que remplacera, au commencement du xive siècle, le *pont-levis*. Le tape-cu, articulé par son bord supérieur au haut de l'ouverture, se manœuvrait à l'aide d'une chaîne fixée à son bord inférieur, et qui le relevait en

(1) LAVISSE et RAMBAUD, *Histoire générale*, t. II, p. 33.

s'enroulant autour d'un treuil placé près des machicoulis. Pour permettre l'entrée ou la sortie, le portier faisait jouer l'appareil, qui se rabattait ensuite sur les talons de l'entrant ou du sortant. Derrière ce premier obstacle s'en trouvait un second : c'était la *porte*, formée de forts battants en bois, à garniture de fer ; et, au-delà de cette porte, était suspendue perpendiculairement une lourde grille en fer, la *herse*, qu'on descendait à volonté, et qui formait la troisième clôture.

L'ennemi qui se présentait trouvait ainsi devant lui, premièrement, le *fossé* d'enceinte, qu'on remplissait d'eau lorsqu'il s'en trouvait à portée. Au-delà du fossé se dressait une palissade appelée *hériçons*, ou les *barres*. Enfin derrière les barres, un sentier, les *lices*, circulait tout autour du mur d'enceinte (1).

Ce mur d'enceinte, dont chaque segment allant d'une tour à l'autre portait le nom de *courtines*, était ordinairement assis presque à fleur de terre, et, de son pied, ou plutôt de la ligne des barres, partait un talus descendant jusqu'au fond du fossé. La hauteur des courtines, jusqu'au début du xiii° siècle, était peu considérable et ne dépassait pas six mètres au-dessus des lices. Elles étaient couronnées de *créneaux* garnis d'un appareil en bois appelé *hourds*. Les hourds, inventés au xi° siècle, faisaient saillie au dehors et y formaient un chemin de ronde à l'usage des défenseurs du château. Les hommes d'armes y étaient protégés, contre les traits de l'ennemi, par une toiture et une palissade en planches, et, sous leurs pieds, s'ouvrait une suite de trous ou *machicoulis* par où ils jetaient sur les assaillants toutes sortes de projectiles, pierres, poutres, huile ou poix bouillantes, etc.

Si les courtines étaient, à cette époque, relativement basses, les tours qui les reliaient l'une à l'autre étaient hautes, mais étroites. « Ces tours, dit Viollet-le-Duc, étaient des postes, des fortins protégeant une enceinte qui

(1) LAVISSE et RAMBAUD, t. II, p. 33.

avait assez de relief, du côté de l'intérieur, pour garantir les grandes machines de jet, mais qui n'était pas assez élevée pour que ces machines ne pussent lancer des pierres sur les assaillants par-dessus les crénelages. » Cette destination exigeait naturellement que les courtines fussent absolument isolées de toute construction intérieure qui en eût interdit l'approche.

Lorsque la garnison, refoulée de l'enceinte, s'était réfugiée dans le donjon, le siège de ce dernier et principal ouvrage commençait. Mais, « dans un espace aussi étroit, elle se défendait mal, et, bientôt réduite à la famine, elle ne tardait pas à être forcée de se rendre à discrétion. »

La situation du donjon au centre de l'enceinte, à l'instar du *prætorium* du camp romain, était, il faut le dire, absolument vicieuse, car elle interdisait aux assiégés toute communication avec le dehors ; pour eux dès lors, aucun moyen de faire des sorties, de se jeter sur les derrières des assiégeants, ou enfin de s'échapper, lorsqu'on se trouvait à bout de ressources. Aussi, « dès le xie siècle, voyons-nous, dit Viollet-le-Duc, le donjon des châteaux posté généralement près de la paroi de l'enceinte, ayant ses poternes particulières, ses sorties dans les fossés, et commandant le côté de la place dont l'accès était le plus facile. »

Jusqu'à la fin du xiie siècle, les donjons étaient généralement carrés et parfois à refend, c'est-à-dire divisés, du haut en bas, en deux parties par une cloison médiane. Leur diamètre était habituellement de vingt à vingt-cinq mètres : ceux de Falaise et de Chauvigny avaient vingt mètres d'épaisseur, sans refend ; celui de Beaugency vingt-quatre, et quarante de haut ; celui d'Arques, vingt-cinq, avec refend : tous du xie et du xiie siècle.

Leur entrée s'ouvrait au premier étage, et l'escalier par lequel on y accédait s'enlevait en temps de guerre. On ne pénétrait au rez-de-chaussée que par une trappe ouverte dans le plancher de ce premier étage. Un puits s'y trouvait toujours, pour donner de l'eau à la garnison. C'était au rez-de-chaussée que s'emmagasinaient les provisions. Les trois étages situés au-dessus, et que couronnait la plate-forme entourée de créneaux, surmontés eux-mêmes par la loge du guetteur, l'*échauguette,* contenaient l'habitation du maître et de sa famille, les armes, les archives, le trésor, la chapelle et enfin la *grand'salle,* qui servait à la tenue des plaids, des conseils de guerre, et généralement à toutes les réunions, à toutes les cérémonies d'apparat.

Lorsque le fondateur du château était, comme à Beauquesne, un puissant seigneur comptant de nombreux vassaux, une grand'salle située dans le donjon se serait trouvée insuffisante : on faisait alors construire, dans le voisinage de cet édifice un bâtiment particulier que l'on affectait à cet usage.

Il était également impossible, dans ces conditions, de grouper dans l'enceinte fortifiée tous les établissements destinés au service du château et de ses hôtes. On y suppléait en élevant sur les rampants de la colline, ou bien sur un espace attenant au fossé de circonvallation, lorsque le château était situé en plaine, une première enceinte, *le baile* (1), protégée par des fossés, et autour de laquelle se rangeaient les bâtiments destinés au logement de la garnison, les magasins, granges, celliers, écuries, les communs, la cuisine, et même la chapelle, etc. « Dans quelques grands châteaux, il y avait là tout un village. C'était là qu'en cas de guerre les tenanciers des environs se réfugiaient avec leur bétail et leur mobilier (2). » « Cette première enceinte, que nous retrouvons dans presque tous les châteaux du Moyen-Age, était désignée sous le nom de *basse-cour.....* Presque tous ces châteaux n'avaient qu'une seule entrée (3), » et souvent, à Pierrefonds par exemple, il fallait traverser la basse-cour, le baile, pour y pénétrer.

(1) LAVISSE et RAMBAUD, t. II, p. 34.
(2) *Ibidem.*
(3) VIOLLET-LE-DUC.

Le sous-sol était partout sillonné de souterrains reliant chacune des parties du château aux autres, et les faisant communiquer avec l'extérieur. Sous le rez-de-chaussée du donjon se trouvaient non seulement le puits et l'escalier conduisant aux souterrains ; là aussi était « la prison du seigneur, sa *chartre*, noire, humide, sale, où l'on faisait descendre les prisonniers par une échelle ou une corde (1). »

Telles étaient ces fertés, au temps où celle de Beauquesne fut construite, et telle nous pouvons nous la représenter.

Située à l'angle sud-ouest de la principale place de la commune et longeant, au sud, la rue de la Voisselle, son emplacement présente, en y comprenant le fossé d'enceinte, une superficie de deux hectares, quinze ares et quatre-vingt-onze centiares. La forme du château était celle d'un quadrilatère. Trois de ses côtés étaient rectilignes : ceux de l'est, du nord et de l'ouest, et formaient deux angles droits ; le quatrième côté (celui du sud) affectait, de même qu'à la Bastille et au château de Pierrefonds, une certaine convexité. Son plus grand diamètre mesurait, de l'est à l'ouest, cent vingt-deux mètres au niveau des tours d'angle, et en y comprenant la saillie de ces tours.

La longueur des faces tournées vers l'est et vers l'ouest était de quatre-vingt-deux mètres, y compris la saillie des deux tours d'angle. A mi-distance entre les deux extrémités est et ouest, le diamètre transversal était un peu plus étendu, en raison de la convexité de la face méridionale : il était en conséquence de quatre-vingt-treize mètres au niveau des deux tours situées au milieu de l'étendue des faces nord et sud, tours comprises.

Le nombre total des tours qui protégeaient l'enceinte était de dix, et leur diamètre hors œuvre était de huit mètres. Quatre d'entre elles étaient aux angles. Les six

(1) LAVISSE et RAMBAUD, *Ibidem*.

autres se trouvaient : deux sur la face nord, deux sur celle du sud, et deux sur celle de l'est. Quatre étaient carrées : celles des angles nord-est et nord-ouest et la première qui se trouvait sur chacune des faces nord et sud en allant de l'ouest à l'est ; les deux autres situées sur les faces nord et sud, et les deux du milieu de la face tournée à l'est étaient rondes. Enfin celles des angles sud-est et sud-ouest étaient de forme trapézoïde. Toutes faisaient, sur les courtines, une saillie de cinq mètres (1).

Quant à la largeur de la muraille d'enceinte, elle n'était pas partout la même : du côté des Vergeaux et du Baile, par exemple, qui étaient déjà munis d'une première ceinture, elle n'était que de deux mètres soixante centimètres, tandis qu'ailleurs, où elle se trouvait directement exposée à l'ennemi, nous avons relevé des épaisseurs de quatre mètres et plus.

Le donjon, carré et sans refend, était assis du côté de l'ouest, où il faisait, sur le milieu de cette face, une saillie de six mètres dans le fossé de circonvallation. Son diamètre était de vingt-cinq mètres, et l'épaisseur de ses murailles, de six mètres.

La structure de toutes ces murailles, et les matériaux qui les composaient n'étaient pas identiques dans toute leur épaisseur. Les parements seuls étaient maçonnés régulièrement par assises : celui du dedans en pierre ; celui du dehors en grès, sur toute la hauteur. Nous voyons, par ce qu'il en reste, que ces grès avaient de trente à quatre-vingt-dix centimètres de long, et que leurs assises avaient, les unes vingt-cinq, les autres trente centimètres de hauteur. L'intérieur était constitué par un bain

(1) Les dimensions de la fameuse Bastille, dont il a été parlé plus haut, étaient exactement de 66^m,366 de longueur, sur 40^m,929 en largeur. Huit tours flanquaient son enceinte, ayant cent quarante pieds de haut chacune. Leur diamètre était de 9^m,745 dans le corps, et de 11^m,694 à la base et au sommet. La muraille d'enceinte, d'égale hauteur, avait dix pieds d'épaisseur à sa partie supérieure, et le fossé qui l'entourait mesurait treize toises de largeur sur trois de ses faces, et quatorze sur la quatrième, celle que traversait le pont-levis.

de mortier dans lequel on rangeait pêle-mêle de la pierraille, des silex, et des éclats de grès. Le tout formait un massif en blocage d'une grande solidité. « Contre la sape ou le mouton, ce genre de construction était excellent, car les pionniers l'entamaient plus difficilement qu'une construction appareillée facile à déliaisonner lorsque quelques pierres en avaient été enlevées, les constructions d'appareil n'ayant jamais l'homogénéité d'un bon blocage bien fait (1). »

Dans l'intérieur de l'enceinte, et à cinq mètres en arrière du donjon, se trouvait la grand'salle du château, dont la longueur était de trente-neuf mètres, sur dix-neuf mètres et demi en largeur (2).

Sur nombre de points, dans les autres parties du château, nous avons retrouvé le pied de plusieurs murailles d'environ un mètre d'épaisseur diversement orientées, et dont il serait bien difficile d'indiquer l'attribution.

Pour ce qui est du nombre des issues donnant, au-dessus du sol, entrée dans le château, il serait impossible aujourd'hui de le déterminer. Une délibération de l'Echevinage d'Amiens, prise sous le règne de Louis XI, et dont nous parlerons en son temps, mentionne bien les « portes Saint-Pierre, » mais sans nous indiquer où elles étaient situées. La tradition parle aussi d'une « portelette » traversant une muraille du donjon : mais l'emplacement assigné par la tradition à la portelette nous indique qu'elle formait la communication entre le donjon et l'intérieur de

---

(1) VIOLLET-LE-DUC.
(2) Nous avons trouvé, dans les ruines de la grand'salle, un assez bon nombre de carreaux en argile plastique d'une grande dureté, et de deux dimensions différentes. Les uns, les plus grands, de couleur rouge, avaient douze centimètres et demi de côté, sur une épaisseur de trois centimètres. Ils étaient couverts d'un émail transparent avec dessins jaune-clair représentant des animaux : chevaux, chiens, lions, tigres, coqs, etc.; ou bien des dessins géométriques. Ceux de la seconde espèce, plus petits, n'ont que cinq centimètres et demi de côté, sur deux centimètres d'épaisseur, et leur émail, sans dessins, est de coloration variée : jaune-clair, rouge, verte, etc.

l'enceinte. Quoiqu'il en soit, la principale entrée du château, s'il en a existé plusieurs, a certainement été celle donnant sur la basse-cour.

Cette basse-cour ou baile (1), située à l'est du château, avait, comme celle de Coucy et tant d'autres, une étendue triple au moins de celle occupée par le château et son fossé de circonvallation. Son diamètre, du sud au nord, et de l'est à l'ouest, était d'environ deux cent cinquante mètres, et sa surface totale dépassait six hectares. Sa forme était celle d'un pentagone circonscrit, au sud, par la première section de la rue de la Voisselle ; à l'est, par la partie de la rue des Jardins faisant suite à la rue Saint-Antoine ; au nord, par la seconde partie de la rue des Jardins et une partie de la rue des Fossés ; à l'ouest, par l'impasse conduisant à la grange du champart (actuellement rue des Vergeaux) et les fossés du château.

Le baile, qui possède aujourd'hui quatre issues, n'en avait alors que deux. Les deux qui partent de son angle sud-ouest datent de ce siècle, et ont été ouvertes sur le terrain des anciens fossés. Elles aboutissent, l'une à la rue de la Voisselle, l'autre à l'ancienne impasse du Champart. Les deux autres s'ouvraient, comme de nos jours, l'une au sud-est, et l'autre au nord. Toutes deux étaient fermées par une porte, appelée, la première, la porte d'Amiens, et, la seconde, la porte de Doullens. On a retrouvé le pied de ces portes lorsque, vers le milieu de ce siècle, on a terrassé la chaussée qui traverse Beauquesne du sud au nord.

Rien ne subsiste des anciennes constructions qui couvraient le baile ; on retrouve seulement de temps à autre dans le sous-sol quelques parties des souterrains qui s'étendaient sous les maisons entourant aujourd'hui la

---

(1) Ce mot prend, à Beauquesne, la forme picarde, et, de même que le verbe faire se prononce, dans notre province, *foaire*, de même baile s'articule chez nous, *boaile*, et la place qui occupe actuellement le centre de l'ancien baile s'appelle encore *le boaile*.

place du baile (1), et un grand nombre de puits, comblés pour la plupart, qui abreuvaient jadis, en temps de siège, ceux qui s'y étaient réfugiés, ainsi que leurs bestiaux. Un seul des édifices qu'il contenait y a laissé un souvenir : c'est la chapelle castrale, dédiée à saint Louis, qui s'élevait, sans aucun doute, auprès et à l'intérieur de la porte de Doullens, du côté de l'est, car le puits qui se trouvait attenant à cette porte, en dehors et du côté indiqué, et qui subsiste encore, est toujours connu sous le nom de « puits de la Chapelle. »

Attenant au baile vers l'ouest, et longeant le fossé d'enceinte du château dans sa partie septentrionale sur une étendue de cent cinquante-trois mètres, se trouvaient les *vergeaux* du château, comprenant un hectare vingt ares soixante-sept centiares, et entourés, comme le baile, d'une muraille dont le pied existe encore, et qui mesure un mètre d'épaisseur. Sur leur face orientale se trouvait la *grange champarteresse*. On y voyait aussi le *colombier* seigneurial.

A ces défenses extérieures placées sur les côtés du nord et de l'est, on avait jugé bon d'en ajouter une autre, beaucoup plus importante, du côté de l'ouest, le *châtelet*. On donnait ce nom « à de petits châteaux établis à la tête d'un pont, au passage d'un gué, à l'entrée d'un défilé, ou à cheval sur une route en dehors d'une ville. » Le châtelet ne possédait pas, comme le château, des bâtiments d'habi-

(1) L'effondrement d'une citerne dans la cour de la propriété située au coin de la Place et de la rue des Vergeaux nous a permis, en 1858, de descendre dans ce souterrain. Son sol est exactement à dix mètres de la surface de la cour ; sa largeur est d'environ trois mètres, et sa hauteur, jusqu'à la voûte, de deux mètres cinquante. La maçonnerie est en pierres. La longueur du tronçon libre est là de cinquante mètres, et ses deux extrémités sont obstruées par des éboulements ; mais on en suit les traces jusqu'à l'église. Le long des cinquante mètres parcourus, nous avons con... l'existence de trois escaliers dirigés du côté de la Place du Baile ... nt le souterrain est éloigné de treize mètres), et ayant jadis abouti à de... caves dépendant des maisons situées au-dessus. On voit encore, dans une belle cave située sous la mairie actuelle, l'ouverture de l'un de ces escaliers.

tation et de plaisance : « c'était un fort habité par un capitaine et des hommes d'armes. » Les châtelets prenaient parfois l'importance d'un véritable château, avec ses lices extérieures, ses logis, ses enceintes flanquées et son donjon. « Ce qui distinguait le châtelet, c'était moins son étendue que sa fonction. Le châtelet défendait un passage. » A Beauquesne, il était situé à huit cents mètres en avant du château, à cheval sur la route qui conduisait jadis au camp de L'étoile, et qui reliait Beauquesne à la route d'Amiens à Doullens, coupant ainsi ce passage. En cas d'attaque de l'ennemi, de ce côté, il offrait encore « l'avantage de défendre les approches du château, et, en même temps, de diviser les forces des assiégeants. »

Une tradition très plausible veut qu'un souterrain ait relié ce poste avancé au corps principal de la place. Elle prétend également que l'ancienne succursale du moulin banal, le moulin de pierre, aurait été bâti sur la base de l'une des tours du châtelet.

De cette construction, qui a donné son nom au lieu dit d'alentour, il ne reste rien. Seul aujourd'hui le laboureur, avec le soc de la charrue, heurte, presque à fleur de terre, la partie supérieure de ces vénérables débris.

Les progrès dans l'art de l'attaque et de la défense amenèrent, de siècle en siècle, des changements dans la construction des châteaux féodaux. Au XIII siècle, on y ajouta, sur le bord extérieur du fossé d'enceinte, et en face de la porte principale, des défenses appelées *barbacanes*. On s'aperçut en même temps que les angles des tours et du donjon donnaient prise à l'action de la sape et de la mine, et, à la forme carrée, on substitua la forme ronde. Les courtines furent aussi trouvées trop basses, et on les exhaussa peu à peu jusqu'à ce qu'elles atteignissent, comme à la Bastille de Paris, œuvre de Charles V, une hauteur égale à celle des tours.

En les élevant davantage, il devint impossible de lancer au-dessus d'elles des projectiles sur l'ennemi. Au lieu donc de les laisser isolées, on y adossa des constructions qui les renforcèrent. On supprima ainsi les *archères* ou *meur-trières* ouvertes à leur base, et toute la défense se concentra à leur sommet où les hourds en bois firent place à des machicoulis avec parapets en pierre ou en grès.

L'invention des ponts-levis, qui remplacèrent, dans le cours du xive siècle, les ponts-volants et le tape-cu, ferma l'ère des grandes modifications apportées à la forme des châteaux-forts. Le château de Beauquesne subit, comme la plupart des anciennes fertés, toutes les transformations que nécessitèrent les progrès accomplis dans l'art des fortifications, et nous trouverons, dans le cours de cet ouvrage, la mention des diverses dépenses affectées à cet objet.

CHAPITRE VI

Guerre entre Philippe d'Alsace et le roi Philippe-Auguste. Beauquesne réuni aux domaines de la couronne.

Le comte Philippe administrait avec sagesse et avec bonté son vaste héritage et celui de sa femme : aussi y était-il adoré. Malheureusement son mariage restait stérile, et il entrevoyait avec grande peine la possibilité de perdre la possession des biens de la comtesse, au cas où celle-ci mourrait avant lui. Enfin, en 1175, après dix-neuf années écoulées, désespérant d'en obtenir des enfants, il la sollicita de le faire l'héritier de toutes ses possessions. La comtesse y consentit, et l'acte en fut dressé, la même année, au Mont-Saint-Quentin.

Tout allait donc aussi bien que possible au gré de Philippe lorsque, cinq ans plus tard, le testament du roi Louis le Jeune vint mettre le comble à sa puissance. Ce testament l'instituait en effet tuteur du nouveau roi, le jeune Philippe II, qui allait bientôt devenir, grâce à des talents supérieurs, le grand roi Philippe-Auguste.

Le comte prit donc en main la gestion des affaires de son pupille, mais bientôt, se sentant battu en brèche, dans ce poste, par l'inimitié de la reine-mère et de ses frères de Champagne, il crut habile de chercher à s'attacher le jeune roi par des liens de parenté et de reconnaissance. Il le maria en conséquence, malgré la vive opposition de toute la cour, et celle même du père de la jeune fille, à sa nièce Isabelle, fille du comte de Hainaut. Par le contrat de mariage, il donna aux futurs époux, pour en jouir après lui, le comté d'Artois, et, de plus, sa chère forteresse de Beauquesne. L'acte de donation de cette châtellenie fut passé, dit Dom Grenier (1), le 9 mai 1180. Les cérémonies du mariage avaient été célébrées à Bapaume quelques jours auparavant, le lundi de Quasimodo, 28 avril.

Ce mariage semblait devoir assurer au comte Philippe une situation à jamais inébranlable; mais, hélas! il en est bien souvent ainsi des prévisions humaines, et ce fut au contraire à cette heure que s'ouvrit tout à coup pour lui l'ère des plus grandes difficultés.

Le roi, quoique bien jeune, était déjà fort ambitieux, et son entourage, qu'offusquait la grandeur du comte de Flandre, l'excitait, de concert avec la reine-mère, contre son tuteur. De plus, son amour pour la jeune reine se refroidissait déjà, il faut le dire, très sensiblement (2), de sorte qu'il fut bientôt impossible au comte de ne pas s'apercevoir du changement d'attitude de son pupille à son égard. Jugeant alors que la situation n'était plus tenable pour lui à la cour, il prit le parti de se retirer dans ses domaines ; et sa nièce, négligée de son mari, se décida à suivre son oncle dans sa disgrâce.

Rentré chez lui, le comte Philippe jura de se venger. Il envoya, dans ce but, des émissaires à divers grands seigneurs du royaume, et, soutenu du comte de Hainaut, son beau-frère, il s'entendit bientôt avec les ducs de Bourgogne et de Brabant, les comtes de Namur et de Sancerre, et plusieurs autres grands seigneurs désireux, comme eux, de remettre la royauté au point où elle était, un siècle auparavant. Le roi, de son côté, averti de ces menées, fit appel au roi d'Angleterre, qui lui envoya ses fils, avec de nombreux seigneurs anglais et un corps de dix mille routiers.

Aidé d'un pareil renfort, il abattit sans peine le duc de Bourgogne et le comte de Sancerre; mais, devant son

(1) Tome XXVI, f° 100 r°. — Voir aussi TURPIN, p. 79.
(2) LEGLAY.

ancien tuteur, il hésita. Des négociations s'ouvrirent, mais le comte, irrité des exigences du roi, qui n'allaient pas moins qu'à réclamer le Vermandois tout entier, refusa net et ouvrit les hostilités en parcourant le Noyonnois, le fer et la flamme à la main. Il s'avança ensuite avec ses alliés au-devant du roi jusqu'à Crespy, et là, une grande bataille devint imminente. Mais on était près de la fête de Noël de l'année 1181, et, à cette occasion, une trêve fut conclue qui devait durer jusqu'après l'octave de l'Epiphanie. A son expiration, le comte, toujours irrité, ravagea sans pitié les domaines du roi et des barons qui l'avaient desservi. Enfin on convint d'une nouvelle trêve, et les hostilités furent de nouveau suspendues jusqu'après les fêtes de Pâques.

Mais il était dit que le malheureux comte ne recueillerait plus que des disgrâces : sa femme, tombée malade à Arras, y mourut dans le courant de la Semaine Sainte, le 26 mars. Philippe, à cette nouvelle, fut pris d'un violent chagrin : ce n'était pas tant sa comtesse qu'il pleurait ; c'était, comme le dit Gilbert de Mons, qu'il se voyait en danger de perdre son héritage. Sa belle-sœur, en effet, Eléonore, comtesse de Beaumont-sur-Oise, poussée par le roi, et légitime héritière de sa sœur, du reste, ne manqua pas d'élever des réclamations. Mais, en face de deux aussi puissants compétiteurs que le roi et le comte de Flandre, elle avait bien peu de chances d'être écoutée. Le roi en effet renouvela ses prétentions sur le Vermandois, et le comte, qui ne montrait pas, dans la défense de ses droits, moins d'obstination que son antagoniste, se prépara de nouveau à la guerre.

« Le comte Philippe, dit M. Leglay, convoqua en hâte son beau-frère, Bauduin de Hainaut, à son château de Beauquesne, et là les deux princes concertèrent leurs moyens. Tout ce que la Flandre et le Hainaut possédaient de chevaliers et d'hommes en état de porter les armes vint se ranger sous la bannière des deux comtes. Les plaines du Vermandois, du Valois, de l'Isle-de-France et des pays adjacents furent le théâtre d'une nouvelle guerre non moins désastreuse que la première (1). » Elle dura quatre ans, pendant lesquels, ajoute le même auteur, il n'y eut pas une seule bataille décisive, mais une série d'évènements qui amenèrent enfin les parties fatiguées à conclure la paix.

Le traité fut ratifié par les deux parties contendantes, le 10 mars 1186, entre Senlis et Crespy, en présence du roi d'Angleterre et du comte de Hainaut. Le comte abandonnait au roi les comtés d'Amiénois, de Valois et de Vermandois, moins Saint-Quentin et Péronne, qu'il conserva viagèrement.

Peu de jours après, une nouvelle entrevue eut lieu à Amiens entre le roi et les comtes de Flandre et de Hainaut, où se compléta la réconciliation. « Là, dit Jehan d'Avesnes, li quens Philippes de Flandre donna au Roy de France la ville de Roie et le Roy li donna le chastel de Biauchaisne (2) », « avec ses dépendances », ajoute Dom Grenier (3), et, de même que Saint-Quentin et Péronne, à titre viager.

Depuis lors, le comte resta en possession paisible de ces quelques restes de l'héritage de sa première femme (4). Peu d'années après, il prit la croix et alla mourir à Saint-Jean d'Acre, le 1er juin 1191. Sa veuve fit ramener sa dépouille mortelle à l'abbaye de Clairvaux, et, pendant ce temps, le roi prit possession de Beauquesne, en même temps que de Péronne et de Saint-Quentin.

Ce ne fut toutefois pas sans opposition, en ce qui concerne Beauquesne, car le comte de Saint-Pol, Hugues IV, qui avait déjà protesté, onze ans auparavant, contre la

---

(1) LEGLAY, *Histoire des Comtes de Flandre.*
(2) *Histoire de Hiérusalem.* Manuscrit Saint-Germain, p. 235, à la Bibliothèque Nationale.
(3) DOM GRENIER, t. XXVI, f° 102 r°.
(4) Dans un moment de brouille avec Baudouin de Hainaut, il avait épousé, dans l'espoir, non réalisé depuis, d'en avoir des enfants, Mahaut de Portugal.

donation faite par Philippe d'Alsace au roi, lors du mariage de ce prince avec sa nièce, poussa alors les hauts cris et protesta de plus belle contre une prise de possession qui lésait ses droits, car, dit Turpin, « il soutenait que cette ville faisait partie de sa juridiction. »

Pendant quelque temps, le roi fit la sourde oreille ; mais enfin il jugea bon de faire taire le comte en le satisfaisant, et de le désintéresser, tout en conservant néanmoins pour lui-même le domaine contesté. Par une charte de l'année 1194, en date de Dun, il mit fin provisoirement au débat. Voici la traduction exacte de cette charte :

« Philippe, par la grâce de Dieu, roi des Français (*Francorum rex*), etc., savoir faisons qu'en considération des bons services de Hugues, comte de Saint-Pol, et à l'occasion du différend qui s'est élevé entre lui et Nous pour la possession de Beauquesne, que Philippe, jadis comte de Flandre, Nous avait donné en mariage, lorsque Nous avons épousé Isabelle, sa nièce ; litige pour la solution duquel ledit comte Hugues s'en est remis à Notre générosité, Nous lui avons donné, pour lui et pour son héritier mâle, né de sa légitime épouse, en fief et en hommage-lige, Pont-Sainte-Maxence, Pompoing et Verneuil (1), avec leurs appartenances et leurs dépendances... »

C'était là un beau dédommagement ; et pourtant il fut encore jugé insuffisant, car, quatre années plus tard, le roi Philippe, pour mettre enfin un terme aux doléances du comte Hugues, se décida à y ajouter encore « en augmentation du don précédent, et en échange de Beauquesne, » la seigneurie de Lucheux avec sa belle forêt (1198).

Il faut vraiment que le roi ait estimé à un bien haut prix sa nouvelle acquisition pour qu'il n'ait pas hésité à céder quatre aussi importants domaines, dans le seul but d'obtenir de l'un de ses vassaux son désistement à une possession dont il n'avait même plus alors la jouissance.

(1) Ces trois châtellenies font aujourd'hui partie du département de l'Oise.

Enfin, après s'être occupée des intérêts du roi et de ceux du comte de Saint-Pol, la charte de 1194 songe aussi à ceux des habitants de Beauquesne :

« Les hommes de cette terre, dit-elle en terminant, continueront de jouir, dans le bois, des prérogatives qu'ils y possédaient précédemment, en se conformant aux coutumes de leur gruerie. Et si ces hommes commettent quelque délit dans ladite « forêt, » ils paieront au gruyer telle amende à laquelle ils ont été tenus jusqu'à ce jour pour le même fait (1). »

(1) Manuscrit Saint-Germain, coté 441, t. II, p. 1839. Voyez aussi Dom GRENIER, t. XXVI, f° 104, et BRUSSEL, *Usage des Fiefs*, t. I, p. 449.

CHAPITRE VII

CRÉATION DE LA PRÉVÔTÉ ROYALE DE BEAUQUESNE. — SON ÉTENDUE.
CE QU'ÉTAIT UNE PRÉVÔTÉ ROYALE.

« Aussitôt qu'il se vit en possession de Beauquesne, Philippe-Auguste, dit M. Alex. Bouthors, y établit un prévôt royal (1). »

Depuis l'arrivée au trône des premiers Capétiens jusqu'à cette époque, les prévôtés royales (2) avaient constitué, dans les domaines directs de la couronne, les seules divisions administratives. Le gouvernement, on le voit, y était alors d'une extrême simplicité.

Les prévôts royaux, dans leur ressort, réunissaient tous les pouvoirs, exerçaient toute l'autorité. Ils étaient chargés de veiller à tous les détails de l'administration civile, de percevoir les impôts et les redevances dues au roi, de rendre la justice, et enfin de réunir et de commander les hommes d'armes de leur circonscription.

A l'avènement de Philippe, le domaine royal comprenait trente-trois prévôtés. Quatre autres étaient tenues, à titre de douaire, par la reine-mère. A l'époque de son règne à laquelle nous sommes parvenus, le jeune roi avait déjà considérablement agrandi ses États, de sorte que

---

(1) BOUTHORS, *Coutumes locales du Bailliage d'Amiens*, t. II, p. 191.
(2) Prévôté (*præpositura*), du latin *præpositus*, préposé. Cette expression désignait « la dignité de prévôt, la juridiction d'un prévôt, et la circonscription territoriale sur laquelle elle s'exerçait. » Il y avait des prévôts royaux et des prévôts seigneuriaux. La situation des premiers était, comme on le verra dans le texte, fort élevée, tandis que celle des seconds était très inférieure.

vingt prévôtés nouvelles avaient dû être créées dans les territoires acquis ou conquis par lui. Parmi ces dernières, celle de Beauquesne ne fut pas la moins considérable, car grâce aux accroissements qu'elle reçut peu à peu, elle devint bientôt la plus étendue peut-être de tout le royaume.

Bornée au sud par la Somme, au niveau de son quatrième bras en entrant dans Amiens par le nord-est, elle s'étendit d'abord, sur les terres relevant de la couronne, jusqu'à l'Authie, au nord, et, au-delà, sur le comté de Saint-Pol. Quelques années plus tard, lorsque saint Louis aura donné, en 1237, à son frère Robert, le comté d'Artois, les prévôtés royales d'Arras, de Lens et de Bapaume, qu'y avait établies Philippe-Auguste, seront supprimées, et leur ressort sera ajouté à celui du prévôt de Beauquesne.

Cette extension ne sera pas la dernière, car, ainsi que nous le verrons plus loin, l'action de notre prévôt gagnera encore du côté du nord, au loin dans les Flandres, et ne s'y arrêtera que vers le confluent de la Lys et de l'Escaut.

Il est juste de dire que, dans les territoires soumis à de grands barons féodaux, comme les comtes de Flandre et de Saint-Pol, l'autorité du prévôt royal ne s'exerçait plus dans toute sa plénitude, comme dans les pays soumis directement à la couronne. En dehors de la surveillance qu'il exerçait naturellement sur la conduite du grand vassal, son action y était bornée aux cas réservés à l'autorité royale. Cette action s'y étendait aussi, ainsi que le dit M. Bouthors, « sur les communes et sur le temporel des églises et de tous les établissements religieux qui, par l'effet de l'amortissement, relevaient nuement de l'autorité royale. Les communes, ce fait est incontestable, n'obtenaient l'octroi et la confirmation de leurs privilèges qu'à la condition d'être placées sous la tutelle immédiate du prévôt royal. Tous les pouvoirs intermédiaires de la féodalité se trouvant rompus, il n'y avait plus que le pouvoir du souverain qui pût les protéger. Comme conséquence de cette garantie, elles payaient une foule de taxes dont l'ensemble formait l'une des branches les plus importantes du revenu public (1). »

« Au point de vue fiscal, ce qui formoit, dit Brussel (2), les revenus de la prévôté d'une seigneurie étoit les métairies, fours, pressoirs, prez, rivières, étangs, marchez, halles, étaux, sceaux, greffes et tabellionages; et... ces choses... avec l'exercice de la justice et les émoluments qui en provenoient, prirent, toutes ensemble, le nom de prévôté. »

Le produit de toutes ces « choses, » celles de la justice comprises, ne formait pas, nous devons le dire, un total bien formidable, car le revenu de toutes les prévôtés royales réunies ne s'élevait, en l'année 1202, après les accroissements de territoire susmentionnés, qu'à la somme de trente-deux mille livres parisis (3). Il est vrai que la valeur de l'argent était alors bien autrement élevée qu'elle ne l'est aujourd'hui.

L'accroissement considérable de ses possessions ayant augmenté à proportion le nombre de ses officiers d'administration, Philippe éprouva le besoin de concentrer son attention sur un cadre moins étendu de fonctionnaires. Il prit donc, en 1190, le parti d'instituer, à l'instar des anciens « missi dominici » des Carlovingiens, quatre nouveaux officiers, sans résidence fixe, chargés de faire annuellement, dans chaque prévôté, une tournée trimestrielle pour y surveiller l'action des prévôts royaux, recevoir l'appel de leurs sentences, et recueillir les plaintes que pourrait susciter leur administration. On donna à ces quatre officiers le titre de « Baillis royaux. »

Plus tard, ce prince eut l'idée de cantonner ses baillis et d'attribuer à chacun d'eux, avec une résidence fixe, une juridiction territoriale fixe aussi et comprenant un certain

---

(1) *Coutumes locales*, t. II, pages 5 et 6.
(2) BRUSSEL, *Usage des Fiefs*, t. I, p. 411.
(3) *Ibidem*, page 463.

nombre de prévôtés royales. C'est ainsi que furent créés les quatre plus anciens bailliages du royaume. Ces quatre bailliages eurent leur siège à Sens, à Mâcon, à Saint-Pierre-le-Moutier et en Vermandois. Par la suite, on les subdivisa, et le nombre finit par en devenir considérable.

L'un d'entre eux fut établi à Amiens, et huit prévôtés y furent rattachées : celles d'Amiens, de Beauquesne, de Beauvoisis, de Doullens, de Fouilloy, de Montreuil, de Saint-Riquier et du Vimeux.

On ne connaît pas la date de l'établissement du bailliage d'Amiens : il ne saurait en tout cas, au dire de Brussel, être rapporté au premier quart du xiii° siècle, car cet auteur trouve dans les comptes des prévôts et des baillis, pour les années 1202, 1217 et 1227, la preuve qu'à ces diverses époques il n'existait pas encore de bailli d'Amiens (1).

L'institution des baillis royaux ne porta aucune atteinte à l'étendue des attributions des prévôts ; elle les médiatisa, voilà tout.

Philippe-Auguste ne s'occupa pas seulement d'organiser sa hiérarchie de fonctionnaires : il entendit encore les mettre et les tenir sérieusement sous sa main. Il fit, à cette intention, une ordonnance par laquelle ses magistrats ne pourraient pas être conservés plus de trois ans dans la même place, afin qu'ils n'y prissent pas trop racine. Plus tard, saint Louis, son petit-fils, « afin que l'on pût croire à l'intégrité de ses magistrats, leur fit jurer en *plein-assise* de rendre bonne justice à tous, de ne recevoir aucun don, et de ne pas en faire eux-mêmes aux membres du Conseil du roi. Il leur fit aussi défense d'acquérir des propriétés dans les limites de leur juridiction et d'y contracter des dettes ou des alliances par mariage. En outre, ils ne durent quitter leur résidence que quarante jours après leur sortie de charge, afin de pouvoir satisfaire à toute réclamation (2). »

(1) BRUSSEL, ouvrage cité, page 487.
(2) CANTU, *Histoire Universelle*, 3° édition parisienne, t. xi, p. 278.

Voici donc la prévôté de Beauquesne constituée. Si la ville jouissait déjà précédemment, comme nous avons lieu de le croire, d'une certaine importance, cette importance a dû s'en trouver grandement accrue, car tout le mouvement administratif civil, judiciaire, financier et militaire de sa vaste circonscription convergea dès lors vers elle et ne put manquer d'y déterminer un grand développement de vitalité, étant donné, comme le dit M. l'abbé Delgove, dans son *Histoire de Doullens*, que la prospérité d'un centre est toujours en raison directe du nombre ou de la masse de ses affluents.

Nous possédons encore, aux Archives Nationales, le sceau et le contre-sceau de la prévôté royale de Beauquesne (1), au bas d'un acte du 25 février 1430. C'est un fragment de sceau rond, de cinquante millimètres, portant « une fleur de lys couronnée et accostée de deux épis sur champ treillisé à fleur de lys, » dans un encadrement en losange et portant : « la prevosté de Beauquesne. »

Le contre-sceau présente « une fleur de lys couronnée, accostée de deux épis et accompagnée de quatre étoiles, deux en chef et deux en pointe, le tout dans un encadrement en losange » (d'assez bon dessin).

(1) *Archives Nationales*, Accords, Inventaire des sceaux, n° 4744.

CHAPITRE VIII

Établissement de la commune de Beauquesne. — Ce qu'étaient les communes.

L'institution de la commune à Beauquesne remonte à peu près à la même époque que celle de sa prévôté. Nous ne possédons, il est vrai, ni la date de son établissement, ni le nom de son auteur, ni le texte de sa charte de fondation ; mais le P. Daire nous dit (1) que « dès l'an 1202, il y avait mairie et échevinage en ce lieu. » D'autre part, une mention du cartulaire de Philippe-Auguste rapportée par Dom Grenier (2) porte que « la commune de Beauquesne devoit au Roy XXX sergents et un chariot. »

Il est donc bien établi que cette institution y existait sous ce règne ; mais l'année 1202 est-elle la première de son existence ? Ou bien remontait-elle plus haut : à Philippe d'Alsace, par exemple, toujours si bienveillant à l'égard des villes, si affectionné, au surplus, à cette possession, et qui devait naturellement chercher à s'en attacher les habitants par ses bienfaits ?

Cette dernière hypothèse est certainement la plus probable : nous n'en avons toutefois aucune preuve, et nous verrons plus loin, dans l'acte de 1339 intitulé *Certum accordum*, que, dès cette époque, nos « bourgeois » avaient déjà égaré la charte de leurs franchises et oublié la date à laquelle elle leur avait été octroyée. Ils n'ont en effet pu établir et faire reconnaître par les officiers du roi qu'un

---

(1) *Histoire du Doyenné de Doullens*, à l'article Beauquêne.
(2) Dom Grenier, t. XXVI, fos 99 et 100.

seul point : à savoir, qu'ils étaient en possession des droits de commune « depuis un si long temps qu'il n'était mémoire du contraire. »

Dans le préambule de la Coutume locale, rédigée en 1507, les bourgeois, toujours dans la même ignorance sur ce sujet, déclarent que les privilèges dont jouit la ville sont le résultat « de dons et octroys anchiens concédez et donnez à ladicte ville pour le bien et proufficit d'icelle »..., mais sans faire mention d'aucune date.

La commune, comme institution, était un produit du siècle qui finissait. C'était, selon la définition du moine chroniqueur Guibert de Nogent, « une chose nouvelle et de tout point abominable », en vertu de laquelle ceux qui n'étaient ni nobles ni clercs étaient à l'abri de toute exaction arbitraire de la part de leur seigneur lorsqu'ils lui avaient payé, une fois par an, une redevance fixe établie à l'avance, et quand, pour un délit commis par eux, ils étaient quittes envers lui en payant une amende légalement fixée.

Ce nouvel état de choses, qui mettait fin au régime du bon plaisir absolu, était, en effet, pour les seigneurs une véritable monstruosité. Cantonnés, comme ils l'étaient, dans leurs châteaux-forts, couverts d'armures de fer impénétrables, et constamment entourés d'hommes d'armes, ces seigneurs ne rêvaient que batailles et saccages, et ne connaissaient d'autre moyen de s'enrichir que le pillage et la violence. Les villes et les campagnes, ces dernières surtout, avaient été longtemps et entièrement à leur merci, et, dans les siècles précédents, partout où ils soupçonnaient quelque chose à prendre, ils s'ingéniaient à s'en emparer. Dans les villes pourtant, où les habitants, plus nombreux, étaient plus à portée de se soutenir mutuellement, quelque peu de commerce et d'industrie s'était développé et y avait amené une certaine aisance. Dès lors, ceux qui avaient quelque chose à défendre s'attachèrent à s'en assurer la possession paisible. L'union leur parut le premier moyen à employer pour y réussir : ils s'unirent donc, et des insurrections commencèrent à se produire contre les oppresseurs.

Les premières ligues furent étouffées dans le sang de leurs auteurs; mais les manants et vilains, toujours opprimés, ne se découragèrent pas, et, vers l'an 1100, leurs tentatives finirent pourtant par aboutir sur quelques points. Les communes prirent ainsi naissance, tantôt par la force, tantôt à prix d'argent, après entente avec le seigneur, et, dès la fin du siècle, le nombre en était déjà assez élevé.

Lorsqu'une ville avait obtenu son affranchissement, tous ses habitants étaient tenus de « jurer la commune », c'est-à-dire de prendre l'engagement solennel de se défendre mutuellement « contre quiconque peut vivre ou mourir » : abbé, comte, évêque, roi ou empereur. Si l'un d'eux refusait le serment, il était tenu de s'en aller. On ne devenait citoyen de la ville que si, dans le délai d'un an et un jour après la prestation du serment, on avait acquis une maison sur le territoire municipal. Quiconque attaquait, même en dehors de la ville, un membre de la commune, était déclaré ennemi public.

Le degré d'émancipation des villes qui avaient obtenu gain de cause n'était pas partout égal. Ce qui caractérisait surtout une commune de plein exercice, c'était, en dehors du droit d'élire ses magistrats et de se gouverner d'après ses propres lois, le droit de *haute*, de *moyenne* et de *basse justice*. Or, ce droit, les bourgeois de Beauquesne le possédaient pleinement : de nombreuses pièces, dont il sera question plus loin, sans parler du texte de la Coutume locale de 1507, l'établissent d'une manière irréfragable.

A la tête de l'administration communale se trouvait un corps de citoyens élus par les bourgeois. Dans le nord de la France, on donnait à ces délégués le titre d'*échevins*. Le nombre des échevins variait suivant les endroits. A Beauquesne, il était de sept dès l'origine : on en trouve la mention formelle dans les comptes budgétaires de la commune pour les années 1262 et 1263, et ce nombre s'est toujours maintenu le même jusqu'à la Révolution.

Le corps des échevins était présidé par le premier des élus d'entre eux, qui portait le titre de *maïeur*, transformé plus tard en celui de maire. L'échevinage administrait la commune en se conformant au texte de la Charte et aux Coutumes locales, et, dans les circonstances graves, où son autorité devenait insuffisante, il convoquait une *assemblée générale* composée de tous les habitants.

La ville de commune avait son *hôtel de ville*, son *beffroi*. Elle avait sa *cloche* communale, qui sonnait pour convoquer les « municipaux » au conseil, ou pour annoncer le couvre-feu. Elle avait aussi son trésor, conservé dans la « huche commune », et qu'alimentaient les contributions des habitants et les amendes de sa justice.

Les fonctions de l'échevinage n'étaient pas bornées à l'administration de la ville : elles comprenaient également tout le service judiciaire. Comme corollaire de son droit de haute justice, la commune avait son *pilori*, sa *potence*, son *bourreau*. A Beauquesne, un canton sis à l'extrémité septentrionale de la commune, entre les chemins de Terramesnil et d'Orville, porte encore aujourd'hui le nom de *La Justice*, et, en fouillant légèrement le sol à certain endroit, on y retrouve encore des débris de constructions, qui sont, sans aucun doute, ceux des fourches patibulaires.

Nous avons dit que les amendes judiciaires formaient l'une des branches du revenu communal ; à Beauquesne, il n'en était pas ainsi, car les amendes étaient, du moins au siècle suivant, pour le roi. La *taille*, nous le verrons dans la suite, fournissait seule aux dépenses de la ville.

Les chartes de commune réglaient encore d'autres points : par exemple, le service militaire et les redevances dues au seigneur. Pour ce qui nous concerne, nous avons vu, au début de ce chapitre, que « la commune de Beauquesne devoit au Roy XXX sergents et un chariot. »

Quant aux autres redevances, nous en traiterons au chapitre suivant.

Pour consacrer les actes de son échevinage, la commune avait son *sceau* et son *contre-sceau*, sans lesquels aucune pièce émanée de ses représentants n'avait de valeur. Elle avait aussi ses *armoiries*, signe de sa haute seigneurie.

A Beauquesne, pour sceller ses actes, l'échevinage possédait deux sceaux : « le grand scel de l'Echevinage », et « le scel aus causes. » Le premier nous a été conservé, aux Archives Nationales, au bas d'une pièce de l'an 1260, qui contient le budget de la ville pour la même année (1). « Il a quarante-cinq millimètres de diamètre et présente un bouquet de branches de chêne avec leurs glands, et la légende *Sigillum de Beaucaine*. Au contre-scel, il y a une branche de trois touffes avec la légende *Bellaquercus* (2). »

Pour ce qui est des armoiries de la ville, la description nous en est donnée par M. l'abbé Bourlon, d'après Dom Grenier. Elles portaient « parti au premier d'azur, à une moitié senestre de fleur de lys coupée de chef en pointe ; au deuxième d'or au chêne ramifié et arraché de sinople. »

Ces armes sont évidemment d'origine royale : témoin, la demi-fleur de lys qui s'y trouve. Elles ont une grande analogie avec celles de Mantes, « qui portent une branche de chêne avec trois glands, que couronne une moitié de fleur de lys. »

Cette similitude presque complète s'explique. Mantes, que Philippe appelait sa ville chérie, avait été dotée de sa commune par son grand-père. Son père et lui l'avaient gratifiée d'une foule de privilèges et de nombreux édifices utiles. Lorsque Beauquesne entra dans le domaine royal,

---

(1) *Archives Nationales*, J. 385, n° 32. Pièce présentée à la Chambre des Comptes, selon l'ordre du Roy, le « devenres (vendredi) après la Toussains, » par les échevins de « Biaukaisne ».

(2) *Ibidem*, Inventaire des sceaux, pièce n° 5744. Nous en avons fait prendre une copie en plâtre, que nous avons déposée à la mairie.

Mantes était depuis longtemps en possession de ses armoiries. A cause de son nom, elles auraient fait, pour cette nouvelle acquisition, des armes en quelque sorte parlantes ; mais il était trop tard, puisqu'une autre les possédait. On aura tourné certainement la difficulté en les modifiant légèrement (1).

(1) Pour l'établissement des Communes et leurs institutions, nous avons suivi surtout l'*Histoire de la civilisation en France*, t. 1er, pages 245 à 247, de M. Alfred RAMBAUD.

CHAPITRE IX.

Redevances de la commune a l'égard du roi, son seigneur.

Nous avons parlé, au chapitre précédent, des redevances dues à leur seigneur par les communes après leur émancipation. En voici la liste pour ce qui concerne Beauquesne, avec le montant du produit de chacune d'elles, à l'époque à laquelle nous sommes parvenus. Le texte de la pièce qui nous renseigne à cet égard se trouve dans le cartulaire de Philippe-Auguste, à la Bibliothèque Nationale (1), et nous allons en donner la traduction française. Mais auparavant, et pour en faciliter la compréhension, il nous paraît indispensable d'indiquer au lecteur sur quel champ s'exerçait la perception de ces redevances.

L'étendue du terroir de notre commune était, à cette époque, moins grande qu'elle ne l'est aujourd'hui, car les sept cents journaux qu'y possédait l'abbaye de Saint-Jean d'Amiens (le Valvion, les Mouvances et les Terres Saint-Jean) n'y ont été réunis qu'à la Révolution. Au lieu de quatre mille sept cent quarante-six journaux, ou deux mille trois hectares, il n'en comptait donc que quatre mille quarante-six, sur lesquels il conviendra encore de défalquer ce qui appartenait directement à la seigneurie, puisque la levée des droits seigneuriaux ne s'y exerçait pas : soit deux cent quinze journaux de bois, et deux cent trente-sept en terre cultivée ou en riez : en tout, quatre cent cinquante-deux journaux. Il restait ainsi,

---

(1) Manuscrit Saint-Germain, t. II, p. 1841 ; et Dom Grenier, t. XXVI, f°s 100 et 104 r°.

après cette seconde défalcation, trois mille cinq cent quatre-vingt-treize journaux, moins les chemins qui les traversent, soumis à ces droits.

Cette masse imposable se divisait, comme nous avons pu le constater dans de nombreux actes antérieurs à 1789, et notamment dans une série d'aveux datés de 1735 et conservés en l'étude du notaire de Rubempré, en trois catégories, sur lesquelles les taxes étaient différentes. La première, comprenant les terres à labour, était soumise au terrage ou champart, qui se levait, ainsi que nous l'avons dit, à raison de huit gerbes du cent ; la seconde se composait des prairies avoisinant extérieurement la « Ruelle du Tour de ville », aussi appelée la « Voie des Croix », pour lesquelles le cens se percevait en avoine battue ; et là, l'unité de cens parait avoir été une mesure de capacité appelée *quarte* (1). La surface couverte par ces prairies (Prés Randon, Grands prés, Prés à murets, Prés de la Longue Cavée, de la Ruelle Louise Cour, etc.) semble avoir été bien plus considérable qu'elle ne l'est de nos jours (2). La troisième enfin était celle qu'enceignait la Ruelle du Tour de Ville, et qui renfermait les propriétés bâties. La rente, pour les immeubles de cette catégorie, bâtis ou non bâtis, se soldait en argent, et nous savons que là, « l'unité de cens se consistoit en un denier. » Mais un point à éclaircir serait de savoir quelle quotité ou quelle nature d'immeuble répondait à cette redevance de un denier. Ainsi que nous le verrons bientôt, le produit annuel de ce cens s'élevait alors à soixante-quatre livres quatorze sous, somme qui, divisée en deniers, représente quinze mille cinq cent vingt-huit unités. Or la surface comprise dans cette troisième catégorie comporte environ deux cent trente journaux, ou vingt-trois mille verges, les

---

(1) La *quarte* était une mesure locale. Elle comportait le quart du *boisseau*, qui faisait lui-même la moitié de la *mesure*. La mesure, à son tour, formait la moitié du *septier*.

(2) Assurément, si elles fournissaient onze muids et demi d'avoine, alors que l'unité de cens était la quarte.

places et les rues comprises, de sorte que chaque unité de cens répondrait à peu près à une verge de terrain imposable. Mais il n'en allait point ainsi, car, dans les aveux précités, nous trouvons certains terrains assez étendus ne payant chacun qu'un denier, tandis que d'autres, très exigus, étaient imposés à plusieurs unités de cens. Il faudrait donc chercher ailleurs la solution du problème. Jusqu'à cette heure, nous devons l'avouer, nous n'y avons pas réussi.

Pour ce qui est de l'étendue de la surface habitée, nous avons tout lieu de penser qu'elle n'a guère varié depuis lors, et en voici la raison : un impôt foncier de la douzième partie d'un sou sur un héritage d'un « quartier » ou de « quartier et demi », et même d'un demi-journal situé en plein dans la commune, était, on en conviendra, absolument dérisoire, au XVIIIe siècle, et tout à fait disproportionné avec le prix de toutes choses, disproportionné également avec le champart (1). Il ne saurait donc avoir été établi qu'à une époque où un denier constituait un prix d'une importance raisonnable, comme c'était le cas au temps de Philippe-Auguste. Or, nous trouvons dans la série d'aveux ci-dessus mentionnés des propriétés soumises au « cens de ville » réparties sur toute la surface aujourd'hui habitée ; mais, par contre, aucune au delà. L'étendue de cette partie habitée a donc été très vraisemblablement, à la fin du XIIe siècle, la même que de nos jours, car le propriétaire, sous l'ancien régime, n'avait

---

(1) On a conservé un très mauvais souvenir des impôts d'autrefois ; mais, pour être juste, nous devons dire qu'il y a là de l'exagération. En effet l'impôt foncier pour les terrains habités et pour les prairies était, on le voit, insignifiant ici. Le champart et la dîme étaient plus lourds, mais ils avaient cela de bon que, lorsqu'on ne récoltait pas, on ne les payait pas, tandis qu'aujourd'hui on paie l'impôt foncier en tout cas. Ce qui rendait dîme et champart déplaisants, c'était leur mode de perception. Il y avait bien encore d'autres impositions, telles que la *taille* et la *capitation*, au profit de l'Etat, celles-ci ; mais elles étaient peu élevées, car « pour la dépouille de 1749, » elles n'ont été ici que de 189 livres 7 sols.

pas le droit de changer, sans l'aveu du seigneur, la destination d'une propriété. Or, la valeur de l'argent baissant toujours et le prix des grains augmentant sans cesse par le fait de la diminution des valeurs métalliques, le seigneur n'eût pas permis la transformation d'une terre à champart, qui lui rapportait davantage, en héritage à cens de ville.

Cette surface habitée est aujourd'hui peu amasée, de sorte qu'un tiers environ en bordure des rues est vide de constructions. En était-il de même alors? Ou, au contraire, les habitations se pressaient-elles les unes contre les autres, contenant ainsi une population de beaucoup supérieure à celle d'aujourd'hui ? Pour élucider cette question, nous avons bien cherché, nous pouvons le dire, mais, hélas ! sans le moindre succès.

Quoiqu'il en soit, voici la traduction du texte du document qui fait l'objet de ce chapitre :

« REVENU DE BEAUQUESNE,

« Du cens (de ville)   LXIIII^l XIIII^s
« De la banalité des fours   XXIX^l X^s
« Produit du champart   XXXIIII muids (1)
                    moitié blé et moitié avoine
« Du cens (des prés)   XI muids et demi d'avoine, et
« Des Avoueries (2), à savoir sur Naours et Talmas,
                                     X muids

(1) Le muid de l'Amiénois était de six cent trente-cinq litres quatre centilitres et contenait trois sacs ou six razières, ou encore dix-huit septiers, pour le blé. Le muid à l'avoine était double. Le muid de Paris était de beaucoup supérieur, car il valait mille huit cent soixante-treize litres. Le muid à l'avoine, comme dans l'Amiénois, était double.

(2) Avouerie, en latin Advocatio, Advocataria. Cette expression comportait trois acceptions :
1° La charge ou la dignité d'un avoué ;
2° La circonscription territoriale soumise à l'action de ce dignitaire ;
3° Le montant des émoluments à lui dus pour cette charge.

L'avoué, advocatus, était un seigneur laïque chargé, moyennant des honoraires, de protéger les intérêts temporels d'une église, et spécialement d'un monastère. Il jouissait en outre, dans l'étendue de

« et V^e et XLIII chapons (1)
« et XI^{xx} journaux de terre cultivée, et XVII en riez
« et IIe journaux et XV et demi de bois

Récapitulation :

« Montant du revenu perçu en argent,   IIII^{xx} XIIII^{lb} IIII^s
« Total du revenu en blé,   XXII muids
« Total de l'avoine,   XLII muids. »

Si les statistiques de nos jours sont dressées par à peu près, il est clair que celles de ces temps obscurs du Moyen-Age étaient bien plus imparfaites encore. D'après celle-ci, la somme des blés fournis par le champart aurait été de la moitié des trente-quatre muids de céréales fournies par cette prestation. Il y a bien, à la fin de la pièce, dans la récapitulation, un chiffre de vingt-deux muids, mais il doit comprendre la récolte des terres directement possédées par la seigneurie. Il en est de même de l'avoine, dont les quantités énumérées, au détail, ne montent qu'à trente-huit muids et demi, tandis que le total porté à la récapitulation est de quarante-deux.

Pour apprécier l'importance de ces chiffres, au point de vue de leur comparaison avec les mesures actuelles, il conviendrait d'être fixé sur la capacité du muid dont il est question. Est-ce le muid d'Amiens? Est-ce celui de Paris? La différence entre eux est considérable, nous l'avons dit, et nous ne possédons aucun texte qui nous permette de nous prononcer pour l'un ou pour l'autre. En cherchant seulement les probabilités, nous trouverons, en faveur du

---

l'avouerie, d'avantages honorifiques, tels que de marcher le premier après l'abbé dans les cérémonies solennelles.

Naours et Talmas étant des propriétés de l'abbaye de Corbie, leur défense, au point de vue temporel, aura probablement été confiée au représentant du roi à Beauquesne : au gouverneur du château, ou mieux encore, au prévôt royal. C'est là l'explication la plus plausible des termes du document que nous traduisons.

(1) Les chapons de censives se payaient, soit en nature, soit en argent, selon un taux convenu.

muid de l'Amiénois, qu'il était la mesure du pays ; mais, avec lui, la récolte des Beauquesnois eût été bien maigre, et, d'autre part, la statistique ayant été dressée à Paris, par des officiers du roi y résidant et habitués à compter à la mesure de cette ville, il y aurait peut-être bien plus de présomptions en faveur du muid de Paris.

En acceptant cette dernière hypothèse, il s'en suivrait que, le champart étant de huit du cent et rapportant, sur Beauquesne, dix-sept muids de blé, la production totale de cette céréale sur le terroir aurait été alors de deux cent douze muids, et, à la mesure actuelle, à raison de mille huit cent soixante-treize litres pour un muid, d'environ quatre mille hectolitres.

Cette production n'égale qu'un petit tiers de notre récolte actuelle, puisque la dernière statistique agricole décennale, de 1883 à 1893, accuse, sur une surface de terrain agrandie, il est vrai, d'un quart, un produit annuel de douze mille six cent cinquante hectolitres de blé, pour cinq cent soixante-quinze hectares emblavés, non compris soixante-cinq hectares semés en seigle et ayant donné, à raison de vingt-cinq hectolitres à l'hectare, mille six cent vingt-cinq hectolitres de grain.

Le produit de la récolte en blé était, en ce temps-là, on le voit, bien peu élevé ; mais il faut se rappeler que les terres rapportaient beaucoup moins alors que de nos jours, et que, de plus, de grandes surfaces restaient en friche, surtout sur les parties éloignées du terroir. Il s'en suit que si la population du pays était seulement égale à ce qu'elle est actuellement, la production en blé de son terroir a dû être insuffisante, car elle ne donnait pas deux hectolitres par tête d'habitant.

En parcourant la statistique ci-dessus rapportée, on a pu remarquer qu'en ce qui concerne les banalités, la seule dont il y soit question est celle des fours. Le moulin banal n'appartenait en effet pas au roi. Il avait été cédé, conjointement avec une somme de cinq sols parisis, au temps de Philippe d'Alsace, ou, tout au plus tard, aux premières années de la prise de possession de Philippe-Auguste, à Baudoin d'Aubigny, seigneur d'Orville, en échange d'un hommage que lui devait précédemment Beauquesne. Nous ignorons la date précise de cet acte, mais nous avons, au cartulaire Saint-Jean, une charte de ce seigneur datée de l'année 1178, et, en 1205, Hugues Tacon, probablement son fils, souscrivait une charte comme titulaire de ces deux seigneuries. C'est donc vers la fin du XIIe siècle qu'eut lieu la transaction dont il vient d'être question, et la banalité du moulin resta ainsi dès lors jusqu'à la Révolution à la seigneurie d'Orville.

La prestation annuelle de trente sergents et d'un chariot, dont nous avons parlé au chapitre précédent, complétait l'ensemble des taxes fixes que devait acquitter annuellement la commune au profit du roi, son seigneur. Mais, en dehors des redevances fixes, elle était encore tenue de payer au trésor royal, outre les produits de la justice et les autres recettes opérées par le prévôt, des *droits d'aide*, et nous lisons dans Dom Grenier (1) qu' « un rouleau de la Chambre des Comptes porte qu'en l'année 1248, ladite commune de Beauquesne a payé à Girard de Compiègne *pro auxilio regis* la somme de CL livres. »

Les trente-deux mille livres que rapportaient au roi Philippe-Auguste, chaque année, Beauquesne et toutes les autres villes et seigneuries de son royaume, ne formaient, pour un souverain, on en conviendra, qu'un bien maigre budget, si on le compare aux milliards de nos jours, et il est certain que les États modernes seraient bien à l'étroit si, avec cette somme, même en lui accordant une valeur cinquante fois supérieure, il leur fallait subvenir à leurs frais d'administration et à l'entretien de leurs armées. Mais il convient d'observer que les rouages administratifs étaient alors des plus simples et le personnel qui les dirigeait fort restreint. Enfin, en cas de guerre, les vassaux et les communes étaient tenus d'équiper et d'entretenir à leurs frais leurs hommes d'armes.

(1) Dom Grenier, t. XXVI, f° 100 r°.

CHAPITRE X.

CRÉATION DE LA PRÉVÔTÉ ROYALE DE DOULLENS. — PREMIER DÉMEMBREMENT DE LA PRÉVÔTÉ DE BEAUQUESNE. — COMPENSATIONS.

L'accroissement de puissance que lui valurent ses conquêtes éleva Philippe-Auguste bien au-dessus de ses prédécesseurs et le mit en état, dans la dernière partie de son règne, de repousser une formidable invasion, celle de l'empereur d'Allemagne, coalisé avec le roi d'Angleterre et avec tous les seigneurs des Pays-Bas, auxquels s'étaient joints plusieurs vassaux de la couronne de France, tels que les comtes de Flandre, de Boulogne et d'Aumale.

La campagne fut on ne saurait plus décisive. Pendant que le fils aîné du roi tenait tête, en Poitou, au roi anglais, les trente sergents de Beauquesne, unis aux milices des autres communes picardes, aidèrent le roi Philippe à remporter, le 27 juillet 1214, sur le gros de ses ennemis l'éclatante victoire de Bouvines, qui fut le « baptême de gloire de la dynastie capétienne. »

Cette victoire, si glorieuse pour la France, eut cependant pour Beauquesne quelques conséquences fâcheuses, car elle contribua à élever, dans son voisinage, une rivale pour laquelle on commença dès lors à le dépouiller.

Voici comment se produisirent ces évènements :

Guillaume III, comte de Ponthieu et seigneur de Doullens depuis l'année 1191, n'avait eu de sa femme, Alix de France, fille de Louis le Jeune, qu'une fille, Marie, présomptive héritière de ses possessions. Il la maria à Simon de Dammartin, comte d'Aumale. Or, à Bouvines, Simon combattit dans les rangs des ennemis de Philippe et eut le malheur d'être fait prisonnier. Le vainqueur lui fit partager le sort, d'ailleurs mérité, des comtes de Flandre et de Boulogne, en l'enfermant comme eux dans une étroite prison. Or, Guillaume étant mort en 1221, le roi, toujours irrité, fit saisir son héritage, au préjudice de Marie, sa nièce, accusée de complicité dans la félonie de Simon, son mari. Celle-ci supplia longtemps, mais en vain, le roi, son oncle, de lever la saisie. Elle l'obtint enfin de Louis VIII, son cousin, mais dut céder, en 1125, au roi, par le traité de Chinon, les villes et châtellenies de Doullens et de Saint-Ricquier. Cette cession fut confirmée en mars 1230, par le comte Simon.

Ainsi séparée du comté de Ponthieu et réunie au domaine royal, la châtellenie de Doullens dut être rattachée administrativement à l'une des prévôtés voisines, ou, comme le dit M. l'abbé Delgove, « devenir elle-même le siège d'une prévôté nouvelle. » C'est, continue le même auteur, à ce dernier parti que l'on s'arrêta.

« La nouvelle prévôté de Doullens fut créée aux dépens de sa voisine plus ancienne, de Beauquesne, dont le ressort se vit ainsi diminué (1). »

Un certain nombre de communes de la rive gauche de l'Authie et la partie du comté de Saint-Pol située entre la rive droite de cette rivière et la Ternoise, depuis le Souich, à l'est, jusque vers Hesdin et Auxy-le-Château, à l'ouest, formèrent le ressort de la prévôté de Doullens. Toute la rive droite de la Ternoise depuis Saint-Pol jusqu'au-dessous de Monchy-Cayeux, et toute la rive gauche de son affluent qui baigne Heuchin restèrent attachées à Beauquesne.

Tel fut le premier démembrement qu'eut à subir notre prévôté.

Il faut dire que, peu de temps après, ce dernier siège reçut une compensation assez large. Louis IX ayant en

(1) M. l'abbé DELGOVE, *Histoire de Doullens*.

effet donné, en 1237, le comté d'Artois à son frère Robert, supprima par là même, ainsi qu'il a été dit plus haut, les prévôtés qui avaient été instituées dans ce comté, et le plaça tout entier dans le ressort du prévôt de Beauquesne.

Ce fut très vraisemblablement aussi à cette époque que l'action de notre prévôt fut étendue jusqu'en Flandre, sur une partie, tout au moins, de ce comté. Nous ne possédons, pour cette époque, aucun document donnant la date de cette extension; mais elle est absolument certaine, et nous en trouverons la preuve dans un acte de la fin du siècle et dans plusieurs autres qui le suivront de près. Nous la retrouverons, un peu plus tard encore, dans les termes des lettres du roi Charles V, en date de 1369, lettres dont nous donnerons le texte au moment opportun.

CHAPITRE XI

Construction de l'église paroissiale. — Beauquesne change
de patron et décimateur.

Le style architectural de l'église de Beauquesne étant le gothique primitif, ce mode de construction en fait remonter l'origine au xiie siècle, c'est-à-dire à l'époque où fut bâti le château. On peut donc, selon toute vraisemblance, en attribuer la fondation à Philippe d'Alsace.

Certains connaisseurs prétendent que quelques parties de cet édifice, le seul qui nous soit resté de ces temps éloignés, sont un peu postérieures à cette première époque, et qu'elles n'auraient été exécutées qu'au temps de saint Louis. Ce serait donc la première partie de ce règne, celle à laquelle nous sommes parvenus, qui en aurait ainsi vu la consécration définitive. Elle fut placée sous l'invocation de saint Jean-Baptiste, et elle y est restée depuis lors.

Le seul mérite de ce « monument » était la *vénérabilité* que lui conférait son âge, et sa tour en était la seule partie qui méritât de fixer l'attention. Aussi, dans le projet d'édification d'une nouvelle église, qui est en voie d'exécution, à l'heure actuelle, a-t-on décidé de la conserver.

Cette époque fut aussi celle où la paroisse changea de patron et décimateur. Nous avons vu que ce titre avait été conféré, en 1050, par le comte Roger à la collégiale de Saint-Sauveur de Saint-Pol; mais il était arrivé là, depuis lors, ce qui s'était produit dans bien d'autres endroits. Des seigneurs laïques s'en étaient emparés, de sorte qu'au commencement du xiiie siècle, nous voyons le seigneur d'Orville et Jean d'Amiens et sa femme en disposer, chacun de leur côté.

Parmi les titres de l'abbaye de Corbie, nous trouvons, à la date du mois d'avril 1207, « des lettres de Hugues Tacon, chevalier et seigneur d'Aubigny et d'Orreville, par lesquelles ce seigneur déclare que l'abbaye d'Anchin et les religieux du prieuré de Saint-Sulpice de Doullens lui avoient prêté sept cents livres parisis, et que, pour reconnoitre ce service, il leur abandonnoit les fruits de la dixme de Beauquesne, qu'il avait hypothéquée au paiement dudit capital, pour jouir desdits fruits pendant neuf ans, au bout desquels ledit seigneur ou les siens pourront racheter ladite dixme en remboursant lesdites sept cents livres parisis. Mais il fut stipulé qu'à défaut de remboursement, les religieux garderoient la dixme ainsi que la grange dixmeresse et toute l'habitation ou ferme que ledit seigneur avoit à Beauquesne, jusqu'à parfait remboursement. »

Nous ne savons ce qu'il advint de ce prêt hypothécaire : toujours est-il qu'en 1239, à la suite d'un différend entre l'abbaye d'Anchin et le chapitre d'Amiens, qui tous deux prétendaient « avoir acheté cete dixme de Jean d'Amiens et de sa femme, » des arbitres furent nommés pour étudier la question et se prononcer entre les prétendants. Une sentence arbitrale fut rendue en mai de cette même année, et l'objet en litige adjugé, avec la grange et la ferme, à l'abbaye d'Anchin.

Il est à croire pourtant que si les droits de l'abbaye ont été reconnus supérieurs, les prétentions du chapitre n'étaient pas non plus sans fondement, car la même sentence lui accordait un dédommagement. Anchin fut taxé à lui livrer annuellement vingt-cinq muids de blé et autant d'avoine, à la mesure d'Amiens.

Les chanoines ne furent certainement pas satisfaits de cette sentence, car ils continuèrent de disputer la possession du bénéfice attribué à leurs adversaires ; mais ce fut sans succès, et en 1241, Gérard de Conchy, leur pénitencier, dut reconnaître par un acte la légitimité du droit concédé à l'abbaye d'Anchin, au profit de l'un de ses membres, le prieuré de Saint-Sulpice de Doullens.

En 1274, Guy de Châtillon, comte de Saint-Pol, avait, en sa qualité d'héritier des anciens seigneurs de la localité, élevé aussi des prétentions sur cette même dîme, mais il dut, comme le pénitencier du chapitre d'Amiens, souscrire son désistement, de sorte que les moines d'Anchin jouirent dès lors paisiblement de cette possession.

L'abbaye d'Anchin, dont il vient d'être parlé, avait été fondée, sous le vocable de Notre-Dame, en 1077, dans un îlot de la Scarpe, par Vauthier, seigneur de Montigny, en faveur des Bénédictins. En 1138, l'évêque d'Amiens, Guarin de Châtillon, avait donné à cette abbaye Saint-Martin et Saint-Sulpice de Doullens, et ce fut neuf ans plus tard que ces religieux établirent à Saint-Sulpice un prieuré de leur ordre.

Les titres de Corbie nous disent que « des lettres de l'an 1202, de Thibaut, évêque d'Amiens, confirment au prieuré de Saint-Sulpice les biens qu'Anchin possédait depuis longtemps » dans nos environs, notamment « l'autel et le patronage de Beauquesne, dont l'église Saint-Sauveur a les deux tiers des dîmes et oblations. »

Anchin avait bien réuni à sa manse abbatiale, en droit tout au moins, les revenus jadis attribués, dans notre paroisse, à « l'église Saint-Sauveur, » mais il n'était pas donné au bon évêque d'Amiens de faire tomber, au moyen d'une simple charte, aux mains des moines ce qui avait été usurpé, à la faveur de l'anarchie des trois derniers siècles, par les seigneurs laïques, et il fallut toutes les transactions énumérées plus haut pour donner à l'abbaye la possession paisible de ce bénéfice.

CHAPITRE XII

Ordonnances de saint Louis réglant la nomination des maïeurs et échevins, leurs attributions, etc. — Premiers budgets présentés par les échevins de Beauquesne en vertu de ces ordonnances.

Le règne de saint Louis fut tout aussi remarquable que celui de son grand-père. A partir de sa majorité, il sut établir sur ses vassaux un pouvoir sans conteste, et, ce pouvoir, il entendit le faire sentir également aux communes.

Jusqu'à lui, elles s'étaient administrées à leur guise ; mais il prétendit leur imposer désormais des règles. Par une ordonnance en date de 1256, il décida que les élections des maïeurs seraient faites, chaque année, « le lendemain de la feste Saint-Simon-Saint-Jude, » le 29 octobre. Cette règle fut suivie à Beauquesne jusqu'à la Révolution, non seulement pour les maires, mais encore pour tous les autres membres de l'échevinage.

Cette ordonnance portait également que, chaque année, « aux octaves de la Saint Martin, li noviaus maïeur et li viez, et quatre des preudeshommes de la ville viengnent à Paris, à nos gens, pour rendre compte de leur recepte et de leur dépens. »

« Derechief, ajoute-t-elle, nous ordenons et deffendons, sur corps et sur avoir, à nos communes et à nos bonnes villes que il ne prestent ne ne doignent, à nulle manière de prest, ne de dons, fors vins en pots et en barils, sans nostre congié. »

Le bon roi ne veut pas de gaspillages : « Derechief,

continue-t-il, nous ordonnons que ville de commune, combien que elle soit grant, n'aille ne ne viengne à court, ou ailleurs, pour les besoignes de la ville, fors que li maïeur ou cellui qui sera en lieu de lui, ne ne puisse amener avec li, fors deux de ses compaignons et le clerc de la ville, et un pour parler, se métier en aura, ne ne puisse aller maires ou cellui qui sera en son lieu, ne ses compaignons, à plus de chevaux et de gens que ils iroient pour leurs propres besoignes. »

Point de promiscuité entre l'argent des officiers municipaux et celui de la ville : les deniers communaux devront être déposés dans la huche commune.

Les premiers budgets ainsi présentés furent, paraît-il, ceux de l'année 1260. Nous avons encore aux Archives Nationales (1) celui qui fut apporté aux « gens du roi » par les officiers municipaux de Beauquesne, en cette dite année. En voici le texte :

« A homes nobles et saches les Maistres de la Cort de Franche li Eskevin de Biaukaisne Salut et aus appareilliés à tous leur commandemens Nos faisons a savoir à Vostres Nobleches que quant nos entrames en l'Eskevinage de Biaukaisne le merkedi devant Paskes qui passé est, le vile de Biaukaisne devoit VIII^{xx} livres et LXVI livres de parasis, chest assavoir VI^{xx} livres X livres de Parasis à Jakemon le Noir, borgois d'Arras, à paier le nuit de le Saint Andrieu prochainement à venir, et XXXII livres de Parisis au Roy à paier à II termes qui passé sunt : à l'Ascention et à la Toussains, et XXVI livres al serjans de le vile de Biaukaisne. Et vous faisons à savoir que le contesse de Flandre doit à le vile de Biaukaisne IIII^{xx} livres de Tornois à paier au diemenche devant le feste Saint Michiel le première qui est à venir. De lequele dete le vile de Biaukaisne a les lettres le contesse devant dite, et les lettres le conte d'Anjou.

« Che fu fait et ches lettres donnees en l'an de l'Incarna-

---

(1) J. 385, n° 32.

tion Nostre Seigneur Mil et deux cens et soixante, le devenres (1) après le Toussains. »

C'est au bas de cette pièce, nous l'avons dit, que se trouve l'empreinte du sceau de la commune.

Nous ne savons point si l'échevinage de Beauquesne a continué de présenter son budget annuel à Paris; toujours est-il qu'il ne paraît pas en exister d'autres que le précédent aux Archives Nationales.

Ceux des années 1262 et 1263 nous ont été transmis par Dom Grenier, au folio 99 de son vingt-sixième volume. Le premier est ainsi conçu (2): « Sept échevins sont établis pour gérer les affaires de Beauquesne. Le quatrième jour après Pâques, le budget de la ville a été trouvé en l'état que voici :

« Les revenus de la ville sont nuls. Elle possède, en numéraire, XII livres, et doit, d'argent emprunté, XI^{xx} VIII livres. »

Le second est un peu moins laconique. En voici également la traduction :

« Compte de la ville de Beauquesne présenté par ses sept échevins, en présence de leurs successeurs (3):

« Recettes: De la taille de la ville, II^{c}XI^l X^s; de créances recouvrées, XII^l. — En tout, XI^{xx}LXX^s.

---

(1) Vendredi.

(2) En voici le texte latin : « *Septem scabini S^{ti} apud Bellamquercum, feria quarta post Pascha, an. LII (1262) Invenit villam in statu inferius annotato :*

« *Redditus villæ nulli. Habet in danariis XII^l et debet sur usuris XI^{xx} VIII.*

(Tiré d'un livre des Ordonnances royaux. Manuscrit Saint-Germain, f° 35 r°.)

(3) « *Computum villæ Bellæquercus per VII scabinos, presentibus novis scabinis, anno LX tercio (1263)* :

« *Redditus: De tallia villæ, II^c XI^l X^s; de debitis solutis, XIII. — Summa, XI^{xx} LXX^s.*

« *Expensa: Pro debitis solvuntur XLVIII; pro usuris LXIX^l; pro opibus XVIII XIII^s; pro present XXXIII^l XII^d; pro negociis villæ XXVIII V^s VI^d; pro clerico et serviente ac gueto villæ XXVIII IX^d. — Summa XI^{xx} XX^l IIII^d.* »

(Tiré du même Manuscrit à Saint-Germain, f° 38.)

« Dépenses : Pour paiement de dettes, XLVII¹ ; pour intérêts d'argent, LXIX¹ ; pour des secours, XVII¹ XIII⁰ ; pour des présents (?), XXXIII¹ XII⁴ ; pour les affaires de la ville, XXVII¹ V⁰ VI⁴ ; pour le clerc de l'échevinage, le sergent et le guetteur de la ville, XXVII¹ IX⁴. — Au total, XI^m¹ XX⁰ III¹. »

CHAPITRE XIII

Actes du Parlement concernant Beauquesne. — Ses premiers gouverneurs. — Le comte de Foix emprisonné au chateau de Beauquesne.

Saint Louis ne voulait pas seulement l'ordre et l'économie dans les dépenses publiques; il entendait aussi imposer la bonne foi dans les transactions entre particuliers et interdire les extorsions à ses propres officiers. Nous trouvons en effet dans les *Olim*, au tome 1er et à la page 475, deux ordonnances de l'année 1260 concernant notre commune. En voici la traduction française :

« Comme les bourgeois de Beauquesne avaient coutume de peser avec leurs propres poids leurs laines et leurs autres marchandises là où il leur semblait bon dans la ville, et spécialement dans l'Hôtel-Dieu, moyennant un denier à Dieu tel quelquefois qu'une obole, lorsque cela leur plaisait, le bailli d'Amiens ayant entendu dire qu'ils fraudaient dans leurs pesées, prétendit les contraindre à peser, dans la Halle du roi, et en public, avec les poids du roi, afin qu'ils ne pussent plus désormais commettre des fraudes semblables.

« Les bourgeois, de leur côté, prétendaient être en possession de peser avec leurs propres poids et où ils le voulaient dans la ville, et entendaient conserver leur droit.

« Pour empêcher toute fraude à l'avenir, il fut entendu et ordonné, dans le Conseil du Roi, que les bourgeois pèseraient avec leurs propres poids ou avec les poids du Seigneur Roi, à leur choix, dans la Halle du roi, et de leurs propres mains. Ou bien, s'ils font peser par autrui au poids du roi, ils donneront ce qui leur plaira au peseur, car le roi ne veut nullement qu'à propos de pesage, il soit établi de nouvelles levées d'argent sur lesdits bourgeois. »

Cet acte nous montre quel esprit de profonde honnêteté dirigeait les conseils du bon roi. Il nous révèle aussi, d'autre part, l'existence, à Beauquesne, à cette époque de deux édifices publics disparus depuis longtemps, l'*Hôtel-Dieu* et la *Halle royale* aux marchandises. Or, de l'existence d'une halle marchande il nous semble résulter l'indice d'une certaine activité commerciale dans le pays, et celle d'un Hôtel-Dieu dénoterait déjà de l'aisance dans la commune qui l'aurait édifié et qui aurait pris la charge de son entretien et de celui de son personnel, à moins toutefois que tout cela ne fût le résultat d'une fondation de la part de quelque généreux donateur.

Une seconde pièce s'attaque au gouverneur du château, qui paraît avoir voulu se créer des bénéfices illicites.

« De même, dit-elle, que les étrangers (*forincesi*, étrangers à la commune) sont astreints à payer douze deniers pour droit de tourage (1) lorsque, légalement arrêtés, ils sont enfermés dans le château fort de cette ville, comme le disait très justement le bailli d'Amiens, de même ledit bailli prétendait que les bourgeois de la ville payassent également douze deniers de tourage lorsqu'ils étaient eux-mêmes emprisonnés dans la forteresse.

« Mais comme ces bourgeois affirment n'avoir jamais été astreints à cette redevance, le roi ordonne que le bailli les laisse en repos à cet égard, et qu'il ne cherche pas à leur imposer de nouvelle coutume. »

Ce qui est dû : mais rien au delà ! Ce n'est ni l'ambition d'accroître ou son autorité, ou ses revenus qui guide le

---

(1) A cette époque, toute personne solvable qui était arrêtée et enfermée dans une prison, dans une tour, y payait son loyer : c'était « le droit de tourage. »

saint roi : il se considère comme le gardien de la justice et de la paix publique, et il agit en conséquence.

Trois ans auparavant, le gardien du bois de Beauquesne avait été plus heureux que le gouverneur du château : il prétendait avoir droit annuellement à quatre septiers de blé à prendre dans la grange au champart, et aussi au bois sec qui se trouvait dans le bois, pour son usage personnel. Cette prétention, portée au Conseil du Roi, y reçut la solution qui suit : « Le Conseil du Roy arrête : au sujet du blé, le sergent ne prouvant pas son droit, il n'aura rien. Pour ce qui est du bois sec, il l'aura. »

Il n'est pourtant pas qu'avec le ciel qu'il y ait toujours eu des accommodements ; et le roi justicier ne pouvait être partout. En effet, en marge de l'arrêt, il est écrit : « il s'empara tout de même du blé, grâce aux enquêteurs du roi (1). »

Le gouverneur du château dont il est parlé plus haut était Gilles II, seigneur de Mailly, qui avait succédé, dans cette charge, à son père, Gilles Ier, depuis peu d'années. Gilles Ier paraît avoir eu lui-même pour prédécesseur immédiat le premier gouverneur connu de Beauquesne, Gilles de Nédonchel, seigneur de Blarville, qui était en exercice en 1231. Nous savons que Gilles Ier de Mailly occupait la place en 1248 et en 1252, mais nous ignorons la date de sa mort.

Gilles II acquit des possessions aux environs en épousant Jeanne d'Amiens, dame de Talmas, de l'Orsignol et de Buire-au-Bois. Il se croisa avec saint Louis lors de sa croisade de Tunis et fut plus heureux que son maître, car il revint de cette expédition, et vivait encore en 1289.

C'est à lui probablement que fut confiée, dans la seconde année de Philippe le Hardi, la charge de garder, dans le château de Beauquesne, un prisonnier de marque.

Roger-Bernard III, comte de Foix, le plus puissant

---

(1) Voir les *Olim*, t. 1er, p. 11.

seigneur des Pyrénées, avait pour beau-frère le comte d'Armagnac. Celui-ci réclamait l'hommage de l'un de ses vassaux, et ce vassal, croyant avoir avantage ailleurs, prétendait ne devoir cet hommage qu'au roi, en sa qualité de comte de Toulouse. Le comte de Foix prit parti pour son beau-frère et se trouva ainsi en conflit avec le roi. Celui-ci leva une armée et marcha vers les Pyrénées ; mais ce ne fut pas le comte d'Armagnac qu'il attaqua : ce fut Roger-Bernard. Tous les seigneurs du midi, et surtout Gaston de Béarn, beau-père du comte, et Don Jayme, roi d'Aragon, intercédèrent en vain en sa faveur. Philippe se présenta, le 3 juin, devant le château de Foix et en entreprit le siège. Dès le surlendemain, le comte, désespérant de la défense, et confiant, d'autre part, dans l'intercession de ses voisins, prit le parti de se remettre entre les mains du roi.

Mais sa confiance fut trompée, car Philippe le fit charger de chaînes, et Guillaume de Nangis nous dit qu'il le fit conduire en cet état jusqu'au château de Beauquesne, où il le retint dans une dure captivité jusqu'à la fin de l'année suivante, 1273 (1).

Le roi toutefois ne lui tint pas plus longtemps rigueur, car il lui rendit alors toutes ses forteresses et toutes les justices de son comté. Il l'arma même chevalier de ses propres mains et maria de plus sa sœur avec le fils du roi d'Aragon.

(1) « *Rex statim, consilia suorum, ipsum vinculis ligatum ad Bellamquercum misit et ibi fecit, per anni spatium, in prisione custodire.* » — Voir Guillaume DE NANGIS, Édition de la Société de l'Histoire de France, tome 1ᵉʳ, page 243.

CHAPITRE XIV

Guerre de Flandre. — Suppression de la prévôté de Doullens. — Nouvelles modifications dans le ressort de la prévôté de Beauquesne. — Quelques-uns de ses prévôts.

La fin de ce siècle vit se produire, sur la frontière du nord, de graves évènements, auxquels préluda un acte du prévôt de Beauquesne, et dont les résultats amenèrent une réduction notable de la circonscription de cet officier.

« La Flandre, dit Michelet, se plaignait de son comte français, Guy de Dampierre, et Philippe le Bel, fils et successeur de Philippe le Hardi, s'offrit comme protecteur aux Flamands. » Il envoya en conséquence, en 1295, Jean de Bours, prévôt de Beauquesne, pour ajourner le comte (1). Guy, mécontent, et en quête d'alliés qui le soutinssent, s'adressa alors aux Anglais, qui étaient, depuis l'année précédente, en guerre avec les Français en Guyenne.

Il s'entendit tout d'abord avec Edouard, leur roi, pour faire épouser sa fille Philippa, avec une dot de deux cent mille livres, au fils de ce roi. Philippe, en apprenant ces

---

(1) Daire, *Doyenné de Doullens.* — Avant Jean de Bours, nous n'avons qu'un nom de prévôt de Beauquesne, celui de Simon Valiers, en exercice en 1213 (Cartul. du Gard). Dans un acte du Parlement en date de 1295, qui est un jugement en appel d'une affaire entre l'évêque d'Arras et l'abbaye de Saint-Vaast, il est dit que l'affaire avait été portée d'abord « devant Jean le Grand (*coram Joanne dicto Magno*), alors prévôt de Beauquesne ». Serait-ce le même personnage que Jean de Bours ? — Voir les *Olim*, t. II, p. 389.

menées, dissimula son mécontentement et engagea le comte à lui amener à Paris la jeune fille, qui était sa filleule, afin de lui faire ses adieux avant qu'elle partît en Angleterre. Le comte s'exécuta sans défiance, mais, à peine arrivé, il fut arrêté et emprisonné avec la fiancée. Il réussit bien à s'évader, quelques mois plus tard, mais sa fille demeura prisonnière, et il n'osa se venger tant qu'elle resta en otage. Ce ne fut qu'après la mort inopinée de celle-ci qu'il éclata. Il cria alors à l'empoisonnement et s'allia ouvertement, en janvier 1297, avec l'Angleterre. Mais, abandonné par ses alliés et par son peuple, il se vit en peu de temps dépouillé de la plus grande partie de ses Etats et fut heureux de souscrire, le 9 octobre, à une trêve. Cette trêve fut plusieurs fois renouvelée, mais les deux rois ayant conclu la paix entre eux en s'abandonnant réciproquement leurs alliés, le comte se trouva seul en présence de Philippe.

L'armistice étant expiré le dernier jour de l'année 1299, Charles de Valois entra en Flandre, en janvier 1300, à la tête d'une puissante armée. Ses progrès furent rapides et il ne resta bientôt plus au comte d'autre place que Gand. Charles de Valois lui persuada alors de se confier, avec ses deux fils aînés, à la générosité du roi. Guy l'écouta et rendit Gand. Puis il se livra, et la générosité du roi l'envoya en prison à Paris avec ses deux fils.

La Flandre fut purement et simplement réunie au domaine royal; mais le gouverneur qu'y plaça le roi, Jacques de Châtillon, ne ménagea pas assez ses administrés. Ils se révoltèrent, battirent cruellement les Français à Courtrai, en 1302, et reconquirent promptement leur indépendance.

Pendant deux ans, les adversaires s'observèrent sans oser s'attaquer. Enfin le roi reprit l'offensive et battit les Flamands sur terre et sur mer, à Zierikzée et à Mons-en-Puelle, 1304. Mais les vaincus se redressèrent menaçants, et Philippe jugea prudent de faire la paix. Les Flamands furent traités en vaincus. Ils durent abandonner au roi toute la Flandre wallonne, Béthune, Lille, Douai et Orchies, avec le pays entre la Lys et l'Escaut. Ils s'engagèrent en outre à payer deux cent mille livres pour les frais de la guerre (5 juin 1305).

L'établissement d'officiers royaux dans les pays annexés fut la conséquence première de ce traité. Le ressort de la prévôté de Beauquesne en fut diminué d'autant, tout le temps que dura cette annexion. L'action de notre prévôt n'y fut néanmoins pas complètement anéantie, car nous trouvons, pendant cette période, nombre d'actes attestant la persistance de cette action sur les quatre châtellenies, notamment des lettres en date de 1320 par lesquelles Philippe le Long concède au chapitre de la collégiale de Saint-Amé en Douai de ne reconnaître pour défenseur de ses droits que le bailli d'Amiens et son suffragant, le prévôt de Beauquesne. Ce privilège est reproduit dans d'autres lettres de Philippe de Valois et confirmé par le roi Jean en 1351 (1).

En 1324, Charles le Bel sépara la ville de Douai du ressort de son bailliage d'Amiens et la soumit à la prévôté de Lille. Et néanmoins, par des lettres d'août 1331, le bailli d'Amiens y faisait encore acte d'autorité en déclarant que, par devant deux bourgeois de Beauquesne par lui établis, Gilles de Villers, seigneur de Lambres, près de Douai, et sa femme avaient vendu aux bourgeois de Douai les droits qu'ils avaient sur leurs terres et héritages de Lambres (2).

D'autres pièces de la même époque, conservées aux Archives du Nord, attestent encore des procédures de notre prévôt en Flandre, celles-ci entre autres :

« 1324. Causes portées aux assises de Beauquesne. »

« 1325. Ajournements à Montreuil pour divers causes et procès donnés par les sergents de la prévôté de Beauquesne. »

(1) Aub. Mir., *Opera diplomatica*, iv, 271.
(2) Archives de Douai.

« 1331. Sentence du bailli d'Amiens rendue à Beauquesne. »

« 1332. *Idem, ibidem.*

« 1334. Ajournement devant la prévôté de Beauquesne. »

Quoiqu'il en soit, s'il y eut de ce côté quelques pertes — et il y en eut — elles se trouvèrent compensées, presque à la même date, par suite de la disparition de la prévôté de Doullens.

Voici à quelle occasion se produisit cet évènement :

Au mois de février 1316, le roi Louis X ayant fait don à son oncle, Guy de Châtillon, comte de Saint-Pol, de la ville de Doullens et de sa châtellenie, et l'ordonnance royale ayant rattaché Doullens à la seigneurie de Lucheux, mouvante du bailliage de Vermandois, la prévôté de Doullens se trouva par ce fait supprimée. La partie de son ressort qui avait été jadis enlevée à celui de Beauquesne fut alors rendue à ce dernier siège, et, pendant le demi-siècle que dura cet état de choses, les Doullennais, trop éloignés des diverses prévôtés du Vermandois, furent obligés de porter leurs différends devant les prévôts royaux du voisinage, et surtout devant celui de Beauquesne (1).

Depuis l'établissement de notre prévôté jusqu'aux premières années du xiv⁰ siècle, c'est-à-dire pendant plus de cent ans, deux seuls noms de prévôts, nous l'avons dit plus haut, sont parvenus jusqu'à nous; mais il n'en sera plus de même désormais. Divers documents fournis par Du Cange et par le dépôt des Archives Nationales (2) nous font connaître les noms de quelques-uns de ceux qui ont exercé cette charge au commencement de ce siècle. Dans l'un de ces documents, que nous reproduirons bien-

---

(1) BOUTHORS, *Coutumes locales du Bailliage d'Amiens.*
(2) *Actes du Parlement :* Criminel, I, f° 161 v° ; mars 1317 — *Ibidem :* Jugés, f° 11 v° ; 15 décembre 1319. — *Ibidem :* Criminel, III, f° 113 v° ; 13 décembre 1321. — *Ibidem :* JJ 62, n° 484, f° 260 v° ; 14 septembre 1325.

tôt, Du Cange donne, comme prévôt en exercice en 1315, Thomas le Benne, et, dans la première pièce des Archives citée en note ci-dessous, Simon de l'Isle est dit, en 1317, ancien prévôt, et Jean le Jumel prévôt actuel de Beauquesne.

La seconde de ces pièces mentionne comme prévôt, en 1319, Hugues de Leusa, et la troisième, de 1323, un nommé Doutard. La dernière enfin, de l'année 1325, donne un sixième nom, celui de Jacquemon Le Caron.

S'ils avaient parfois la main dure pour leurs justiciables, ces fonctionnaires n'étaient pas toujours eux-mêmes à l'abri des disgrâces : on va en juger.

Parmi ceux dont nous venons de citer les noms, l'un, « Hugues de Leusa, accusé par Jean de Toutencourt d'avoir frauduleusement donné la liberté à Guillaume de Clamcci, détenu en prison à la requête dudit Jean, comme prévenu d'avoir commis des détournements à son préjudice, fut impitoyablement arrêté, conduit à Paris, et enfermé au Châtelet. » Reconnu innocent, il fut, il est vrai, élargi; mais il n'en avait pas moins tâté de la captivité.

Un autre, Doutard, fut, non seulement emprisonné, mais encore et par surcroît, battu; et cela, dans l'exercice de ses fonctions. Ce malheureux, « conformément à l'usage qui autorisait le bailli d'Amiens et le prévôt de Beauquesne à arrêter à Douai les individus qui avaient été chassés du royaume, s'était rendu dans cette ville pour saisir Jacquemin Madouz, Gilet de Lans, et Jacquin le Quien, soupçonnés d'avoir donné la mort à Jacquemin d'Avesnes, sergent de la comtesse d'Artois, Mahaut, et bannis pour ce fait aux assises d'Amiens. Il requit Jacquemard l'Esquachier, soi-disant lieutenant du bailli de Douai, de lui livrer lesdits bannis pour les conduire à Beauquesne, afin de les y faire juger. Le lieutenant reconnut qu'il détenait lesdits bannis, mais demanda à délibérer avant de les livrer. Quelque temps après, il revint avec une troupe nombreuse d'hommes armés d'épées et de bâtons, envahit la maison où le prévôt s'était retiré avec ses sergents, blessa et mit ledit prévôt en prison, où il resta trois jours. Le bailli de Douai avoua ce qu'avait fait son lieutenant. »

Le Parlement, saisi de la plainte de l'infortuné Doutard, envoya bien, le 13 décembre 1321, mandement au bailli d'Amiens de s'occuper de cette affaire, et de « faire un exemple »; mais nous ne savons si l'affaire eut des suites.

Les mœurs étaient violentes, en ce temps-là, et le pouvoir royal, par l'organe de son Parlement, avait beau faire son possible pour y mettre ordre. De nombreux crimes se commettaient, même dans les forteresses royales, par la main, ou du moins avec la complicité des officiers royaux préposés à leur garde. Nous voyons, par exemple, dans les registres du Parlement (1), qu'il fut fait « mandement, le 26 mars 1318, au bailli d'Amiens, sur la plainte des amis de feu Jean, dit Judas, clerc, de faire une enquête sur les faits reprochés à Guillaume de Boulogne, sergent du roi en Vimeu, qui s'étant laissé corrompre par les ennemis dudit Jean, l'aurait arrêté et conduit, lié et les yeux bandés, au château de Beauquesne, où il l'aurait fait périr dans les tourments ; puis on l'aurait pendu et on aurait ouvert les portes en criant : Voyez ce Judas qui s'est pendu ! »

Trois pages plus loin, on lit : « Mandement au bailli d'Amiens de punir Huet le Caniliers, prévenu de meurtre sur la personne du fils de Jean de Miannay, chevalier, lequel était détenu dans la prison royale de Beauquesne, et de poursuivre ses complices, qui avaient pris la fuite (2). »

Nous ne savons rien de la suite qu'obtinrent ces mandements. En tout cas, rien ne pouvait rendre aux victimes leur sang versé, et, d'autre part, aucun châtiment ne parvenait à empêcher de nouveaux crimes.

(1) Criminel, III, f° 105 r°.
(2) Ibidem, f° 108 r°.

CHAPITRE XV

Les Templiers de l'Amiénois emprisonnés a Beauquesne. — Ajournement par le prévôt des Italiens de son ressort. — Dotations diverses sur Beauquesne.

Nous avons dit, au chapitre neuvième, que le système d'administration des rois capétiens avait été, jusqu'à Philippe-Auguste, simple et peu coûteux ; mais il n'en était plus de même, un siècle plus tard. Les recettes de toutes les prévôtés du royaume, qui étaient, avons-nous dit après Brussel, de trente-deux mille livres parisis (ou de quarante mille livres tournois), en 1202, avaient doublé, au temps de Philippe le Bel, il est vrai, et cependant, pour soutenir les guerres dont nous avons parlé plus haut, guerre anglaise, guerre de Flandre, elles étaient devenues tout à fait insuffisantes. Aussi ce prince et ses premiers successeurs se virent-ils obligés de recourir trop souvent à des expédients financiers déplorables : altérations des monnaies, qui amenèrent une perturbation énorme et souvent la ruine dans les transactions commerciales ; extorsions au clergé, d'où surgirent des démêlés malheureux avec le pape Boniface VIII, jusque-là le fidèle ami de Philippe ; expulsion des Juifs, après qu'on les eût dépouillés de tout leur avoir ; abolition et supplice des Templiers ; rançonnement des Italiens résidant en France, etc., etc.

Bien peu d'années séparent ces temps de ceux de saint Louis ; mais combien peu ils leur ressemblent ! Le château de Beauquesne et son prévôt jouèrent chacun leur rôle dans ces évènements : le château d'abord, en servant de prison à une foule de personnages de marque.

L'Ordre des Templiers, fondé à Jérusalem à l'issue de la première croisade pour défendre la Terre-Sainte contre les Infidèles, avait rapidement prospéré. Un demi-siècle après sa naissance, il possédait déjà, à travers la chrétienté, de nombreux domaines. Nous avons vu l'un d'eux se fonder à Sériel et sur le sol même de Beauquesne. Au début du xive siècle, cet Ordre comptait, en pays chrétien, plus de dix mille manoirs, dont un très grand nombre en France. Il y avait en outre, à Paris, dans le Trésor de l'Ordre, cent cinquante mille florins d'or, sans compter l'argent et les vases précieux.

Philippe, qui convoitait une aussi riche proie, conçut, pour s'en emparer, un dessein aussi hardi qu'odieux. Le 14 septembre 1307, il envoya à tous ses baillis et sénéchaux des lettres closes, avec ordre de ne les ouvrir, sous peine de la vie, que dans la nuit du 12 au 13 octobre.

Le 13 au matin, tous ces officiers se portèrent en armes et en forces à toutes les maisons des Templiers. Ceux-ci, surpris et déconcertés, ne résistèrent nulle part. Tous ceux de l'Amiénois, saisis par le vidame d'Amiens et par le bailli, Denis d'Aubigny, furent enfermés dans les châteaux-forts de Beauquesne et de Picquigny, et y restèrent jusqu'à l'extinction de l'Ordre, en 1313 (1).

Après un long et inique procès, après des tortures et des exécutions dont nous n'avons pas à donner ici le détail, l'Ordre du Temple fut supprimé et ses biens dévolus aux Chevaliers Hospitaliers, qui furent dénommés depuis Chevaliers de Rhodes, puis de Malte. C'est à la suite de ces évènements que Sériel et la partie de Beauquesne qui appartenait aux Templiers devinrent et restèrent, jusqu'à la Révolution, la propriété des Chevaliers de Malte.

Mais si Philippe avait fait attribuer par le pape aux Hospitaliers la dépouille de ses victimes, ce n'était que pour dérouter l'opinion publique et atténuer un peu l'hor-

1) DUSEVEL, *Histoire d'Amiens*, t. I, p. 259.

reur de ses exécutions; et si les nouveaux bénéficiaires crurent n'avoir qu'à entrer en possession de tous ces biens, ils se trompèrent étrangement, car le roi n'entendait pas avoir si bien travaillé pour en donner le profit aux autres. Il s'appliqua au contraire à en absorber la meilleure part : tout l'argent trouvé dans la maison du Temple, à Paris, et les deux tiers des biens meubles et des dettes actives, avec un nombre considérable de domaines, restèrent entre ses mains.

Philippe, est-il bon de le rappeler? ne jouit pas longtemps de ce bien mal acquis, car il mourut, l'année suivante, troublé, dit-on, par l'ajournement que lui aurait adressé, en mourant, du haut de son bûcher, le Grand Maître des Templiers.

A court d'argent comme son père, Louis le Hutin ne put que suivre son exemple. Il commença par laisser rentrer les Juifs, chassés par Philippe, moyennant l'abandon, à son profit, des deux tiers de leurs créances.

Ce fut ensuite le tour des Italiens; mais il convient de dire que, comme les Juifs, ils furent beaucoup moins malheureux que les Templiers. Ces Italiens étaient alors un peuple très industrieux, et « ils tenaient dans leurs mains, dit Sismondi, presque tout le commerce de la France. » Ils étaient donc, eux aussi, pour nos princes besogneux et avides, une matière à exploiter : on n'y manqua pas.

Par ses lettres en date du 7 mai 1315 adressées à tous ses baillis et sénéchaux, le jeune roi donna à chacun de ces officiers l'ordre d'ajourner au mercredi après la Trinité, « devant les très grandes gens qui siègeront alors à Notre Conseil, tous ceux qui son demourans en son bailliage. » Au reçu de ces lettres, Simon de Billy, chevalier, bailli d'Amiens, s'empressa de les transmettre, le jour de la Pentecôte, aux huit prévôts de son ressort, avec ordre de les mettre à exécution. Ils obéirent, comme de juste, et, quelque temps après, l'un d'eux, Thomas le Benne, prévôt de Beauquesne, écrivit, pour rendre compte de ses

« exploits, » « à tous Nobles et Puissans, nos Grands Seigneurs du Conseil du Roy, nostre sire, » la lettre suivante :

« Mi chier Seigneur, et pour ce qu'il a contenu ès-lettres du Roy, nos Seigneur, que on adjournechc tous les Italiens, sans nuls espargnier, j'ou ai fait adjourner tous chiaus qui sont demourans en le prévosté de Biaucaisne, tant prestres, cleres comme lays, le jour de la Trinité 1315... et qui cy-aprez s'ensuivent : c'est assavoir Mʳ Gerande, par la grace de Dieu, evesque d'Arras, Mʳ François, archidiacre d'Arras, Mʳ Pierre, maistre d'eschole d'Arras, Mʳ Pierre de Colemede, Mʳ Ale de Brandy (serait-ce Aldobrandi ?), Mʳ Jacques de la Montagne, archidiacre d'Ostrevant, Mʳ Roger de la Montagne, et plusieurs officiers de l'évesque (1)... »

Toutes ces opérations terminées, un édit royal du 2 juillet suivant, prenant pour prétexte vrai ou supposé que, depuis trois ans, ces Italiens « n'avaient subi aucune extorsion, » statua que, pour pouvoir désormais commercer dans le royaume, les marchands de cette nation devraient payer, chaque année, pendant dix ans, cinq pour cent de leur capital, les dispensant, à ce prix, de « l'ost et de la chevauchée (2). » Huit jours après, nouvelle charge : on les imposa à deux deniers pour livre sur chacun de leurs contrats de vente ou d'achat.

Fort heureusement, l'action du pouvoir royal ne se faisait pas sentir seulement par des mesures aussi peu louables. S'il extorquait trop souvent, il donnait parfois

(1) Du Cange, Recueil D, p. 122 et Dom Grenier, t. xxvi f° 106 r°.

(2) L'ost ou l'host et la chevauchée étaient des charges militaires, ou pour mieux dire, des services féodaux dus au seigneur par ses vassaux. Le premier de ces services était dû à ce dit seigneur pour les guerres privées.

La chevauchée était due au roi par les vassaux pour les guerres générales intéressant tout le territoire du royaume. Les vassaux conduisaient leurs hommes avec eux.

La durée de ces services était variable, mais elle était ordinairement de quarante jours.

aussi — à des favoris ou à des privilégiés, il est vrai. — Par exemple, nous lisons dans le *Cartulaire de Montdidier* qu'en 1307 Philippe le Bel « avait assigné à Thibaut de Cepoix cent quarante livres sur la terre de Beauquesne (1). »

La même année, le même prince donna à « Jean Beacian et à Béatrix, sa femme, seize livres de rente annuelle et viagère à prendre sur la prévôté. »

Trente ans plus tard, en décembre 1337, Philippe de Valois, de viagère, rendit cette rente perpétuelle et la transporta à Marie, fille des précédents, et femme de Jean de Luzarches, à titre de dot (2).

Le 30 décembre 1345, cette même rente fut vendue, par devant le garde du scel de la prévôté de Beaumont-sur-Oise, par Marie de Morangle à Jean de Sancy, bourgeois d'Amiens, moyennant cent vingt livres parisis (3).

Enfin cette rente fut rachetée par le roi, en février 1388, de Colart de Ricquebourg, bourgeois d'Amiens, et de Jeanne de Sancy, sa femme, fille de Jean de Sancy (4).

En décembre 1311, par des lettres en date de Fontainebleau, Philippe le Bel avait dégrevé de tout cens, champart, etc., les terres et le manoir que possédait à Beauquesne Béatrix de Montreuil, ne se réservant sur ces biens qu'un denier parisis de cens annuel et perpétuel (5).

« Le 10 mars 1317, Philippe le Long, par lettres en date de Paris, donna à Gilles, sire de Clary, chevalier, en considération de ses services, cent livres annuelles à vie à prendre sur les émolumens de sa grange de Beauquesne (6). »

Le même roi, à une date non indiquée, fit don à sa fille

---

(1) Le P. Daire. *Histoire du Doyenné de Doullens*, article Beauquêne.
(2) *Archives Nationales*, J 229, n° 36.
(3) *Ibidem*, J 229, n° 35.
(4) Dom Grenier, t. XXVI, f° 103 v°.
(5) *Archives Nationales*, JJ 46, n° 158, f° 91 v°.
(6) Du Cange. Recueil D, p. 289.

Blanche, de la grange de Beauquesne (1), et, par lettres datées de l'abbaye de Longpont, Philippe de Valois transmit ce don à Jeanne de Navarre, religieuse de Longchamp, pour en jouir après la mort de Blanche (2).

Enfin, « le 21 août 1359, le dauphin Charles, régent du royaume, par autres lettres en date de Pontoise, confirma à Jeanne de Navarre la donation précédente de la grange de Beauquesne, du bois appelé la Haie-le-Roy, et de quelques rentes à prendre sur la recette d'Amiens (3). »

(1) *Archives Nationales*, K 42, n° 41.
(2) *Ibidem*.
(3) *Ibidem*, K 47, n° 57.

CHAPITRE XVI

Tentatives d'abolition de la commune de Beauquesne. — Accord établi entre les échevins et les bourgeois, d'une part, et le roi, d'autre part.

On a dit de nos rois qu'ils avaient, au xiie siècle, dans l'intérêt de leur pouvoir, favorisé l'éclosion des communes dans les domaines de leurs vassaux. Alors en effet cette institution leur donnait, dans les possessions des seigneurs féodaux, leurs ennemis communs, des alliés précieux. Mais, au siècle suivant, la situation s'était profondément modifiée, et saint Louis, nous l'avons vu, s'était déjà cru assez fort pour décréter des mesures restrictives des libertés communales.

Ce fut bien pis, un siècle plus tard ! La féodalité était, à cette dernière époque, en grande partie terrassée ; les deux tiers du royaume relevaient directement de la couronne, de telle sorte que celle-ci, inspirée alors par les légistes, dont la maxime était : Si veut le Roi, si veut la loi, n'entendit plus supporter d'entraves à son pouvoir. Elle fit donc un pas de plus et entreprit de détruire les communes, qu'elle avait aidé à fonder.

La première tentative que firent les officiers du roi pour anéantir les franchises de la commune de Beauquesne échoua devant la résistance des intéressés, dont le bon droit évident fit reculer la Cour du Parlement. Le 5 octobre 1318, il fut en conséquence adressé par les officiers de cette dite Cour au bailli d'Amiens « mandement d'avoir à se désister de mettre des entraves à la légitime juridiction des échevins de Beauquesne en justiciant, n vertu de lettres subrepticement obtenues du Roi, Robert et Jean Crespin, frères, bourgeois de ladite ville, *de corporibus et catallis* (1) *omnino justiciabiles dictorum scabinorum, ad conjuramentum prepositi dicte ville* (2). »

En 1339, quoiqu'elle n'aboutit pas encore, l'affaire fut bien autrement grave. Ce fut encore le bailli d'Amiens qui, sous les prétextes habituels, ouvrit les hostilités et traduisit de nouveau les habitants de Beauquesne en Cour de Parlement. L'acte qui relate l'exposé de cette affaire existe encore aux Archives Nationales (3). C'est une pièce assez longue, et qui est pour nous d'un très réel intérêt, car elle nous donne le tableau des franchises dont jouissait, à cette époque, notre commune. Elle établit d'abord le sujet du débat et les allégations des parties. Voyons d'abord les dires du procureur du Roi :

Il n'y a, dit-il, à Beauquesne, d'autre justice que la Justice du Roy, représenté par « le prévôt et son souverain, le bailli d'Amiens. » Les Beauquesnois, bien qu'ils prétendent le contraire, sont « gens de pooste, » et ne jouissent en conséquence d'aucune immunité. Malgré cela, ils se sont permis d'élire des échevins et d'exercer la Justice à tous les degrés : haute, moyenne et basse. Par exemple, ils ont :

« 1° pour suspeccions de murtre et d'omicide, pris Dreve l'hostelier, et, par jugement, l'ont renvoyé absoulz ;

« 2° pour souspeçon d'avoir enfraint un asseurement (4) ou trèves donneez par lui à certaines personnes

---

(1) Il est dit dans la pièce que nous allons analyser : « leurs héritages et chastiaux. »

(2) *Actes du Parlement*, Criminel, III, f° 112 v°.

(3) *Actes du Parlement*, JJ 72, n° 477.

(4) *L'asseurement* avait été établi par saint Louis. Jusqu'à lui, le droit de guerre privée existait pleinement en France. Lorsqu'un meurtre avait été commis, les parents du mort se jetaient d'ordinaire par surprise sur l'un des parents du meurtrier et le massacraient, quoique innocent. Pour mettre un terme à ces barbaries, saint Louis institua d'abord la *Quarantaine-le-Roi*, en vertu de laquelle il y eut, après l'offense, entre les deux parties, une trêve de quarante jours entre tous leurs parents ; en sorte que celui qui, au lieu de recourir à

par devant le bailli d'Amiens, » ils ont pris également Jean Hardi et l'ont aussi « absoulz par jugement »;

« 3° enfin, pour une prise de vint et deux vaiches » faite par le sergent royal dans les bois du roi, ils se sont permis de juger le fait et « ont adjugié pour chascune vache quatre deniers d'amende seulement, » tandis que le bailli d'Amiens, informé du « meffait, condempna le maistre et seigneur desdites vaiches (1) en soixante sols d'amende, en réprouvant comme torsonnier et comme abuz de justice le fait desditz eschevins; et, par ces faiz et plusieurs autres habuz, » fait-on dire au roi, « concloit Notre procureur, au nom de Nous et pour Nous contre euls, qu'il feust prenuncié par sentence ou arrest de Nostre Court et par droit, que les diz habitans n'avoient point de Justice, espéciaument hauste ne moïenne, en ladite ville et banlieue de Beaucaisne, et, ou cas que trouvé seroit que en icelle eust eschevins et qu'ils eussent aucune Justice, que lidit habitant et eschevin de ladite ville de Beaucaisne eussent forfait leur Justice, Commune et eschevinaige par les diz exceps, maléfices et abus de Justice, et qu'il feussent privez de tout estat et office d'eschevinaige et de commune et de toute Justice et appartenances, et rentes, redevances, droitures et privileges, se aucuns en avoient, et que ils feussent condempnez et contrains à rendre et restablir ce que ils ont levé et reçeu ou pooient avoir eu et reçeu en quelques choses pour cause de Justice et seignoirie, et oultre ce, qu'ils feussent condempnez envers Nous de telle amende comme Nostre Court regarderoit. »

la justice, voudroit se venger lui-même, ne pût du moins s'attaquer qu'à la partie qui l'aurait offensé. Plus tard, le saint roi prit encore une mesure plus humaine. L'offenseur, et, en tout cas, la partie qui se jugerait la plus faible, put appeler son adversaire en justice et le sommer de lui jurer *asseurement*. La justice seule alors prononçait dans la cause, car l'asseurement ne pouvait être refusé, et celui qui le violait était pendu. SISMONDI, *Histoire des Français*, t. IV, p. 461-462.

(1) Il existait donc alors de l'aisance, puisqu'un particulier possédait au moins vingt-deux vaches à lui seul?

De leur côté, « les Eschevins, Communauté et habitans de ladite ville » reconnaissent bien que ladite ville est au roi ; que ce prince y a « prevosté et eschevinage limitez et séparez des autres prévostez du royaume » ; que en icelle il institue « *chascun an,* un prévost que on claime le *prévost dedans ladite ville de Beaucaisne,* » à qui tout le monde doit obéissance. Sitôt qu'il est institué, « il fait serment aux eskevins, » au nom du roi, « qu'il gardera les dreiz de l'esglise, du Roi et de ladite ville, » qu'il exécutera loyalement les jugements des échevins, qu'il veillera au « maintien de la prévosté aux us et coustumes anciens, » qu'il dénoncera auxdits échevins tous les crimes et délits, et « qu'il amenra par devant eux aus plus tost qu'il les pourra trouver, » ou qu'ils l'en requerront, les criminels ou délinquants ; qu'il fera alors, devant leur tribunal, son réquisitoire, et qu'après leur jugement, « il mectra ou fera mectre ledit jugement à exécution. »

Lesdits Beauquesnois établissent ensuite que, « pour gouverner leur dicte ville,... on a usé et accoustumé, chascun an, en ladicte ville de Beaucaisne, le jour saint Symon et saint Jude, à eslire plusieurs personnes du commun d'icelle, lequel eslisent sept personnes que on appelle eschevins, » qui, a bien soin de dire l'homme du roi, « sont créez et instituez en l'eschevinage de par Nous, et font serment à nostre dit prévost pour Nous, qu'il garderont les droiz de l'Esglise, de Nous, et tenront les plais aus jours accoustumés et feront bon droit et loïal jugement, au conjurement de nostre dit prévost, toutes fois qu'il seront signé de juger. »

Ces échevins ont la connaissance et jugement « de toutes les personnes prises ou arresteez en ladite ville, terroir et appartenances, » pour tous cas de haute, moyenne et basse Justice, « en quelconques liex les malefaçons soient ou aient esté faictes, » spécialement pour ce qui concerne « leurs bourgois et bourgoises, à moins qu'ils n'aient été pris, sur une autre juridiction, en flagrant délit ou liés par des aveux.

« Le prouffict du jugement est pour le Roi. » La nomenclature des peines qu'il est loisible aux échevins d'appliquer à leurs justiciables est fort étendue : les diverses manières d'appliquer la peine de mort surtout donnent le frisson. Ils peuvent notamment faire « pendre, trainer, ardoir ou enfouir, » ou encore « copper oreilles ou bannir de ladite ville, terroir ou appartenances, » à temps ou à perpétuité.

Quant au produit des amendes infligées pour « malefaçons entre les parties,... » là où le roi « prend dix sols et la partie villenée quinze sols, se prendra les ébeust (1) et lidit eschevins, pour leur peine de l'audition qu'il on faite, en doivent et puecnt prandre... cinq sols, et, des amandes jugieez à soixante sols, le roi prend trente-six sols, la partie villenée dix-huit sols, se prendre les ébeust, lidit eschevin prendront six sols. » Si quelqu'un est soupçonné d'un crime ou « ait brisié nostre prison » et soit assigné par le prévôt et les échevins à comparaitre devant eux « selonc l'us et coustume du païs, sur les cas de tiers jour et de quinzaine en quinzaine, se aus diz appeauls ilz ne viennent, » les dits échevins « les bannissent de laditte ville, terroir et appartenances de Beaucaisne à tous jours sus la hart. »

S'il y a appel de leurs jugements, « les appellations venront et demouront en nostre Parlement, à Paris, sans meien. »

Pour le service de leur échevinage, les échevins nomment un sergent « que on dit sergent aus eschevins. » Ce sergent fait serment au roi, et aux échevins, et fait, au nom du roi, « arrez et adjournemens civils en ladite ville et ou terroir. » Il « prent aussi pour toutes debtes venues à cognoissance, et aussy pour entériner les jugemens des eschevins. » Il est « creuz par son serment de tous exploiz, » et si quelqu'un était « désobéissans ou aroit

---

(1) Il ne nous a pas été possible de trouver la signification de cette expression.

brisié son arrest, » il en fait la déclaration sous serment aux échevins, et le délinquant est condamné, pour le roi, en soixante sols d'amende.

En outre de ces privilèges de justice et d'échevinage, la ville en possède encore d'autres. Par exemple, il y a un « franc-marchié » à Beauquesne, chaque semaine, et... nulle personne allant à ce marché « ou ralans, ne dans la ville, ne doit estre arrestée, ne ses denrées, pour debte... depuis le dimanche midi jusques au mardi midi en suivant... se ils n'ont leurs corps forfait ou soient souspeçonez de cas criminel, ou leurs corps obligent par lettres de nos baillis ou soient obligez... »

De plus, lesdits prévôt et échevins ont, de tout temps, « pour le commun proffit du païs, accoustumé et usé de renouveller et faire, chascun an, » pour le roi, certains bans, en ville et sur le terroir, « sur taverniers, bouchiers, boulangiers et eschopiers, et sur toutes autres denreez et choses, et malfaicteurs alant de nuit. »

Au temps de la moisson, ils font proclamer encore d'autres bans, « et quand ces bans sont enfraint ou trépassé, la vérité sçeu par bons tesmoings ou par les gaistes de nuit, ou par les messiers, » et affirmée par serment, il y a condamnation à des amendes au profit du roi, « exceptez les prises faites par les diz messiers, qui à euls sont païez pour leur salaire. Et nostre dit eschevin paient le surplus, et aussy paient-il le sergent de son salaire, que on claime le sergent aus eschevins. »

Pour authentiquer ses actes, l'échevinage de ladite ville a le privilège et l'usage « de deux sceaulx et contre-sceaulx l'un, par lequel lidit eschevins, communauté et habitant se obligent en debtes par devers leurs crédicts, appellé le Grant Seel de l'Eschevinage, et l'autre que on dit le Seel aus Causes. »

Pour leurs « héritaiges et chastiaux que ils ont et auront, » lesdits habitants demandent « que il soient démenez et maintenus à la loy de la ville d'Arras, en la manière que ils ont accoustumé à faire d'ancienneté, et que les diz eschevins soient tenuz et gardez en leurs saisines, possessions, libertez, franchises, usaiges et coustumes dessus dites esquelles il ont esté et seront trouvé, et que d'icelles il joïent, usent et exploictent paisiblement et à tous jours. »

Toutes les libertés et franchises dessus dites, ils affirment en être en possession « depuis si lonctemps que il n'est mémoire du contraire. »

Au sujet des jugements qui leur sont reprochés, « comme torsonnier et abuz de Justice, » les Beauquesnois prouvent qu'ils ont bien jugé.

En sorte que le roi, « après enquête faite et parfaite, » et « considérans et attendu les bons et aggréables services et subsides à Nous faiz » par les dits échevins, habitants et communauté « de nostre dicte ville de Beaucaisne,... et aussy aïant grant compensation du misérable estat auquel il sont à présent, dont Nous sommes deument informez...... » « Nous, de nostre auctorité royal, de grace espécial, de certaine science, et pour cause,... absoulons, quiétons et délivrons » lesdits Beauquesnois « des demendes et conclusions contre euls formuleez par nostre dit procureur, et sur ycelluy perpétuel scilence imposons à nostre dit procureur.

« Prononçons et déclarons par ces lettres, euls estre et demourer en possession et saisine des choses par euls dites et proposées... et voulons que elles leur soient tenues et gardeez sans enfraindre à tous jours en la manière ci-dessus esclarcie... »

« Donné à Paris, l'an de grace mil trois cens trentenuef, le quatorzieme jour du moys de may. »

Tout est bien qui finit bien ! Mais on voit là que ce n'était pas tout que d'avoir le bon droit pour soi : il fallait encore y aller de « bons et aggréables services et *subsides*,... » et, malgré ces services et subsides, et peut-être même à cause d'eux, les gens du roi veillaient toujours et recherchaient les moyens de les renouveler. Ainsi, moins de quatre ans plus tard, il y eut une nouvelle instance contre les mêmes bourgeois de Beauquesne pour deux nouveaux faits à eux reprochés par le même procureur :

1° Ils ont banni de leur ville Jehan Le Sellier, sans l'avoir fait au préalable comparaître devant leur tribunal; et leur sentence, dont il fut appelé, fut déclarée mal jugée;

2° Honoré Allefin ayant « esté batu et villené en cueillant l'imposicion pour le Roy, » ils voulurent s'approprier sans droit la connaissance du fait.

Pour ces deux cas, il fut conclu un nouvel arrangement en date du 12 février 1343, en vertu duquel les dits bourgeois durent payer au roi deux cents livres tournois, « assavoir cent livres à la feste Saint-Jehan Baptiste prouchaine venant, et cent livres au Noël prouchain ensuivant (1). »

Il est juste de dire que, cette fois, l'échevinage avait eu le tort de se laisser prendre en défaut.

On a pu voir, dans la teneur des trois actes que nous venons d'analyser, que Beauquesne continuait de jouir, à cette époque, des principales prérogatives de la commune : nomination de son échevinage ; droit de sceau, qui emportait avec lui le droit de cloche ou de beffroi ; droit de gérer ses finances et de contracter des dettes; droit de ban à l'égard de ses bourgeois. Ces bourgeois, selon les termes du premier de ces actes, continuaient d'être entièrement justiciables de leurs échevins, dont les assises se tenaient deux fois par mois, de quinzaine en quinzaine. Néanmoins cette justice avait subi quelques accrocs. Nous trouvons maintenant, à côté du corps des échevins, un officier royal dont l'existence ne nous est révélée nulle part au siècle précédent, « le Prévost dedans la ville, » sans lequel cette justice ne peut plus s'exercer. Il est en effet interdit aux échevins de s'assembler en cour de justice sans avoir reçu au préalable le « conjurement » de cet officier. C'est lui qui

(1) *Archives Nationales*, XI° B.

est leur pourvoyeur, et ils ne délibèrent que sur les objets à eux soumis par leur « conjureur. »

Précédemment, leurs droits, en matière judiciaire, n'étaient pas plus étendus, il est vrai, les échevins n'ayant, en droit, aucune initiative; mais le conjureur était le maïeur, élu, comme eux, par leurs concitoyens. Ils ne formaient plus désormais un tribunal autonome, puisque leur action était maintenant subordonnée à l'impulsion d'un agent étranger. Ce n'était néanmoins pas encore ce qu'est aujourd'hui notre justice criminelle, par cette raison que leur verdict, ainsi que le remarque M. Bouthors (1), est plus étendu dans ses effets, quand ils siègent en cour de justice, que celui du jury moderne, car celui-ci ne prononce que sur le *fait*, tandis que celui du corps des échevins est déclaratif du *fait*, du *droit* et de la *pénalité*. Enfin, s'il est fait appel de leur sentence, il en résulte toujours une amende, soit contre l'appelant, s'il a mal appelé, soit contre les échevins et leurs commettants, s'ils ont mal jugé.

(1) *Usages locaux du Bailliage d'Amiens*, page 429.

CHAPITRE XVII

Fondation de la chapelle de Saint-Nicolas. — Dotation complémentaire de celle de Saint-Louis.

Dans ses démêlés avec le pape Boniface VIII, Philippe le Bel avait été soutenu par la presque totalité de ses sujets. Toutefois si le prestige ecclésiastique avait faibli, la foi, alors comme dans tous les temps du reste, avait conservé de fervents adeptes. Témoins les deux actes qui font le sujet de ce chapitre et dont nous allons donner l'analyse. Le premier débute ainsi qu'il suit :

« A tous ceux qui ces présentes lettres verront et orront, li eschevin de la ville de Beauquesne salut !

« Sachent tuit que pardevant Nous vint en sa propre personne Wistasse Piecos, bourgois de Beauquesne, disant que il et damoiselle Marguerite de Boulenois, sa fame, ou temps que elle vivoit, de comun assent avoient proposé à fonder une chapellerie de Saint-Nicolas en l'église parrochial Saint Jehan-Baptiste de Beauquesne, et ycelle duer de XIIII livres de rente annuele et perpétuel, et acheter héritages qui par juste et loyal pris voulsistent et rendissent tous les ans ladicte rente et les donner et appliquer à tous jours à ladicte chapellerie, desquiex héritages la greigneure partie fu achatée par ledit Wistasse depuis le trespas de sadicte fame, et lesquels héritages sont touz assis en la ville et au terrouer de ladicte ville de Beauquesne, tenus du Roy, nostre sire, sans moien, par les débites qui ci-après seront devisées : il est assavoir, »

Premièrement, la pleine propriété des immeubles suivants :

« Un manoir, maison, court, courtil, jardin et appartenances tout entièrement tel qu'il se comporte en lonc et en lé... séans à Beauquesne, en la rue de Beauval... et adjoute au courtil Willaume de Beauval, tenu du Roy par un quartier d'avoine (1) à la mesure de ladicte ville de Beauquesne, et trois mailles (2) parisis » de cens.

« VII journeulx demi trente et cinq vergues de terre ou environ tenans au Burmanseu (3)... liquel doivent, chascun an, de cens, au Roy, nostre sire, III sols IX deniers,

« II journeuls de terre de la haie de Clostemps....

« II journeuls de terre séans au lieu que on dit le Craisour...,

« III journeuls ou environ de terre...,

« II journeuls de terre séans au lieu con dit le Monthuet...,

« II journeuls de terre séans au Monthuet...,

« I journel de terre à la voie du Chastelet..., et

« IIII journels de terre au lieu con dit Vers le Val de la Chavate, liquel furent les Warçonnesses (4)... »

Secondement, des rentes dont voici l'énumération :

« Item XX sols parisis de cens sur la maison... Pierre de la Fosse...,

« Item X sols de cens sur la partie du manoir qui est Mathieu Le Leu, qui li vint de son frère... séant en la rue de Beauval,

« Item X sols de cens sur la maison Bautelot Langlois, séant en la rue d'Estrées...,

« Item V sols de cens sur le manoir..., ès rues du Bos...,

« Item V sols de cens sur... II journeuls de terre qui siéent au lieu con dit le Perreus...,

---

(1) Le *quartier*, dans certaines parties de la Picardie, équivaut à la sixième partie de la razière.
(2) La *maille* était une petite monnaie de cuivre valant un demi-denier.
(3) C'était le Bois Roy.
(4) Ou garçonnesses.

« Item XVI sols parisis de cens sur la maison... Pierre le Leu, séant ès-rues du Bos,

« Item X sols parisis de cens sur le manoir Mahieu Damiens, séant en la rue con dit Pochain...,

« Item VI sols de cens sur le manoir Mahieu le barbier...,

« Item II sols VI deniers parisis de cens sur tout un courtil qui siet en la ville de Beauquesne, tenant à la voie de Marrieu..., et

« XVI sols parisis de cens sur un courtil qui... siet en la rue derrière le Moustier. »

Total du montant des cens : « Cent sols VI deniers, lesquels cens dessus diz sont franz, quittes et délivrés de tous cens deus au Roy, nostre sire, tailles et autres débites quelconques deus à ladicte ville ou à autres personnes quelles qu'elles soient... »

Quant aux immeubles donnés en toute propriété, ils sont et resteront soumis aux charges qui leur sont habituelles. Les uns, les terres « doivent disme à l'Eglise et plain terraige au Roy, nostre sire, et avec ce sont chargiés, et lidit manoir aussi, avecques les choses dessus dictes, des tailles à ladicte ville de Beauquesne et de toutes autres débites accoustumés à païer en ladicte ville quant il y écherront... »

Pour obtenir l'évaluation du revenu net que pourraient procurer ces immeubles, ledit Wistasse avait prié les échevins de former une commission chargée d'en faire consciencieusement l'évaluation, et lesdits échevins, « enclinans à sa juste supplication, » avaient nommé la commission si humblement sollicitée. Celle-ci s'était mise à la besogne, et, de son travail, il était résulté que le manoir de la rue de Beauval, avec le courtil, était estimé à « LX sols de revenu, et les XXIII journeuls demi trente et cinq vergues de terre, l'un pour l'autre, chascun journel pour le prix de VI sols parisis, qui montent en somme VII livres et III sols parisis...

« Somme toute, XV livres III sols et VI deniers parisis chascun an...

« En tesmoing de ce, nous avons mis à ces présentes lettres le Scel aus causes de ladicte ville de Beauquesne, qui furent faites et donneez le mardi prochain avant le jour de la Magdelenne, l'an de grace Mille CCC XLII. »

Et le roi, « désirans l'accroissement du divin service... et enclinans à la juste supplication dudit Wistasse parmi la somme de six vins livres parisis que ledit Wistasse en a ja paiées pardevers » Lui, déclare amortir lesdites rentes, « pour en être appliqué XIIII livres au chapelain et XXIII sols VI deniers parisis aus eschevins et communaulté de ladicte ville de Beauquesne pour quérir et administrer chandelle luminaire et autres choses nécessaires pour la Fabrique et usage d'icelle perpétuelment... »

« Donné au Moncel-les-Pons-Saincte-Maixence, l'an de grace mil CCC XLII ou mois de juillet (1). »

Huit ans plus tard, Jehan de Mailly, chapelain de la chapelle Saint-Louis, fondée par les rois précédents dans le château, et dans laquelle il se disait quatre messes par semaine, prit exemple sur Wistasse Piecos et fit aussi amortir quatorze livres de rente annuelle destinées à faire dire, chaque semaine, trois messes, les jours laissés libres par la fondation primitive.

Cette rente était fondée sur trois groupes de maisons formant le patrimoine dudit Jehan, patrimoine « sans fié ni justice, » et sises, celles de l'un, en la rue de Beauval, et celles des deux autres, si l'on s'en rapporte aux termes de l'acte, plus près du château.

Le premier manoir cité devait « vint sols »; le second, « quatorze sols »; le troisième, « cent sols »; le quatrième, « vint sols »; le cinquième, « dix sols »; le sixième, autant; le septième, « vint sols »; le huitième, même somme; le neuvième, également « vint soulz »; et aussi le dixième.

Pour la célébration de la messe, le roi ordonne que les

---

(1) Voir aux *Archives Nationales*, JJ 72, pièce 410, f° 344 r°.

« vestements et aornements » de sa chapelle fassent le service.

En ce qui concerne la question du bénéficiaire de la nouvelle fondation, tant qu'il vivra, Jehan de Mailly cumulera les deux fonctions; mais, après sa mort, il y aura deux titulaires, l'un, de la fondation royale, et l'autre, de la dotation nouvelle. Il sera loisible audit Jehan de nommer le premier bénéficiaire de sa fondation ; mais, après lui, la nomination appartiendra au roi.

L'acte d'amortissement, signé, de même que le précédent, par le roi Philippe VI, de Valois, est daté du bois de Vincennes, le 14 juillet 1350; mais Philippe étant mort peu après, le sceau royal n'y put être apposé. Fort heureusement, Jean le Bon, le nouveau roi, désirait autant que son père voir sous son règne « l'accroissement du service divin »; aussi fit-il sceller cet acte de son sceau en juin 1351 (1).

Des lettres de l'évêque d'Amiens, Jean de Cherchemont, en date du mois de mars 1343, avaient confirmé la donation de Wistasse Piecos; d'autres lettres du même prélat, datées du 21 février 1361, donnèrent également la consécration épiscopale à cette seconde fondation.

Dans les deux pièces qui précèdent, on trouve mentionnés, en outre des noms que nous avons cités plus haut, ceux de nombreux « bourgeois de Beauquesne, » et il est à remarquer que pas un de ces noms ne se rencontre aujourd'hui dans cette commune. Les lieux-dits indiqués portent toujours le même vocable; les rues aussi, sauf deux, les rues d'Estrées et Pochain (*alias* Pouchain), appelées, depuis la fin du siècle dernier, la première, rue Pol ou Saint-Pol, et la seconde, rue de Bas. Il en est pourtant une, « la rue derrière le Moustier, » dont nous ignorons absolument la situation. Et d'abord, quel était le monastère existant alors à Beauquesne? Serait-il autre que celui

(1) *Archives Nationales*, JJ 80, pièce 580, f° 360 v°.

du Temple, dont nous avons indiqué précédemment la situation entre la rue Verte et la rue Saint-Antoine? Dans tous les cas, il en est de cet établissement comme de l'Hôtel-Dieu et de la Halle du Roi, comme de l'Hôtel de Béatrix de Montreuil et de l'Hôtel de Camoigny (1), sans parler de bien d'autres, dont nous ne saurions dire où ils ont existé.

(1) L'hôtel de Camoigny, ou, plus exactement, de Caumesnil, était situé entre la rue Verte et le « Vieux-Atre ». Son existence nous est révélée par un acte de vente passé, le 2 mars 1737, par-devant M⁰ Pierre Briault, notaire à Rubempré. Le manoir n'existait plus à cette époque, et la maison qui fait l'objet de la transaction est seulement désignée comme étant sise « au lieu dit l'Hôtel de Camoigny ».

CHAPITRE XVIII

Travaux au chateau. — Début de la guerre de Cent Ans. Aliénation de la chatellenie et sa reprise par le roi Jean.

Il convient maintenant de revenir un peu sur nos pas.

Pendant le cours des évènements que nous venons de raconter, la souveraineté, en France, avait changé de main. Elle était passée des Capétiens directs à une branche cadette de la même famille, celle des Valois. La seigneurie de Beauquesne fut sans doute alors considérée comme un fief masculin, car elle ne paraît pas avoir été réclamée par les filles des derniers rois. Elle avait donc été recueillie, en 1328, en même temps que la Couronne, par Philippe de Valois, à la mort du dernier des fils de Philippe le Bel.

L'un des premiers actes du nouveau roi fut d'ordonner au château de Beauquesne des travaux d'embellissement. Nous possédons un document qui les mentionne : c'est « une quittance donnée, le treize août de ladite année, par Andrieu de Charoles, bailli d'Amiens, à Colarz Lalemant de trente livres parisis, prix de deux maisons achetées par ledit Colart, desquelles trente livres, vingt et une livres deux sols quatre deniers ont été converties en « voireres taire ou chastel de Beauchaisne, » et le reste a été payé à divers termes (1). »

Peu d'années après, des travaux considérables furent jugés nécessaires à ce même château et y furent exécutés. Nous les trouvons mentionnés à la date de 1333, dans les

(1) *Archives Nationales*, JJ 67, n° 42, f° 14 r°.

comptes de Mathieu Leclercq conservés dans le cabinet de M. de Beauvillé.

Il s'était élevé, depuis quelque temps, au sujet de la possession du comté d'Artois, de graves difficultés entre Robert d'Artois, comte d'Eu, et Eudes IV, duc de Bourgogne. Le duc avait hérité ce comté en qualité d'époux de Jeanne Ire, fille de la comtesse Mahaut, tante de Robert, au profit de laquelle ce dernier avait été déshérité de ce fief.

Robert n'avait jamais pu se résigner à cette exhérédation, et il est permis de conjecturer que c'est en prévision de conflits de ce côté que Beauquesne, situé sur la frontière du comté contesté, fut ainsi garni de nouvelles défenses.

Robert, en effet, marié à une sœur du nouveau roi, et à qui, au surplus, ce prince avait de grandes obligations, se croyait dès lors en excellente situation pour obtenir gain de cause. Mais il se trompait, car Philippe prit au contraire fait et cause pour le bourguignon. Robert fut très peu satisfait de cette attitude de son beau-frère : et c'était justice. Mais, à ses mauvais procédés, il eut le tort de répondre par des menées coupables. Le Parlement s'empara aussitôt de l'affaire et s'empressa d'instruire contre lui. Robert crut alors n'avoir rien de mieux à faire que de fuir en Angleterre. Là, il excita Edouard III contre Philippe et le poussa à réclamer, quoique sans droit, la possession de la couronne de France. Edouard, flatté dans son ambition, prêta l'oreille à ses suggestions. Il en sortit la guerre de Cent ans, qui devait attirer sur la France tant de calamités !

Tout d'abord, l'impéritie des rois Philippe et Jean, jointe à la fougue désordonnée et à l'esprit d'indiscipline de leur noblesse, nous valut, à peu d'années d'intervalle, les désastres de Crécy et de Poitiers, bientôt couronnés par le honteux traité de Brétigny, qui mit la moitié de la France aux mains des Anglais.

Au point de vue patriotique, c'était on ne saurait plus lamentable; mais malheureusement ce n'était pas tout. La mauvaise administration de ces deux princes et leurs gaspillages effrénés eurent bientôt accumulé sur nos provinces toutes les misères qu'il est possible d'imaginer. Ce temps fut celui des Grandes Compagnies, de la peste noire et de la Jacquerie. Jamais les campagnes et les villes ouvertes ne furent plus odieusement dévastées !

Pour aller d'une ville à l'autre, le trajet était plein de périls. En outre des bandes armées qui couraient le pays, les seigneurs eux-mêmes coupaient les communications sur leurs terres; si bien que, pour y obtenir le libre passage, il fallait composer avec eux. C'est ainsi que nous lisons dans l'*Histoire de la Maison de Châtillon*, de Duchesne (1), qu'en mai 1348, « les prévost, eschevins et communauté de Beauquesne firent avec Jacques de Châtillon, seigneur d'Encre, second fils de Guy III, comte de Saint-Pol, un accord pour ses gens tenans ou gardans son paage ou travers d'Encre ou de Vadencourt. »

La détresse des populations ne diminuait pourtant pas les dépenses de la Cour, et, lorsque le gouvernement n'eut plus rien à prendre au peuple des villes et aux paysans pour en gorger sa noblesse, il lui fallut bien frapper sur cette noblesse à son tour.

Par une ordonnance du roi Jean, de l'année 1361, ce prince, surnommé le Bon, précisément à cause de ces gaspillages, par ceux qui en profitaient, révoqua purement et simplement toutes les donations faites par lui ou par ses prédécesseurs depuis Philippe le Bel. En dépouillant d'anciens favoris, il se donnait ainsi d'un seul coup les moyens d'en enrichir de nouveaux.

Or Beauquesne faisait précisément partie de ces domaines aliénés. Le dauphin Charles, pendant sa régence, au temps de la captivité de son père, l'avait donné « avec sa châtellenie et toutes ses appartenances, à M. Robert, sire de Fiennes, et connétable de France (2). »

---

(1) Au livre VI, page 297.
(2) Dom Grenier, t. XXVI, f° 103 v°.

Quoique le connétable fût un très grand seigneur, la dépossession ne s'en accomplit pas moins, et cette châtellenie, ainsi aliénée une première fois depuis son incorporation au domaine royal, y fut de nouveau réunie.

Le roi Jean y replaça un simple gouverneur, chargé comme précédemment, de veiller à la garde du château-fort, et ce gouverneur était très probablement Hue de Werchin, que Dom Grenier nous donne comme occupant ce poste en 1364. « Il portait, ajoute cet auteur, pour armoiries une bande uverée au lambel de trois pièces (1). »

(1) Dom Grenier, *Ibidem*.

CHAPITRE XIX

Reconstitution de la prévôté de Doullens. — Rétrocession de la Flandre Wallonne au comte de Flandre. — Nouvelles modifications dans le ressort de la prévôté de Beauquesne.

En cette même année 1364, le dauphin Charles, qui s'était acquis, durant sa régence, une si triste réputation, succéda, sous le nom de Charles V, à son père, le roi Jean. Fort heureusement, son sage gouvernement trompa toutes les prévisions et répara, en quelques années, les misères accumulées sur le royaume par ses deux prédécesseurs.

La seconde année de son règne vit se produire une nouvelle modification dans l'étendue du ressort de la prévôté de Beauquesne. Celle de Doullens, nous l'avons vu, avait été supprimée en février 1316, et son ressort avait été divisé et attribué aux prévôtés voisines de Beauquesne, de Saint-Ricquier et de Montreuil. Depuis lors, les bourgeois de Doullens n'avaient cessé de réclamer contre l'édit de Louis le Hutin qui avait fait de leur ville et châtellenie une simple dépendance de la seigneurie de Lucheux ; mais ces réclamations avaient toujours été vaines. Ce ne fut qu'au bout de cinquante ans que cet état de choses fut enfin modifié.

Une déclaration royale du mois de juin 1365 révoqua le don fait par Louis le Hutin au comte de Saint-Pol, avec cette clause que cette mesure ne serait exécutoire qu'à l'expiration du bail passé avec les prévôts des environs ; mais des lettres royales de septembre 1366 tranchèrent la question en séparant Doullens de Lucheux, et rétablirent enfin la prévôté.

« L'édit royal motive cette mesure non seulement sur l'intérêt public, mais encore sur l'intérêt particulier des habitants de la ville de Doullens, qui la réclamaient comme une réparation du préjudice que l'acte de disjonction leur avait fait éprouver. Ils avaient en effet exposé, dans leurs doléances, que leur ville, depuis qu'elle n'était plus le siège de la prévôté, avait cessé d'attirer une foule d'étrangers que la tenue périodique des assises du prévôt y appelait auparavant. Mais la meilleure de toutes leurs raisons fut un présent de cinq cents florins qu'ils firent au roi pour le mieux disposer à la réintégrer sous son obéissance immédiate (1). »

La partie du ressort de cette prévôté qui était retournée, en 1316, au siège de Beauquesne, lui fut ainsi enlevée une seconde fois. Mais, de même que cette acquisition avait été, pour notre prévôt, une compensation à la perte qu'il avait faite de la Flandre wallonne, de même cet officier ne tarda guères, en cette nouvelle circonstance, lorsqu'il reperdit cette acquisition, à rentrer en possession de la Flandre. Voici à quelle occasion :

La guerre, suspendue depuis le traité de Brétigny, se ralluma, en 1369, entre la France et l'Angleterre, et ce fut d'abord, entre les deux rois, à qui obtiendrait l'alliance du comte de Flandre. Le comte avait une fille, qui devait être son héritière, et Edouard III sollicitait sa main pour son fils Edmond, comte de Cambridge. Charles V, de son côté, la demandait pour son frère, Philippe le Hardi, à qui il avait donné, peu après son avènement, le duché de Bourgogne. Entre ces deux prétendants, le comte était fort indécis. Enfin ce fut le Français qui l'emporta, et, pour manifester au comte sa satisfaction, Charles V, par un traité signé à Gand, lui restitua les trois châtellenies de Lille, de Douai et d'Orchies, qui, pendant soixante-

(1) BOUTHORS, *Coutumes locales du Bailliage d'Amiens.*

cinq ans, avaient été réunies aux domaines de la Couronne.

Le roi fit part de cette rétrocession au bailli d'Amiens, et nous possédons encore les lettres qu'il lui adressa à cette occasion. Elles s'expriment en ces termes :

« Charles, par la grâce de Dieu, roy de France, au gouverneur du bailliage d'Amiens, ou à son lieutenant, salut !

« Comme, par certain traictié fait entre Nous et nostre très chiér et amé cousin, le comte de Flandre, Nous avons transporté en nostre dit cousin en certaine forme et manière les chastiaux, villes et chastellenies de Lille, de Douay et d'Orchies, aveuc leurs appartenances, réservé et retenu à Nous et à Nos successeurs Roys le fié, le ressort et la souveraineté d'iceulx, avecques les drois royaux, par la manière que Nos prédécesseurs les y ont eus en temps passé.

« Savoir vous faisons que pour ce, Nous, par la délibération de Nostre Conseil, avons ordoné que les subjects desditz chasteaux, villes et chastellenies, tant gens d'église comme séculiers, ressortissent en tous cas de ressort et de souveraineté pardevant vous et vos successeurs, soubz la prévosté de Beauquesne, et que les huit sergens sans gaiges, qui estoient en nombre et ordenez esdiz ressors et ou souverain bailliage demeurent nos sergens par toute la dicte prévosté, tant esdiz ressors et souverain bailliage comme ailleurs en icelle prévosté, et y fachent et exercent leurs offices, est assavoir : esdiz ressors et souverain bailliage, si comme ils faisoient paravant ledit transport et ailleurs en ladicte prévosté si comme font nos autres sergens en icelle.....

« Donné à Paris, le septième jour de juillet, l'an de grâce mil CCC soixante et neuf, et de Nostre règne le sysieme.

« Ainsi signé Yvo (1). »

(1) *Archives Nationales*, section historique, K 49, n° 39.

Et, par lettre du bailli d'Amiens faisant suite à celle du roi, l'un des huit sergents dont il est parlé plus haut, nommé Colart de Coursaing, qui exerçait précédemment « l'office de sergenterie » dans le « Souverain Bailliage de Lille et es-ressort, » fut confirmé dans ses fonctions, de par le roi, par ledit bailli, non seulement dans l'étendue du Souverain Bailliage, mais encore ailleurs « en la prévosté de Beauquesne, » pour les exercer « en la manière que il faisoit paravant, » et « comme font les autres sergents royaux en icelle prévosté, » avec « le povoir de faire généralement et spécialement tout ce que à office de bon et loyal sergent du Roy, nostre sire, peult et doit appartenir, tant qu'il plaira au Roy, nostre sire, et à nous. »

C'est ainsi que le souverain bailliage de Lille redevint, par cette cession, un simple bailliage seigneurial. Tournay seul, au nord de l'Authie, resta dès lors à la couronne à titre direct.

L'action du prévôt de Beauquesne s'étendait aussi sur cette ville, car, quelques années plus tard, sous Charles VI, « les lettres par lesquelles le roi confirma la juridiction du prévôt (1) et des échevins de Tournai sont adressées au Prévôt de Beauquesne (2). »

Le prévôt qui siégeait à Beauquesne lors de cette extension de juridiction se nommait Pierre Drureul. C'était probablement un fonctionnaire peu recommandable, car il ·t destitué l'année suivante, 1370, par mandement du roi, pour ses méfaits (3), et, en 1375, le même roi accordait à Jacquemart de Maisnières, son huissier d'armes, cent livres à prendre sur les biens dudit « Pierre de Dreuil, prévôt de Beauquesne, banni du royaume (4). »

Nous connaissons peu les prévôts de Beauquesne de

---

(1) Prévôt « dedens la ville. »
(2) *Ordonnances des rois de France*, collection Bréquigny, t. IX, page 150.
(3) DAIRE.
(4) DE ROSNY, *Dreuil*.

cette époque. Depuis le milieu de ce siècle, les noms de trois d'entre eux seuls nous sont connus : le précédent, celui de Guiffrois de Villers, qui exerçait en 1350, et celui de Renaud de Quevauvillers, en 1376 (1). Nous ne savons au surplus absolument rien de leur gestion.

La juridiction financière des prévôts royaux avait subi, depuis quelques années, de sérieuses atteintes : elle fut définitivement abolie, en 1372, ainsi que nous allons le dire.

Après la bataille de Poitiers, les États-Généraux, mécontents de la conduite des affaires, avaient enlevé au roi et à ses officiers, les prévôts et baillis, pour se les attribuer à eux-mêmes, la perception des impôts et la gestion de leur produit. Ils avaient alors nommé, pour exercer ces fonctions, des commissaires, qui élurent à leur tour, pour les aider dans leur tâche, des sous-commissaires qu'on désigna sous le nom d'*élus*. Mais les États ne surent pas rester dans leur rôle, et bientôt ils disparurent, emportant avec eux leurs institutions.

Toutefois Charles V, devenu roi, trouva bonne cette sous-organisation. Il transforma donc les élus en fonctionnaires royaux chargés de faire la répartition des impôts royaux et d'en surveiller la perception. C'est en 1372, comme nous l'avons dit, que cette institution prit naissance, et la circonscription de ces nouveaux fonctionnaires fut nommée *élection*. Doullens devint le chef-lieu de l'une d'elles, et Beauquesne y fut rattaché.

L'enlèvement de leurs attributions financières porta une grave atteinte à l'autorité des prévôts royaux. La création des gouverneurs de province, qui eut lieu vers la même époque, en retranchant encore de leur compétence la partie militaire, accentua de plus en plus leur amoindrissement.

(1) *Archives de Doullens.*

CHAPITRE XX

Beauquesne sous Charles VI. — Destruction des établissements religieux du voisinage.

En succédant à Charles V, son père, Charles VI, le nouveau roi, n'avait pas douze ans : « il n'était donc encore rien, ou presque rien. Mais la maison royale était là pour tenir sa place et en abuser (1) » : elle n'y manqua pas. Les quatre oncles du jeune Charles se partagèrent la France et la mirent au pillage. L'un d'entre eux, le duc de Bourgogne, le moins mauvais peut-être, ayant hérité, en 1384, du chef de sa femme, les comtés de Flandre et d'Artois, se fit attribuer, à cette occasion, le gouvernement des provinces limitrophes de Picardie et de Normandie. Tels furent, dans le nord, les débuts d'une puissance qui ne tardera pas à devenir formidable, et qui mettra plusieurs fois la royauté en péril.

Beauquesne, par sa situation, entra dès l'abord dans l'orbite de cette puissance, et c'est sous les auspices du duc que furent exécutés, à son château, en cette même année 1384, de grands travaux mentionnés par Du Cange (2), et destinés à le mettre au niveau des progrès de l'art de la défense des places fortes à cette époque.

Si ces travaux avaient pour but de fortifier le pouvoir du duc dans nos contrées, ils servirent aussi, quelques années plus tard, à protéger les défenseurs de cette place et aussi les habitants du pays, durant la nouvelle période de troubles que nous allons bientôt voir s'ouvrir.

(1) Lavisse et Rambaud, *Histoire générale*, t. III, p. 135.
(2) Du Cange, Recueil D, p. 279, et Dom Grenier, t. XXVI, f° 99 r°.

Le gouverneur de ce château était-il dès lors Jehan Blondel, seigneur de Méry et de Dourier? Nous ne saurions le dire; mais s'il ne l'était déjà à cette époque, ce seigneur ne tarda guères à le devenir, car « il signait des reçus de ses gages dudit office pour la garde dudit chastel, à raison de C livres par année, » en 1391, 1392 et 1395 (1).

Son successeur fut, selon toute probabilité, Jacques de Heilly, chambellan du roi, qui était titulaire de cette charge en 1407 (2).

Jusque vers cette date, les résultats de la sage administration de Charles V se faisaient encore sentir, et une certaine aisance s'était conservée dans le royaume, malgré les odieuses exactions d'une cour désordonnée et de princes avides et dissolus. De sorte que si les princes et les seigneurs menaient, chaque jour, joyeuse vie, les bourgeois, eux aussi, s'amusaient encore quelquefois. Les bonnes villes donnaient des fêtes auxquelles elles conviaient les autres villes du voisinage et Beauquesne y prenait part comme les autres. Dans l'une d'elles, donnée par Amiens le 23 septembre 1404, nous voyons figurer sa compagnie d'arbalétriers. Elle y reçut, comme vin d'honneur, « en la taverne du Sanglier, une kanne de vin (3) de la valeur de III sols IV deniers. »

Mais l'assassinat du duc d'Orléans, frère du roi, commis, le 23 novembre 1407, par Jean sans Peur, fils et héritier

---

(1) DOM GRENIER, loco citato, f° 103 v° et 105 r°.
(2) DE ROSNY.
(3) La kanne, kane ou quêne était une mesure picarde pour les liquides. M. l'abbé Delgove, dans son *Histoire de Doullens*, si remarquable d'ailleurs, lui attribue une contenance de six litres, et M. Darsy, au tome 1er, page 5, lui en donne quatre. Mais tous deux nous paraissent faire erreur. Nous lisons en effet, dans les *Registres de l'Echevinage d'Amiens*, de l'année 1441, qu'il fut fait don « de XII kannes de vin au prix de XVI deniers le lot : au total, XLVIII sols ». Or quarante-huit sols, à raison de douze deniers chaque sol, font cinq cent soixante-seize deniers, et ces cinq cent soixante-seize deniers, divisés par seize, donnent, comme quotient, trente-six. Il y aurait donc là trente-six lots dans les douze kannes de vin, et il en résulterait que la contenance de la kanne serait de trois lots.

de Philippe de Bourgogne, déchaîna de nouveau la guerre civile sur le royaume, et « fut la cause d'étranges misères. » La détresse s'établit dès lors pour longtemps dans le trésor royal, et c'est elle, en grande partie, qui a dicté la Grande Ordonnance du 25 mai 1413, dont la principale préoccupation a été de rogner les traitements des fonctionnaires. Ainsi l'un de ses articles édicte que « le capitaine du chastel de Beauquesne, qui prenoit CXXV livres parisis, ne prendra plus désormais que LXXV livres tournois (1). » C'était, comme on le voit, une banqueroute de plus de cinquante pour cent, étant donné que quatre livres parisis valaient cinq livres tournois.

A la guerre civile vint bientôt s'ajouter la guerre étrangère, et « la France y faillit périr, y perdre tout au moins son indépendance et sa dynastie nationale (2). » Henri V, roi d'Angleterre, débarqué, le 14 août 1415, en Normandie, passait, le 22 octobre, avec son armée, en vue de Beauquesne, après avoir couché, la nuit précédente, à Forceville. Il se dirigea de là vers les plaines de l'Artois, à la recherche de l'armée française. Le choc eut lieu près d'Azincourt, et les Français y essuyèrent une défaite qui fut le triste pendant de celles de Crécy et de Poitiers.

Cependant la rage des deux factions qui se disputaient le pouvoir était loin de se calmer, et, l'année suivante, celle des Armagnacs crut habile de lancer un manifeste qui rejetait tout l'odieux des maux qui désolaient la France à la charge des Bourguignons, ses adversaires. En Picardie, la puissance et la popularité des ducs de Bourgogne étaient toujours prépondérantes, et Monstrelet nous dit que « ces lettres furent solennellement publiées en la ville d'Amiens environ le XIIe jour de septembre, et puis furent envoyées à tous les prévoz du bailliage d'Amiens à publier ès-lieux de leurs dictes prevosteez. Mais pour le doubte et crémeur dudict duc de Bourgogne,

---

(1) *Ordonnances des rois de France*, collection Bréquigny, t. X, page 80.
(2) LAVISSE et RAMBAUD, ouvrage cité, p. 124 du t. III.

lesditz prévotz, c'est assavoir de Beauquesne, de Monstrœuil, de Sainct-Ricquier et de Dourlans ne l'osèrent publier fors tant seullement une fois dans leurs plaids, où estoient peu de gens. »

Le 24 avril suivant, Jean sans Peur publia à son tour un contre-manifeste dans lequel il se posait comme le défenseur des pauvres et des opprimés, accusant à son tour ses ennemis, alors les maîtres du roi, de tous les méfaits commis, et assurant à ceux qui se déclareraient pour lui la paix et le maintien de leurs privilèges.

Il envoya en même temps aux principales villes du bailliage d'Amiens ses ambassadeurs, Jean de Fosseux et David de Brimeu, avec mission de les attirer à son parti. Amiens, Abbeville, Montreuil, Saint-Riquier et Doullens arborèrent aussitôt ses étendards. Quant à Beauquesne, il lui était acquis à l'avance, car son gouverneur, Denis de Brimeu, qui avait succédé à Jacques de Heilly, était le père de David, l'agent bourguignon.

Denis était seigneur d'Humbercourt, auprès de Lucheux, et chef d'une famille profondément dévouée aux ducs de Bourgogne. Ses descendants suivirent la même ligne politique, à tel point que son petit-fils paya de sa tête son attachement aux intérêts de l'arrière-petite-fille du duc Jean sans Peur.

Il n'entre point dans notre plan de raconter le meurtre du duc Jean au pont de Montereau et la vengeance qu'en tira son fils et héritier, Philippe le Bon, en s'alliant aux Anglais et en aidant leur roi à se faire déclarer héritier de la couronne de France, au préjudice du dauphin. Mais ce que nous ne saurions nous empêcher de mentionner, c'est l'état lamentable qui s'en suivit pour nos campagnes. Des bandes d'*écorcheurs*, sans couleur politique, se mirent à courir le pays sous des chefs de grande famille, tels que Chabannes, Blanchefort et autres, et semèrent partout l'épouvante. « Les bonnes villes, dit M. de Barante, étaient dépeuplées, les campagnes désertes, les terres en friche. Il n'y avait plus d'habitants que dans les bois et dans les forteresses. La culture était délaissée, hormis à l'entour des murailles, sous l'abri des remparts et à la portée de la vue de la sentinelle du clocher. Dès qu'elle voyait venir l'ennemi, les cloches étaient sonnées, les laboureurs en toute hâte rentraient dans les villes ; les troupeaux, aussitôt qu'ils entendaient le son du tocsin, avaient pris l'habitude de s'enfuir d'eux-mêmes et se pressaient aux portes pour se mettre en sûreté. »

C'est alors que disparurent les divers prieurés fondés jadis autour de Beauquesne : ceux du Valvion, de Valdesmaisons, etc. Victimes, comme les autres habitants, de toutes ces violences, les moines durent rentrer dans leurs établissements situés dans les villes fortifiées et abandonnèrent le soin de leurs terres à des fermiers, qui les exploitèrent dès lors jusqu'à la Révolution. Ce fut là, très probablement aussi, l'époque de la destruction de notre maladrerie. Etablie, dès l'origine, au nord-est de Beauquesne, en un endroit aujourd'hui inconnu, c'est le nom de la rue qui y conduisait qui seul nous indique la direction de son ancien emplacement.

En remuant le sol dans toutes les parties habitées de la commune, mais surtout dans les quartiers du centre, on a retrouvé jadis et on retouve assez fréquemment encore, l'embouchure de nombreux puits, comblés pour la plupart, en dehors de ceux qui servent, de nos jours, à fournir l'eau potable. Ces découvertes ont attiré, il y a un certain nombre d'années, l'attention de M. Alexandre Bouthors, membre décédé de la Société des Antiquaires de Picardie, et il a fait vider quelques-uns de ces puits jusqu'à une certaine profondeur. Il a constaté alors que ceux qui n'étaient pas des puits à eau avaient la forme d'un entonnoir renversé, et il en a conclu que ces derniers étaient d'anciennes cachettes, des *muches* creusées par les hommes de ce temps et destinées à dissimuler à la vue de tous ces pillards le peu qu'ils possédaient. Heureux étaient-ils lorsque leurs efforts étaient couronnés de succès !

CHAPITRE XXI

Beauquesne sous Charles VII. — Les villes de la Somme cédées a Philippe le Bon.

Les caveaux de Saint-Denis ne furent pas plus tôt refermés sur la dépouille mortelle du pauvre Charles VI (octobre 1422) que le héraut proclama roi de France et d'Angleterre Henri, son petit-fils. C'était un enfant de dix mois, né de Catherine de France et de Henri V d'Angleterre.

Au même moment, une poignée de seigneurs du midi reconnaissait pour roi, au-delà de la Loire, le Dauphin, sous le nom de Charles VII. Le parti armagnac, qui l'entourait, devint aussitôt le parti national; mais, pour le pays au nord de la Loire, le vrai roi fut, pendant bien des années encore, grâce à l'appui de Philippe le Bon, le roi anglais.

Il y avait bien, dans la France du Nord, quelques capitaines se disant partisans de Charles; mais, en se qualifiant ainsi, ils n'avaient d'autre but que celui de se ménager la faculté de saccager et de rançonner des provinces attachées au parti bourguignon.

Le régent anglais, Jean, duc de Bedford, oncle du jeune roi, était un fort habile homme, et, pendant des années, tout lui réussit. Ses armées battaient les Français à Crévant et à Verneuil, et écrasaient l'un après l'autre, dans la partie du royaume qui lui était soumise, tous les chefs de bande qui tenaient pour Charles VII. En même temps, il se liait par des alliances de famille aux principaux princes français en concluant, le 17 avril 1423, dans les conférences d'Amiens, son mariage et celui du comte de Richemont, frère du duc de Bretagne, avec deux sœurs du puissant duc de Bourgogne. Son seul souci lui venait de son frère Glocester, dont le caractère hautain et arrogant menaçait de le brouiller avec tout le monde, et notamment avec celui qu'il tenait le plus à ménager : son beau-frère Philippe le Bon. Un mariage que Glocester contracta bientôt, et qui battait en brèche certains intérêts du prince bourguignon, vint encore aggraver la situation de ce côté.

La mort faillit bien le débarrasser, un jour, à Beauquesne, de ce frère encombrant ; mais il y échappa comme par miracle. Voici comment les choses se passèrent : un jour, raconte Monstrelet, Glocester était allé, accompagné de cinq cents hommes, de Doullens à Amiens. « Il y fut, continue le chroniqueur, par aulcuns jours durant lesquels estoient sur les champs aulcuns sacquements jusques à mille chevaux, desquels estoit chef et conducteur un nommé Sauvage de Fermanville, lequel n'estoit point aimé du dessus dit duc. Et pourtant ledict Sauvage, sachant le despartement d'icelluy duc allant d'Amiens à Dourlans petitement accompaigné, espérant icelluy soudainement envahir et ruer jus, se despartit avec ses gens, bien en haste, et chevaucha à Beauquesne, et là se logea. Mais ledict duc paravant estoit passé et logé à Dourlans et de là à Saint-Pol. »

Il l'avait échappé belle !

Pour que ce guet-apens ait pu être tendu, à Beauquesne, contre le frère du régent, il fallait que le gouverneur qui y commandait ne fût pas opposé à ce coup de main. Or, nous avons dit déjà que cet officier était complètement dans la main du duc de Bourgogne. Ce n'était plus, il est vrai, Denis de Brimeux : il était mort en 1425 et avait été remplacé par son fils David. Mais celui-ci n'avait pas joui de cette charge aussi longtemps que son père, car il était mort la même année, le 19 décembre (1), et son office avait

(1) DAIRE. — DUCANGE. — DOM GRENIER, t. XXVI, f° 105 v°.

été conféré par Philippe le Bon à un homme dénué de tout principe, et qu'un meurtre n'épouvantait pas.

Cet homme se nommait Robert le Josne et était bailli d'Amiens. Né à Arras, il avait été placé d'abord comme simple domestique chez un chanoine d'Amiens. Celui-ci, l'ayant pris en amitié, l'avait envoyé étudier le droit à Paris. Ses études terminées, il était devenu successivement bailli de l'évêché d'Amiens, par la grâce de l'évêque Jean de Harcourt, puis bailli de la même ville, de par le duc de Bourgogne, le 23 septembre 1420. Fourbe, avare, cruel, il rançonnait les particuliers et n'hésitait pas à s'adjuger les objets en litige. Il chassa son bienfaiteur de l'évêché d'Amiens pour y placer son fils, qui devint plus tard le plus riche des cardinaux de son temps. Il fit égorger tout entière la garnison du Quesnoy, et rendit victimes de sa cruauté plus de deux mille autres personnes.

Après une carrière aussi bien remplie, cet homme mourut tranquillement dans son lit en 1463, « *divitiis et odio populorum æque spectabilis,* » comme le dit l'histoire, à l'âge de quatre-vingt-douze ans, après avoir fondé l'opulente maison de Contay, qui prit aussitôt un rang distingué parmi les plus illustres de la province (1). Disons de suite qu'il avait, longtemps avant sa mort, le 21 avril 1438, résigné ses fonctions de gouverneur de Beauquesne en faveur de son fils Guillaume.

Mais n'anticipons point !

Les difficultés entre les ducs de Bourgogne et de Glocester s'aplanirent enfin à la satisfaction du premier, et la supériorité des armes des Anglais, favorisée par l'indolence de Charles VII, se maintint jusqu'à l'apparition de la Pucelle d'Orléans. Elle ne commença à décliner qu'alors. Quoiqu'il en soit, la guerre continuait, et, l'année même de la prise de l'héroïne, 1430, une grande fête militaire eut lieu à Beauquesne. « Tous ceulx — de la province, — dit Monstrelet, qui avoient accoustumé d'eulx armer pour

(1) DU HAILLAN. — LA MORLIÈRE. — DAIRE.

estre pretz à marcher furent convoquez. Si furent en peu
de temps en trez-grant nombre et passèrent à monstre à
Beauquesne, en faisant serment à Jacques de Brimeux, à
ce commiz comme mareschal. »

En même temps que la guerre, les coups de main et les
pillages des gens armés suivaient leur cours, dans notre
contrée comme ailleurs. En 1431, une bande de vingt-six
aventuriers s'emparait du manoir fortifié de Naours et en
faisait le centre de ses déprédations et le dépôt de ses
rapines. Lorsqu'ils eurent poussé à bout la contrée, les
seigneurs de Poix et de Conty allèrent les cerner dans
leur repaire. Ils s'en emparèrent en peu de temps et en
débarrassèrent le pays.

Un an plus tard, Doullens faillit être pris à son tour.
Au commencement de décembre, « plusieurs capitaines
français(1), raconte encore Monstrelet, suivis de huict cents
à mille combattants, » passèrent la Somme et « chevauchèrent toute la nuit jusqu'emprez la ville de Dourlans
pour la prendre et écheler ; mais le seigneur de Humières
fut averti de ceste chevauchée. Si envoya hastivement certains messages au maire et aux jurez de Dourlans eulx
signifier que les François estoient sur les champs et avoient
intention d'eux porter dommage, et qu'ils feussent sur
leurs gardes. Lesquels ayant ces nouvelles, se préparèrent
diligemment pour eux deffendre, et, avec ce, mirent dehors
leur ville un messager pour aller au chastel de Beauval
dire à ceulx qui le gardoient les nouvelles dessus dites.
Lequel messager rencontra, à un quart de lieue d'icelle
ville, environ le poinct du jour, les coureurs d'iceux François, desquels il fut priz et examiné. Si leur reconnut ce
pourquoi il alloit, et adoncques se retrahirent vers leurs
gens, qui les suivoient d'assez prez. Lesquels sçachant par
les moyens dessuz ditz leur entreprinse estre rompue,
retournèrent tous ensemble en la ville de Beauquesne, et,
aprez qu'ils se feurent repeus et rafraischiz longuement,

---

(1) *Français*, c'est-à-dire partisans de Charles VII.

courant aulcune partie de leurs gens le pays, s'en rallièrent. » Mais, avant qu'ils quittassent Beauquesne, notre chroniqueur ajoute « qu'ils y prinrent foison de prisonniers » et les emmenèrent.

Ainsi Doullens, but de l'expédition, avait échappé ; mais Beauquesne paya pour lui.

La lassitude atteignit enfin tout le monde, même le duc de Bourgogne, et des conférences pour la paix s'ouvrirent à Arras, le 5 août 1435. Les Anglais, mal inspirés, y émirent des prétentions qui révoltèrent tous les assistants. Ils abandonnèrent ensuite la conférence, le 6 septembre. Philippe le Bon s'en montra indisposé comme les autres, et, son beau-frère Bedford étant mort peu de jours après, il se décida à traiter.

Il en était pourtant quelques-uns qui étaient loin de demander la cessation des hostilités : les chefs d'écorcheurs, par exemple, sentaient qu'ils perdraient autant que les Anglais au rétablissement de la paix. Il ne tint donc pas à eux qu'elle échouât.

Pendant le temps même des conférences, ils n'hésitèrent pas à continuer leurs incursions jusque dans nos parages, à quelques lieues seulement de la ville où elles avaient leur siège. « Le xxv° jour du mois d'aoust, dit Monstrelet, le parlement (pour la paix) estant à Arras, comme dit est, La Hire et Poton de Xaintrailles, à tout six cens combattans, dont il y avoit bien six vingt lances ou environ, chevauchèrent toute la nuict (après avoir passé la Somme) et s'en allèrent vers Dourlans et Beauquesne pour fourrager le païs. » Ils le fourragèrent en effet, et ce fut ensuite à grand'peine que Bourbon et Richemont les déterminèrent par la menace à rendre leur butin.

Les négociations aboutirent enfin, et la signature du traité qui réconciliait le duc de Bourgogne à Charles VII eut lieu le 21 septembre. La principale des conditions de la paix fut la cession au duc des « Villes de la Somme, » et, parmi elles, de Beauquesne et de Doullens.

Philippe tenait à la possession de ces villes, car déjà,

lors des conférences d'Amiens du 17 avril 1423, dont nous avons parlé plus haut, les villes de Péronne, Montdidier et Roye ayant été promises, comme dot de sa femme, au duc de Bedford, Philippe avait demandé qu'au cas où ces trois châtellenies viendraient à être réunies aux domaines du roi d'Angleterre, on lui donnât, à lui, en compensation, Amiens, Beauquesne, Doullens, Abbeville et Montreuil. Il faut dire que Bedford, sans refuser positivement, s'était montré peu empressé à s'engager à cet égard.

A la paix, non seulement le duc Philippe obtint les villes de la Somme, mais en plus il fut affranchi pour toute sa vie, ou du moins tant que vivrait Charles VII, de tout hommage, ressort et souveraineté; et il fut stipulé que ces villes ne pourraient être rachetées que moyennant la somme de quatre cent mille écus d'or.

CHAPITRE XXII

Transfert momentané du siège de la prévôté de Beauquesne a Arras. — Quelques officiers de la prévôté, de cette époque.

Le rétablissement de la paix avec le duc de Bourgogne, qui faisait présager, dans un avenir assez prochain, l'expulsion des Anglais et le retour de la tranquillité, fut partout fêté avec une grande joie. La rentrée de Paris sous l'autorité de Charles VII, moins de six mois après la signature du traité, avait encore grandement accru cet espoir. Cinq ans plus tard néanmoins, la sécurité n'était pas encore revenue dans nos contrées. Nous en avons pour preuve les considérants d'une charte en date du 25 septembre 1441, qui ordonne le transfert à Arras de la prévôté de Beauquesne. « Attendu, dit cet acte, que depuis XII ans en chà, le siège d'icelle prevosté avoit été tenu à Arras pour rellever le peuple des paines et dangiers que encourir leur convenoit par les robeurs, pilleurs et aultres inconvéniens qui, à occasion de guerres et divisions du Royalme, advenoient souventtefois et sourviennent encoire ès-chemins et passages menans audit siège royal, lequel alors se tenoit en la ville de Beauquesne, qui est ville campestre, sur les fins et mettes d'icelle prévosté foraine. »

Il est permis de croire que l'exécution de cette ordonnance souffrit quelques difficultés, car, outre cette charte, il en existe encore deux autres aux Archives municipales de la ville d'Arras, l'une de l'année 1448, l'autre de 1454, et toutes deux ont le même objet que la première.

Le siège de la prévôté ne parait pas avoir été, à proprement parler, changé ; seulement, pour épargner de longs déplacements aux justiciables, le prévôt allait tenir ses assises au Grand Val d'Achicourt, à un quart de lieue au sud d'Arras, puis, à cause de l'exiguïté du local, dans la halle même de la ville. Mais il est bien évident que le siège de la prévôté fut entièrement rétabli à Beauquesne, dans le domaine royal, lorsque les villes de la Somme eurent fait retour à la couronne.

Depuis l'établissement de notre prévôté, la première moitié du xv° siècle, que nous venons de parcourir, est bien l'époque qui nous a fourni le plus grand nombre de noms connus de prévôts et d'autres officiers de l'ordre judiciaire de cette circonscription. En voici la nomenclature :

1° Martin le Josne, qui se retira dans la ville d'Arras, où il fut assassiné à table, au milieu de ses convives, lesquels ne se levèrent même pas pour le défendre, tout prévôt royal qu'il était, tant était grande la terreur inspirée par les brigands qui semaient alors dans la ville l'incendie et le carnage (1).

2° Pierre de Fenin, écuyer, était, en 1421, garde-scel de la prévôté ;

3° Pierre de Canettemont, aussi écuyer, était lieutenant du prévôt en 1423;

4° Pierre Billan, écuyer également, était prévôt et garde-scel en 1424 ;

5° Hugues du Petit-Rieu, lieutenant du prévôt, de 1424 à 1426 ;

6° Jacques Seurondel était prévôt « le 20 feuvrier 1426 (2) »;

7° Renaud de Ghisnes, prévôt en 1430 (3), fut en même temps grand justicier du pays d'Artois pour le duc de

---

(1) HARBAVILLE et *Mémoires* de DUCLERC.

(2) Tiré, comme les quatre précédents, de M. DE ROSNY, cartulaire de Gonay.

(3) DOM GRENIER, t. XXVI, f° 101 v°; et HARBAVILLE.

Bourgogne. Il tenait ses assises au Grand Val d'Achicourt (1);

8° Robert Perrigne, garde-scel, sous-prévôt, garde de justice de 1430 à 1437. C'est au bas d'un acte de cet officier, en date du 25 février 1430, que se trouvent, aux Archives Nationales, le sceau et le contre-sceau de la prévôté (2). Il s'y qualifie « Robert Perrigne, ad présent garde du scel de la baillie d'Amiens estably ès-prévosté foraine de Beauquesne et dedens la ville. »

9° Jean de Ghisnes, qui était garde-scel de la prévôté en 1433;

10° Alexandre de T[...]ery, garde-scel et sous-prévôt en 1436;

11° Jacques le Manier, garde-scel en 1439;

12° Robert Ogier, écuyer, était prévôt le 9 janvier 1439;

13° Ancel Leroy, garde-scel en 1440;

14° Gilles du Flos avait le même titre en 1441, et

15° Jean Longuebraye de 1444 à 1447.

16° Jean de Biach, surnommé Lancelot, était prévôt en 1445;

17° Adrien Lévesque garda les fonctions de garde-scel de 1448 à 1461;

18° Mathieu Des Marez, écuyer, eut le même titre, de 1452 à 1457. Enfin

19° Jean Aux Cousteaux, des Aux Cousteaux d'Amiens, était prévôt en 1452 (3).

---

(1) Dom Grenier et Harbaville, *Ibidem*.
(2) *Archives Nationales*, Accords, Inventaire des Sceaux, n° 4744, du 25 février 1430.
(3) De M. de Rosny, du n° 9 au n° 19.

CHAPITRE XXIII

Persécutions contre des dissidents religieux.

Il paraît qu'à cette époque des dissidences religieuses s'étaient produites dans la contrée, car une série de procès retentissants, dans lesquels furent acteurs les officiers de la prévôté, et surtout deux avocats de Beauquesne, se déroula à Arras contre les hérétiques ou prétendus tels, dans le cours de l'année 1460.

Conformément à ce qui avait toujours eu lieu depuis l'origine du christianisme, l'opinion publique attribuait à ceux qu'elle désignait comme hérétiques, en dehors des écarts de doctrine, des actes de la plus monstrueuse immoralité. Elle les accusait, par exemple, de nourrir des crapauds avec des hosties consacrées, d'employer ensuite leur graisse, mêlée avec des os pulvérisés de pendus et du sang de jeunes enfants qu'ils tuaient dans ce but, à la confection d'un onguent qui leur servait pour toutes leurs opérations magiques. Pour se rendre au sabbat, ils en oignaient un manche à balai qu'ils enfourchaient et qui les transportait incontinent au lieu de leur réunion. Là, le démon leur apparaissait successivement sous la forme d'homme et de femme, et tous les assistants des deux sexes se prostituaient à lui tour à tour...

Or, le personnage qui se trouvait alors à la tête de l'Inquisition, à Arras, était un dominicain fort ardent nommé le Frère Le Brousart; et ce religieux trouvait dans l'évêque de Baruth, administrateur du diocèse d'Arras, dans le doyen du Chapitre et dans le comte d'Etampes, gouverneur de la province, le plus solide appui. A la fin de l'année 1459 et au commencement de 1460, l'inquisiteur fit arrêter et emprisonner à Arras quelques-unes des personnes soupçonnées de « Vaudoisie. » Les vicaires de l'évêque, après les avoir examinées, voulaient les laisser aller, mais le Frère Le Brousart et ses trois coopérateurs ne l'entendaient pas ainsi, et on commença les procédures. Grâce à la torture et aux conseils perfides de leur défenseur, M⁰ Gilles Flameng, avocat à Beauquesne, les inculpés avouèrent sans hésiter tout ce qu'on leur imputait. Il faut dire que l'honnête personnage qu'ils avaient choisi pour les défendre leur avait promis qu'aussitôt ces aveux obtenus, on les remettrait en liberté, à la seule condition de faire un pèlerinage à quelques lieues de leur résidence.

L'inquisiteur ne fut pas plus tôt en possession de leurs déclarations que, de concert avec ses trois amis, il commença les préparatifs d'un grand auto-da-fé. La cérémonie fut fixée au 9 mai.

Au jour marqué, de dix à douze lieues à la ronde, une immense multitude accourut à la fête. Là, placé sur une haute estrade, l'inquisiteur fit à sa nombreuse assistance le détail de toutes les abominations confessées par les accusés. Pour ceux qui ne pouvaient pas entendre, de grands tableaux, exposés tout autour de l'estrade, reproduisaient en peinture toutes ces immondes imaginations. Enfin, l'orateur déclara qu'il retranchait de l'Eglise les coupables et qu'il les livrait au bras séculier. Les échevins ordonnèrent aussitôt que ceux que leur livrait l'Inquisition fussent brûlés, et firent incontinent conduire ces malheureux au bûcher.

A sa vue, les condamnés poussèrent les hauts cris, rétractant leurs aveux et reprochant amèrement à Gilles Flameng son infâme conduite. Mais tout fut inutile ; ils étaient six, et tous les six furent brûlés vifs. Un septième s'était précédemment soustrait au supplice en se tuant dans sa prison.

Au lieu de calmer le zèle de l'inquisiteur, ces premières exécutions ne firent que le surexciter. Une seconde fournée, composée de six hommes et de six femmes, suivit de très près la première. D'affreuses tortures arrachèrent aux prévenus toutes les réponses qu'on désirait en obtenir, et leur procès fut bien vite jugé. Sur ces douze, dix furent encore brûlés. Cette fois, Gilles Flameng avait bien mérité et obtenu, ainsi qu'un autre avocat de Beauquesne, Mᵉ Mathieu Paille, qui s'était également signalé par son zèle, une place parmi les juges de ces infortunés.

Ce second bûcher était à peine refroidi que de nouvelles arrestations se produisirent, chaque jour plus nombreuses et atteignant des personnalités de plus en plus riches, de sorte que, comme la confiscation des biens au profit de l'Église accompagnait toujours l'arrêt de culpabilité des accusés, on commença à se demander si l'intérêt n'entrait pas pour quelque chose dans toutes ces procédures. Au surplus, des esprits modérés, l'évêque d'Amiens, Ferry de Beauvoir, entre autres, se prononcèrent énergiquement contre toutes ces barbaries ; et ce dernier alla même jusqu'à remettre en liberté tous ceux que les inquisiteurs avaient fait arrêter dans son diocèse.

Les exécutions devinrent en conséquence plus rares, et enfin le Parlement de Paris, ému par le sentiment d'horreur universelle qu'inspiraient à toute la France la cruauté extraordinaire des inquisiteurs et le grand nombre des victimes, évoqua à lui cette affaire, quoique Arras fît partie des États de Bourgogne. Le 25 janvier 1461, l'un de ses huissiers se fit ouvrir les prisons d'Arras et en tira le sire de Beaufort, l'un des condamnés, qu'il conduisit à Paris. Au mois de juin, les plaidoyers qu'on entendit en Cour de Parlement « révélèrent toutes les atrocités des juges de l'Inquisition et excitèrent, dit Sismondi, un intérêt général à l'égard de leurs victimes. »

Trente ans plus tard, le 20 mai 1491, le Parlement, évoquant de nouveau cette affaire, déclara encore ces procès « nuls, abusifs, faits faussement et autrement qu'à point, » et condamna les héritiers de Philippe le Bon et des principaux juges à payer, à titre de réparation, six mille cinq cents livres aux héritiers des victimes (1).

(1) *Mémoires de Jacques du Clercq*, avec les extraits des Registres du Parlement concernant cette affaire. — Voir aussi SISMONDI, *Histoire des Français*, au règne de Charles VII; et aussi ROSSIER, *Histoire des Protestants de Picardie*, pages 1 à 4.

CHAPITRE XXIV

Rachat, puis nouvelle aliénation, et enfin retour définitif des villes de la Somme au domaine royal.

Depuis le traité d'Arras, Philippe le Bon était, en droit, comme il l'avait été précédemment en fait, après son père et son grand-père, seigneur de Beauquesne, et, de plus, seigneur indépendant. Ce duc Philippe était un prince magnifique, riche et libéral, et sa cour, où se succédaient les fêtes et les tournois, était la plus fastueuse de toute l'Europe.

Sous son administration, la Picardie se remettait, depuis la fin de la guerre, de ses longues souffrances, car, tandis que les riches pays héréditaires des Pays-Bas étaient chargés de pourvoir aux lourdes dépenses du « grand duc d'Occident, » « les villes de la Somme, ménagées, caressées, étaient habituées à ne donner presque rien (1). » On comprend par là qu'elles aient été affectionnées à la domination bourguignonne.

A la mort du roi Charles VII, le 22 juillet 1461, l'indépendance du duc cessa légalement ; mais, en fait, elle resta intacte tant qu'il vécut.

Cette situation n'était pas celle que rêvait Louis XI, le nouveau roi ; mais il avait à compter avec la puissance de ce trop redoutable vassal, et, sur ce point, il sut se contenir. Une seule opération était actuellement réalisable, de ce côté, parce qu'elle était prévue par un article du traité

(1) Michelet, *Histoire de France*, Louis XI, ch. ii.

d'Arras, c'était celle du rachat des villes de la Somme ; et il s'attacha à en préparer immédiatement l'exécution.

Ce n'était pas chose facile, il faut le dire, car Philippe, de son côté, appréciait, comme nous l'avons vu, tout autant que Louis, la valeur de cette possession. Pour y parvenir, il s'entendit avec les Croy, favoris du duc, qui avaient intérêt à aider à son entreprise, par la raison qu'ils étaient sûrs à l'avance de se partager entre eux les quatre cent mille écus d'or, prix fixé pour le rachat. Ils profitèrent d'un moment d'affaissement causé par la maladie pour obtenir du duc son acquiescement à cette mesure. Aussitôt la convention conclue, Louis XI ne laissa pas à Philippe le temps de se dédire, et le paiement de la somme stipulée fut immédiatement effectué en deux termes, les 12 septembre et 8 octobre 1463.

Le roi avait promis de conserver, dans les places recouvrées, les gouverneurs bourguignons qui les occupaient, mais une semblable naïveté n'était pas dans son caractère et il n'eut garde de tenir cet engagement. Cependant, malgré cette précaution, il ne réussit que pour un temps assez court à conserver son acquisition. Le traité de Conflans, que lui imposèrent les princes et les seigneurs français confédérés, le 5 octobre 1465, à la suite de la guerre de la Ligue du Bien public, l'en déposséda de nouveau. Le chef de la Ligue avait été le fils du duc de Bourgogne, et la première des dures conditions que Louis dut subir fut la restitution au duc des villes picardes, moins de deux ans après qu'il en avait pris possession.

La faculté de rachat de ces places fut bien inscrite de nouveau dans le traité, mais avec cette restriction qu'elle ne pourrait s'exercer qu'après la mort de Philippe et celle de son fils. Le prix de rachat fut, cette fois, réduit et fixé à deux cent mille écus d'or. Il est vrai que le nombre des villes rachetables était grandement diminué, puisque Péronne, Montdidier, Roye, Boulogne et Guines étaient cédées au duc à titre de propriété perpétuelle.

Philippe le Bon baissait alors sensiblement depuis

quelques mois, et Charles, son unique fils légitime, avait pris en main, dès cette époque, la direction des affaires des Etats de Bourgogne. C'est donc à lui que fut remise, le 1er décembre suivant, la châtellenie de Beauquesne. Le procès-verbal de cette remise nous a été conservé ; il est ainsi conçu :

« Nous bailliasmes aux ditz commiz et députez de mon dict seigneur de Charolais la possession de la place et chastellenie de Beauquesne en faisant commandement au lieutenant et aultres illec venuz de ladicte chastellenie : à quoy eulx firent response qu'ils estoient prestz d'obéyr au Roy, nostre sire, et, en ce faisant, donnoient toute obéyssance à mon dict seigneur de Charolais, et l'acceptoient leur seigneur naturel, soubz le ressort et souveraineté du Roy, nostre dict sire (1). »

Le ton de cette pièce ne dénote pas chez les officiers de notre châtellenie un bien violent chagrin d'avoir à rentrer sous l'autorité du bon duc Philippe. Il est vrai que tous ces princes et grands seigneurs et tous leurs tenants et aboutissants étaient parvenus à faire au nouveau roi une bien odieuse réputation! Quoiqu'il en soit, la santé de Philippe continua de décliner depuis le traité de Conflans ; il languit encore dix-huit mois et mourut enfin le 15 juin 1467.

Après lui, et même de son vivant déjà, tout changea. Le nouveau maître n'avait plus rien de l'ancien. On le nommait alors Charles le Terrible, et ce surnom n'était que trop mérité. Hautain et violent, dur et inexorable, il ne ménageait personne. Il avait institué un prévôt des maréchaux fait à son image et qui, dit Chastellain, « faisoit de grandes et dures exécutions dans le pays de Picardie sur le mot de son maître. » Il y parut lorsque, trois ans et demi plus tard, en janvier 1471, Amiens se donna au roi. Si Doullens et Beauquesne lui restèrent, c'est parce qu'il y accourut en hâte : ce fut le début d'une nouvelle guerre.

(1) M. DE BEAUVILLÉ, *Histoire de Montdidier*, t. 1er, page 166.

Pour affamer Amiens, le duc défendit le transport des vivres entre cette ville et Doullens. Alors ceux d'Amiens, pour ne pas mourir de faim, durent aller fourrager dans la campagne. Des rencontres sanglantes s'en suivirent entre les deux partis, et quelques-unes d'entre elles ont été notées par Pierre le Prestre, abbé de Saint-Ricquier. Dans l'une, entre autres, de ces courses, faite le 28 mars, par les gens d'Amiens vers Abbeville, « ceulx de la garnison de Dourlens, où estoit le Sr de Ravestain, et ceulx de Beauquesne les trouvèrent sur les champs au revenir, et les assaillirent si durement que ils en prindrent XXIX et XX en tuèrent. Les aultres le gaignesrent par bien courre. »

Le 5 avril, nouvelle incursion d'Amiénois que surprit la garnison de Doullens « entre Beauquesne et Amiens ». Cinquante ou soixante des premiers furent tués et une centaine faits prisonniers. Mais la chance n'était pas toujours du même côté. Le lundi suivant, ce fut le tour des Amiénois à avoir le dessus.

Cependant une trêve de trois mois avait été signée dans Amiens dès le 4 de ce mois; puis, on l'avait renouvelée pour le reste de l'année; puis, enfin, jusqu'au 15 juin de l'année suivante. Mais le duc n'attendit pas son échéance : dès le 11, les hostilités furent reprises. Nesles fut saccagé par le terrible Bourguignon, et nos contrées mises au pillage par le comte de Saint-Pol. La trêve de Senlis, conclue le 11 novembre, rétablit la tranquillité pour quelque temps ; mais enfin, en mai 1475, irrité de ce que le duc avait appelé les Anglais en France, le roi se mit en campagne et s'empara de Montdidier, de Roye et de Corbie, qu'il détruisit. En même temps, « il lui sembla, comme il l'écrivait, que, pour rompre le propos qu'avoient les Anglois de venir (de Calais) en Normandie, il devoit envoyer ses gens courir en Picardie afin de détruire tout le pays d'où les vivres auroient pu leur venir... » Il les envoya donc à cet effet, sous le commandement du bâtard de Bourbon, et, leur mission remplie, il leur rendit justice en écrivant qu' « ils ont tout bruslé depuis la Somme jusqu'à Hesdin, et de là sont venuz, faisant toujours leur mestier, jusques à Arras. » Près de cette ville, ils battirent même une armée bourguignonne dont le général, Jacques de Saint-Pol, fut fait prisonnier avec les sires de Contay, de Carency et de Miramont.

Beauquesne, se trouvant situé dans le rayon d'action de ces dévastateurs, avait à peu près certainement été saccagé, comme les autres localités habitées, par l'armée royale. La probabilité de cette exécution est d'autant plus grande que, dès le commencement des hostilités, et dans la crainte sans doute qu'il servît d'appui aux Anglais, le roi avait ordonné la destruction du château dudit Beauquesne. Nous lisons en effet dans les registres de l'Echevinage d'Amiens que, par une délibération en date du 12 juin de cette année 1475, ce dit échevinage, en conséquence de l'arrêt du roi portant que ce château serait « abattu », décida « d'envoyer querre », c'est-à-dire de reprendre et de se faire ramener tout ce que la ville y avait envoyé pour le réparer et le fortifier, « notamment les manteaux des portes Saint-Pierre (1). »

L'exécution n'eut pas lieu, d'une manière complète tout au moins, car le P. Daire nous dit (2) que, « l'année suivante, la ville d'Amiens envoya des ouvriers pour *réparer les fortifications.* » Inutile de faire remarquer que si ces fortifications avaient été rasées, elles n'eussent plus eu besoin de réparations, l'année suivante, ni du gardien qu'on allait leur donner, comme nous le verrons bientôt.

Toutes ces précautions prises, Louis XI entama des négociations avec les Anglais et se débarrassa d'eux avec de l'argent. Quant au duc, épuisé par sa guerre du Rhin et resté seul, il fut bien aise de signer, le 13 septembre, par l'entremise du sire de Contay, prisonnier du roi, une trêve de neuf ans, au château de Soleure, près de Mont-

(1) *Archives municipales d'Amiens*, à la Bibliothèque de la ville. M BB 12.
(2) Le P. DAIRE, *Doyenné de Doullens*, article BEAUQUÈNE.

médy. Le négociateur fut payé de ses peines, car, par l'un des articles de cette trêve, la garde du château de Beauquesne pour le duc de Bourgogne lui fut confiée (1).

Le sire de Contay, Charles le Josne, était fils de Guillaume, en faveur de qui Robert, son père, avait résigné, en 1438, ses fonctions de gouverneur de Beauquesne. Charles avait-il, à son tour, hérité de son père ce gouvernement ? Nous ne saurions le dire, mais cela est assez probable.

Charles le Téméraire ne vit pas la fin de la trêve : quelques mois plus tard, le 5 janvier 1477, il périssait dans une bataille, près de Nancy, ne laissant pour héritière de ses vastes États qu'une fille de vingt ans, Marie de Bourgogne, non mariée.

Le premier soin de Louis XI fut d'essayer de s'emparer de tout cet héritage ; mais il ne réussit que dans les deux Bourgognes, en Artois et en Picardie, et c'est de cette époque que date le retour définitif à la couronne de Beauquesne et des autres villes de la Somme.

L'Artois n'y fut réuni que temporairement, car le traité de Senlis, signé le 23 mai 1493, le rendit au jeune Philippe le Beau, fils de Marie de Bourgogne et de Maximilien d'Autriche. Par ce traité, l'autorité du prévôt de Beauquesne fut maintenue sur l'Artois et ses dépendances, le comté de Boulogne excepté.

La juridiction de cet officier avait été, à la fin du règne de Louis XI, fort restreinte, sinon anéantie, sur la Flandre par le second traité d'Arras. Le roi y avait, en effet, abandonné la suprématie du Parlement de Paris sur cette province, tout en s'y réservant formellement la haute souveraineté et le droit d'hommage (23 décembre 1482) (2).

Aussi ne connaissons-nous, depuis cette époque, que deux actes de notre prévôt intéressant la Flandre. Le premier, de l'année 1510, est une sentence rendue par ce

---

(1 DAIRE, ouvrage cité.
(2) SISMONDI, *Histoire des Français*.

magistrat en faveur des échevins de Douai contre des particuliers qui avaient établi un moulin à Corbehem. Le second est un accord homologué par le même officier entre l'abbesse de Flines et le seigneur de Belleforière (1).

() *Archives de la Ville de Douai.* — Nous connaissons encore, grâce à M. de Rosny, les noms de quelques officiers de la prévôté dans la seconde moitié du XVe siècle. En voici la liste : Pierre Martin, prévôt en 1461, et Gérard Asset, en 1484 ; Louis Des Marez, garde-scel en 1467 ; Philippe Baudoin, en 1472 ; Gorin Courtois, dans la même année ; Simon Auditeur, en 1481 ; Jean Des Marez, en 1484 ; Adrien Pécoul, vicomte de Doullens, aussi garde-scel en 1491 et 1492 ; et enfin Jean Rigault, qui était en exercice le 27 juin 1496.

CHAPITRE XXV

Rédaction des coutumes. — Préliminaires. — Liste des seigneuries, communes et localités diverses ressortissant a la prévôté royale de Beauquesne.

Le fait capital de la première moitié du xvi⁵ siècle fut la rédaction des coutumes. Jusqu'à cette époque, l'administration de la justice était entourée, dans les pays au nord de la Loire, de très sérieuses difficultés, à cause du manque de droit écrit. Or, l'usage du droit féodal, à mesure que s'accentuait la décadence de la féodalité, s'était restreint de plus en plus ; et l'importance des coutumes, suivant une progression inverse, allait grandissant, chaque jour. Mais ces coutumes n'avaient jamais été rédigées par écrit, et, dans une foule de cas, l'absence de textes mettait les juges dans un grand embarras. On se trouvait alors forcé de recourir à des enquêtes, afin de rechercher les coutumes locales véritables, et ces enquêtes n'aboutissaient pas toujours à des résultats satisfaisants. La confusion avait été ainsi augmentant de jour en jour, de sorte que déjà Charles VII avait senti la nécessité de réagir contre cet état de choses. Par son ordonnance de Montils-lès-Tours, du mois d'avril 1435, à l'article cent vingt-cinq, il s'était exprimé en ces termes : « Voulant, dit le texte, abréger les procez et litiges d'entre nos subjectz et les rellever de mises et dépens, et mettre certaineté ès-jugements tant que faire se pourra et oster toutes matières de variations et contrariétez ; ordonnons... que les coustumes, usages et stiles de tous les pays de nostre royaume soyent rédigez et mis en escrit... » Mais le pays était alors encore trop troublé pour que cette sage ordonnance pût recevoir son exécution, et ce ne fut que sous le règne de Louis XII que la réforme aboutit.

Par ses lettres du 2 avril 1506, adressées de Grenoble au bailli d'Amiens et publiées le 25 juillet suivant, il fut mandé aux huit prévôts du bailliage « qu'ils eussent, chascun en leurs mettes, à faire publier à son de trompe et cri publics lesdites lettres du Roy, en faisant sçavoir à tous prélats, gens d'église, nobles, praticiens et autres conseillers des sièges subalternes, d'eulx trouver à l'assemblée générale préfigée et assignée au 25 d'aoust de l'année suivante en l'auditoire du siège du bailliage d'Amiens, en leur enjoignant d'y apporter leurs coustumes locales en la forme deübs, et mesme auxdits prévosts de mettre et rédiger par escript les coustumes de leurs prévostez, sur peine de 400 livres parisis d'amende applicable au Roi et d'estre privez de pouvoir jamais alléguer aucunes coustumes locales ou particulières et tenus eulx resgler aulx coustumes générales du bailliage ou des sièges principaux d'iceluy, pour lesdites coustumes générales et celles desdites prévostez, ensemble lesdites coustumes générales et particulières estre veües, visiteez, accordeez en leur assemblée générale, les voir, corriger, augmenter, interpréter, arrester, faire escrire et signer, pour les renvoyer signeez et en forme deüe par devers le Roy ou ses commissaires.

« Par la commission addressante au prévost de Beauquesne, lui estoit mandé de faire ladite publication ès-mettes des chastellenies de Lille, Doüay, et Orchies qui se maintiennent estre exemptz dudit bailliage, ajourner le comte d'Artois et ses officiers, chastelains, corps de ville... »

En exécution de ces lettres, M° Antoine de Saint de Lys, lieutenant-général au bailliage, nomma une commission de douze notables et anciens conseillers, tant avocats que procureurs du siège dudit bailliage, « pour avec lui voir et visiter lesdites coustumes générales du bailliage, les mettre et rédiger par escript. » Cette commission se mit à l'œuvre et mena rapidement à bonne fin son travail.

« Le 26 juillet 1507, M⁰ Antoine de Saint de Lys, assisté des avocat et procureur du Roy et aultres conseillers du siège du bailliage jusques au nombre de soixante, se transporta en l'auditoire dudit bailliage, et là..., » après qu'il fut constaté que « le prévost de Beauquesne n'a pu mettre à exécution sa commission ès-mettes des chastellenies de Douay, Orchies et Lille, au moyen du refus à lui fait par les officiers desdites chastellenies de lui donner assistance (1), » « furent appellez et comparurent en personne ou par procureur

« *De la prévosté de Beauquesne,*

« l'Evesque d'Arras,
l'Archiduc d'Autriche, comte d'Artois, seigneur de Lens, d'Aire, de Béthune, de Hesdein,
l'Abbé de Blangy en Ternois,
la Comtesse de Vendôme et de Saint-Pol, dame d'Orville
les Doyen, chanoines et chapitre de Notre-Dame d'Arras
les Religieux, abbé et convent de Marœuil,
les Religieux, abbé et convent de Marchiennes, seigneurs de Mazengarbe,
les Religieux, abbé et convent de Hénin-Liétard,
les Religieuses, abbesse et convent de Bertaucourt,
les Doyen, Chanoines et Chapitre de Saint-Omer en Lillers,
les Religieux, abbé et convent de Ham,
le Sieur de Carency,
le Sieur de Divion,
les Maire et Eschevins d'Avesnes-le-Comte,
le Sieur de la Haye,

---

(1) Ce refus de concours s'explique par la disposition inscrite dans le second traité d'Arras, du 23 décembre 1482, dont nous avons parlé au chapitre précédent. Il faut ajouter aussi que le seigneur actuel de ces provinces, l'archiduc d'Autriche, marié à l'héritière de l'Espagne, était un prince étranger et puissant, et par là peu désireux de rester vassal de la France.

les Religieux, abbé et convent de Notre-Dame d'Anchin,
les Religieux, abbé et convent de Saint-Vaast d'Arras,
l'Abbé de Clerfay,
les Religieux, abbé et convent de Saint-Pierre de Gand,
l'Abbé de Chocques,
les Chanoines Saint-Barthélémy de Béthune,
les Chartreux et Chartreuses de Gonay,
le Seigneur de Licques,
le Seigneur de la Boussière,
le Seigneur de Dommart (en Ponthieu),
les Religieux, abbé et convent du Mont-Saint-Eloy,
le Prieur d'Aubigny,
le Seigneur de Pas,
les Eschevins de Pas,
le Sieur de Noyelle,
le Sieur de Contay d'Acheux,
le Sieur de Léalvillers,
le Prieur de Dompmart-lez-Ponthieu,
les Doyen, Chapitre de Saint-Amé en Douay,
le Prieur de Saint-Prix-lez-Béthune,
la Dame de Toutencourt,
les Doyen, Chapitre et Chanoines de Saint-Pierre d'Aire,
le Prieur de Sarton,
le Sieur de Raincheval,
le Sieur de Bertaucourt,
le Sieur d'Esquerdes,
le Sieur de Calonne et Ricouart,
le Sieur des Auteux,
le Sieur de Prouville,
le Comte de Nevers, pour sa seigneurie de Beaumes,
le Sieur de Cymecourt,
le Prince de Chimay, seigneur de Lillers,
le Sieur d'Allewagne,
le Prieur de Houdain,
la Dame de Humbercourt,
le Sieur de Thalmas,
le Sieur de Fienvillers,

le Sieur de Bezancourt,
le Sieur de Bours,
le Sieur de Dienat,
les Doyen, Chanoines et Chapitre de Vinacourt,
le Sieur de Beurres,
les Eschevins dudit lieu,
le Sieur de Beuvry,
le Sieur de Souastre,
le Sieur de la Vallée,
le Sieur de Couvrières,
le Sieur de Bus,
le Sieur de Louvencourt,
le Sieur de Vauchelles,
le Sieur de Villers-au-Bocage,
le Sieur de Molliens-au-Bois,
le Sieur de Molliens-au-Val,
le Sieur de Fosseux,
le Sieur de l'Œuval,
le Sieur de Hauteville,
le Sieur de Barly,
le Commandeur de Fieffes,
le Sieur de Canaples,
le Sieur de Henrissart,
le Sieur d'Aubigny,
le Sieur de Rubempré,
le Sieur d'Authie,
le Sieur de Saint-Ouen,
le Sieur de Dour-le-Sec,
le Sieur de Vinacourt,
le Sieur de Flixecourt,
le Sieur de Flesselles,
le Sieur de Marcais,
le Sieur de Habart,
le Sieur d'Espinoy et des Carvins,
le Sieur de Ricqbourg,
le Maire et les Eschevins de Ricqbourg,
les Gouverneurs et Eschevins de Béthune,

les Eschevins de la cité d'Arras,
les Eschevins de la ville d'Arras,
les Eschevins de Hénin-Liétard,
les Eschevins d'Estrées,
les Maire et Eschevins d'Aire,
l'Eschevin de Houdain,
les Eschevins de Harnes,
les Maire et Eschevins de la ville de Saint-Pol,
les Officiers de Hébuterne,
les Doyen, Chanoines et Chapitre de l'église Saint-Pierre de Lille,
les Eschevins de Lens en Artois,
les Maïeur et Eschevins de Pernes,
les Habitants d'Arleux,
les Lieutenant, Eschevins et habitants de Vieulaines,
les Lieutenant, hommes et habitans de Hulles,
les Lieutenant et hommes de Loës,
les Lieutenant et hommes de Douvrin,
les Lieutenant et hommes de Vieil-Vendin,
les Lieutenant et francs-cottiers de la Chapelle,
les Maïeur et hommes d'Ourges,
les Eschevins de Dompmart-lez-Ponthieu,
les Prévost et Eschevins de Vinacourt,
le Sieur de Beaufort,
le Comte de Fauquemberghe,
les Doyen, Chanoines et Chapitre de Fauquemberghe,
les Maïeur et Eschevins de Fauquemberghe,
le Sieur de Monchy-le-Breton,
les Prévost et Eschevins d'Oisy,
les Maire et Eschevin de Marquion,
les Maire et Eschevins de Gouy,
le Sieur du Candas,
les Maire et Eschevins de Lisbourg,
le Sieur de Wachin,
le Sieur de Giraucourt,
le Sieur de Marest,
le Sieur d'Esclimeu,

les Eschevins d'Authie,

le Sieur de Monstrelet,

le Sieur de Fresloy, pour sa terre de Fers et Flammermont,

le Sieur de Penin,

le Sieur de Ligny-sur-Cauchie,

le Sieur de Licques,

le Sieur de Cambrin,

le Chastelain de Beauval et de la Boussière,

le Sieur de Boubers-sur-Canche,

le Sieur de Grenonval,

les Habitants et Marguilliers de Toutencourt,

le Sieur d'Allencourt,

le Sieur de Hautecloque,

le Sieur d'Averdoüing,

la Demoiselle de Houvignœul,

les Doyen, Chanoines et Chapitre de Thérouenne, seigneurs de Lenzeux,

le Sieur de Moussicourt,

le Sieur de Montigny,

le Sieur de Bourdon.

Telle est la liste officielle donnée par le *Coutumier de Picardie*, des seigneuries, villes et autres localités ressortissant au siège prévôtal de Beauquesne. Deux réserves doivent pourtant être faites concernant la seigneurie d'Hesdin et le comté de Fauquemberghe, car, lorsqu'il traite de la prévôté de Montreuil, le même Coutumier lui attribue également, et avec raison, croyons-nous, ces deux seigneuries. Cette réserve faite, cette liste peut être tenue comme absolument exacte. Elle n'est pourtant pas complète, car, sur la surface occupée par toutes les localités citées, il existait un nombre bien plus considérable encore d'autres lieux habités et faisant également partie de la juridiction de Beauquesne.

Le Coutumier ne donne la liste des villes, fiefs et autres lieux habités d'aucune des autres prévôtés du bailliage d'Amiens. S'il fait cette énumération pour la nôtre, il a soin de déclarer que c'est uniquement « pour montrer jusqu'où allait la juridiction royale en Artois et en Flandre (1), » et nous ajouterons que c'est le même motif qui nous a guidé dans la reproduction de ce tableau.

(1) Voir, pour tout ce chapitre, le *Coutumier de Picardie*.

CHAPITRE XXVI

Tableau des établissements religieux et des fiefs, communes et autres lieux de la prévôté de Beauquesne qui ont présenté des coutumes en 1507. — Texte de la coutume particulière de la même prévôté dela l'Authie.

« Tous les prévôts royaux du bailliage, à l'exception de celui d'Amiens, et la plupart des gens d'Église, nobles et autres, » présentèrent leur coutume particulière à l'Assemblée. On commença ensuite la lecture des Coutumes générales du bailliage, et cette lecture fut continuée, les jours suivants, jusqu'à ce qu'elle fût terminée. Toutes les observations présentées au cours de cette lecture furent recueillies et mises en marge du texte.

Ce travail terminé, les délégués des communes et des villages déclarèrent n'avoir pas eu le temps nécessaire pour rédiger leur Coutume particulière et demandèrent un délai et, de plus, une copie de la Coutume générale, pour s'en aider dans leur rédaction. L'un et l'autre leur furent accordés, et, à l'époque qui leur fut fixée, c'est-à-dire à la fin de septembre, les délégués se présentèrent de nouveau. Mais, comme la lecture de toutes ces coutumes particulières eût exigé une session d'au moins six mois, on se contenta de prendre connaissance des coutumes particulières des prévôtés et les commissaires se séparèrent le 4 octobre.

Le 28 du même mois, les commissaires députés par le roi, Christophe de Curmone, président, et Guillaume Besançon, conseiller au Parlement, renvoyèrent l'examen des coutumes particulières et locales au premier jour de Carême, et il n'en fut plus question.

Ce ne fut qu'en 1559 que fut effectué l'inventaire de ces coutumes locales. Il en fut trouvé cent soixante-huit afférentes à la prévôté de Beauquesne. Sur ce nombre, onze se sont perdues, et cent cinquante-sept existent encore.

Depuis la rédaction de ces coutumes, toutes celles qui n'avaient pas été vérifiées n'avaient pas acquis force de loi, et toutes les difficultés énoncées au début du précédent chapitre continuaient d'exister et d'embarrasser plaideurs et magistrats. Il fallut bien se décider enfin à en entreprendre l'examen, et, le 22 septembre 1567, une commission nommée par le roi et composée de MM. de Thou, Barthélemy Faye et Jacques Viole, ouvrit à cet effet ses séances dans l'auditoire du bailliage d'Amiens.

Le roi d'Espagne qui, comme le dit la Coutume générale du royaume, à sa page 208, y avait été ajourné par le prévôt de Beauquesne en sa qualité de comte d'Artois, de seigneur de Lens, d'Aire, de Béthune, d'Hesdin et de châtelain de Lille, de Douay et d'Orchies, n'ayant pas comparu, il fut donné acte de défaut contre lui.

Adrian Picquet assistait à l'assemblée en sa qualité de prévôt royal de Beauquesne, et « les Eschevins, manans et habitans » dudit Beauquesne y étaient représentés par André Pécoul.

Nous allons donner, d'après M. A. Bouthors, la nomenclature des établissements, fiefs, villes et autres localités de notre prévôté qui ont produit des coutumes le 2 octobre 1507. Cent trente-deux de ces coutumes sont afférentes à des lieux situés au delà de l'Authie ; le reste appartenait à la Picardie.

PREMIÈRE PARTIE. — Groupe Amiénois

LOCALITÉS OU FIEFS	Canton	Arrondissement	Département
Allonville, seigneurie.............	Amiens	Amiens	Somme
Argœuves, »	»	»	»
Authie, châtellenie.............	Acheux	Doullens	»
Beauquesne, échevinage.........	Doullens	»	»
Bertangles, seigneurie...........	Villers	Amiens	»
Béthencourt, »	Picquigny	»	»
Bourdon-sur-Somme, seigneurie.....	»	»	»
Buissy-les-Hérissart, »	Acheux	Doullens	»
Clairfay, temporel.............	»	»	»
Flesselles, seigneurie...........	Villers	Amiens	»
Flixecourt, échevinage..........	Picquigny	»	»
Harponville, seigneurie..........	Acheux	Doullens	»
Hérissart, »	»	»	»
La Folye, fief dépendant de Vignacourt..	Picquigny	Amiens	»
Louvencourt, seigneurie..........	Acheux	Doullens	»
Marieux, »	»	»	»
Molliens-au-Bois, »	Villers	Amiens	»
Monstrelet-lès-Fieffes, seigneurie.....	Domart	Doullens	»
Poulainville, seigneurie..........	Amiens	Amiens	»
Raincheval, »	Acheux	Doullens	»
Rubempré, »	Villers	Amiens	»
Saint-Gratien-en-Allonville, fief......	Amiens	»	»
Saint-Gratien, seigneurie.........	Villers	»	»
Sainthuin-lès-Domart, seigneurie.....	Domart	Doullens	»
Toutencourt, seigneurie..........	Acheux	»	»
Villers-Bocage, »	Villers	Amiens	»
Wargnies, »	Domart	Doullens	»
Bernaville, échevinage..........	Bernaville	»	»
Belloy-sur-Somme, seigneurie......	Picquigny	Amiens	»
Canaples, seigneurie...........	Domart	Doullens	»
Domqueur, »	Ailly	Amiens	»
Montonvillers, »	Villers	»	»
Tallemas, »	Domart	Doullens	»
Vinacourt, prévôté et échevinage.....	Picquigny	Amiens	»

DEUXIÈME PARTIE. — Groupe situé au nord de l'Authie

Première fraction. — *Mouvance du Comté de Saint-Pol.*

Caumesnil et la Pré, seigneurie......	Pas	Arras	Pas-de-Cal.
Camblain-Châtelain, échevinage et bailliage.	Houdain	Béthune	»
Barlin, baronnie..............	»	»	»
Monchy-Cayeu, châtellenie.........	Heuchin	Saint-Pol	»

LOCALITÉS OU FIEFS	Canton	Arrondissement	Département
Sus-Saint-Léger, seigneurie........	Avesnes	Saint-Pol	Pas-de-Cal.
Berquinehem, bourgage.........	Heuchin	»	»
Chelers, seigneurie et bourgage.....	Aubigny	»	»
Cauchy, seigneurie............	Cambrin	Béthune	»
Siracourt, fief.............	St-Pol	Saint-Pol	»
Vimy et Farbus, seigneurie.......	Vimy	Arras	»
Hestrus, seigneurie...........	Heuchin	Saint-Pol	»
Hénu et Warlincourt, seigneurie.....	Pas	Arras	»
Godiempré, seigneurie..........	»	»	»
Pernes, châtellenie............	Heuchin	Saint-Pol	»
» échevinage.............	»	»	»
» charte communale.........	»	»	»

Deuxième fraction. — *Mouvance de la Châtellenie d'Arras.*

Arras, cité..............	Arras	Arras	Pas-de-Cal.
Adinfer, seigneurie..........	Beaumetz	»	»
Baudimont-lès-Arras, fief........	Arras	»	»
Bailleulmont, seigneurie........	Beaumetz	»	»
Blairville, »	»	»	»
Belles-Witasse, »	»	»	»
Bus-en-Artois, »	Bertincourt	»	»
Wancourt et Quemappes, seigneurie....	Croisilles	»	»
Foncquevillers, seigneurie........	Pas	»	»
Hébuterne, »	»	»	»
Avesnes-le-Comte, échevinage, bourgage..	Avesnes	Saint-Pol	»
Coullemont, seigneurie.........	»	»	»
Noyelles-le-Wyon, seigneurie......	?	?	»
Saulty, seigneurie...........	Avesnes	Saint-Pol	»
Sombrin, »	»	»	»
Aubigny, échevinage..........	Aubigny	»	»
Berlette-le-Petit, seigneurie......	»	»	»
Berlette-le-Grand, »	»	»	»
Béthencourt-en-Artois, seigneurie....	»	»	»
Estréelles, seigneurie.........	?	?	»
Gouy, temporel............	Beaumetz	Arras	»
Gouy et Bavaincourt, seigneurie.....	»	»	»
Pommier, seigneurie..........	Pas	»	»
Villers-Brulin, »	Aubigny	Saint-Pol	»
Villers-et-Yzer, »	»	»	»
Houdain, châtellenie..........	Houdain	Béthune	»
» fief d'Honnelin.........	»	»	»
» échevinage...........	»	»	»
Beugin-lès-Houdain, prieuré.......	»	»	»
Aiz, seigneurie dépendante de Bus....			»

Troisième fraction. — *Mouvance du Bailliage de Lens.*

LOCALITÉS OU FIEFS	Canton	Arrondissement	Département
Lens, bailliage.	Béthune	Béthune	Pas-de-Cal.
» échevinage	»	»	»
Aix-en-Gohelle, seigneurie.	»	»	»
» »	»	»	»
Arleux-en-Gohelle, temporel.	Vimy	Arras	»
Boyelles, seigneurie	Croizilles	»	»
Brebières-lès-Douai, seigneurie	Douai	Douai	Nord
Derocourt, »	Vimy	Arras	Pas-de-Cal.
Douvrin-lès-la-Bassée, »	Cambrin	Béthune	»
Lannoy, quint de Lens, fief	Lens	»	»
Liévin, seigneurie.	»	»	»
Neuve-Capelle, temporel.	La Ventie	»	»
Noulette, seigneurie.	Lens	»	»
Sanghein-en-Weppes, seigneurie.	»	»	»
Notre-Dame-sous-Eurin, temporel.	Carvin	»	»
Hénin-Liétard, échevinage.	»	»	»

Quatrième fraction. — *Mouvance de l'Avouerie de Béthune.*

Beuvry, châtellenie	Béthune	Béthune	Pas-de-Cal.
Chocques, »	»	»	»
Foucquerœulles, seigneurie	»	»	»
Carency, seigneurie	Vimy	Arras	»
Annezin-lès-Béthune, temporel	Béthune	Béthune	»
Robecque, seigneurie	Lillers	»	»
Saint-Prix-lès-Béthune, prieuré.	Béthune	»	»
Souverain-Bruay, seigneurie.	Houdain	»	»
Neuville-Sire-Witasse, »	Arras	Arras	»

Cinquième fraction. — *Mouvance du Bailliage de Lillers.*

Lillers, bailliage.	Lillers	Béthune	Pas-de-Cal.
» ville.	»	»	»
Liestres, seigneurie	Norrent-Fontes	»	»
Ham-en-Artois, temporel	»	»	»
Saint-Fleurisse, seigneurie.	Lillers	»	»
Garbecques, »	»	»	»
Busnes, temporel	»	»	»
La Beuvrière et Allewagne, temporel . . .	Béthune	»	»
Berquettes, seigneurie.	Norrent-Fontes	»	»
Wendin, »	Béthune	»	»
Saint-Venant, bailliage	Lillers	»	»
Mametz, seigneurie	Aire	Saint-Omer	»
Marquettes, »	St-Pol	Saint-Pol	»
Le Natoy, »	?	?	?

Sixième fraction. — *Mouvance de la Principauté d'Espinoy.*

LOCALITÉS OU FIEFS	Canton	Arrondissement	Département
Espinoy et Carvin, châtellenie.	Carvin	Béthune	Pas-de-Cal.
Libercourt, membre d'Espinoy	?	?	»
Garghetel, »	?	?	»
Meurchin, »	Lens	Béthune	»
Bellonne, »	Vitry	Arras	»
Willerval, »	Vimy	»	»
Ongnies, seigneurie	Carvin	Béthune	»

Septième fraction. — *Mouvance de la Châtellenie d'Oisy.*

Oisy, châtellenie.	Marquion	Arras	Pas-de-Cal.
» échevinage.	»	»	»
Marquion, »	»	»	»
Baralle et Buissy, échevinage	»	»	»
Lambres, »	Douai	Douai	Nord
Escoives, seigneurie	?	?	Pas-de-Cal.
Thun-Saint-Martin, échevinage	Entre Cambrai et Bouchain		Nord

Huitième fraction. — *Mouvances inconnues.*

Acq, seigneurie	Vimy	Arras	Pas-de-Cal.
Fosseux, »	Beaumetz	»	»
Bois-Renard, seigneurie	Vimy	»	»
Hannescamp, »	Pas	»	»
Neuvireuil, »	Vimy	»	»
Wanquetin, »	Beaumetz	»	»
Fléchinel, »	Fauquembergue	Saint-Omer	»

Neuvième fraction. — *Temporels ecclésiastiques.*

Pays de l'Alleu, temporel, 3 paroisses			Pas-de-Cal.
Riequebourg-Saint-Waast, échevinage.	Cambrin	Béthune	»
Vitry, temporel	Vitry	Arras	»
Rasse-lès-Douai, personnat	Douai	Douai	Nord
La Bouchière, Ruiet et Gosnay, temporel.	?	?	?
Ercourt et Saudemont, temporel	Marquion	Arras	Pas-de-Cal.
Sailly, temporel	Vitry	»	»
Mazengarbe, temporel	Lens	Béthune	»
Lorgies, »	La Ventie	»	»
Le Biez, »	Fruges	Montreuil	»
Ligny, »	Aire	Saint-Omer	»
Haynes, »	Cambrin	Béthune	»
Boiry-Sainte-Rictrude, temporel.	Beaumetz	Arras	»

LOCALITÉS OU FIEFS	Canton	Arrondissement	Département
Ames, temporel	Norrent-Fontes	Béthune	Pas-de-Cal.
Harnes, »	Lens	»	»
Arras (Chapitre d')	Arras	Arras	»
Saint-Amé-en-Douai, 13 villages			Nord
La Comté, seigneurie	Aubigny	Saint-Pol	Pas-de-Cal.
Wingles, » (1)	?	?	?

Ce tableau et celui que nous avons donné au chapitre précédent, d'après le *Coutumier de Picardie*, se complètent mutuellement, et, grâce à eux, il est possible de dresser une bonne carte de la prévôté de Beauquesne, en s'aidant, pour la partie en deçà de l'Authie, des listes données par Ricart (2) et par le P. Daire (3). Pour ce qui concerne les villes d'Aire et de Saint-Pol, que le Coutumier attribue à notre siège, et qu'omet M. Bouthors, ce dit Coutumier, lorsqu'il traite de la prévôté de Montreuil, donne la partie de la ville d'Aire au nord de la Lys à Montreuil, et la partie du sud à Beauquesne. De même pour Saint-Pol, dont les quartiers au sud de la Ternoise sont au siège de Doullens, et ceux du nord à celui de Beauquesne.

Pour confectionner cette carte et tracer les limites de notre prévôté, on partira d'Amiens en englobant tout le faubourg Saint-Pierre et la partie de la chaussée du même nom qui l'avoisine jusqu'au quatrième bras de la Somme; puis Saint-Maurice et toute la rive droite du fleuve, en aval, jusques et y compris Flixecourt. De là, notre limite remontera au nord et prendra Domart, Lanches, Epécamps, Domesmont et Bernaville. Venant ensuite vers l'est, elle comprendra encore Vacquerie, Gorges, Montrelet, Fieffes, Bonneville et la Vicogne (4),

(1) Tout ce tableau est copié de M. BOUTHORS et a été pris dans ses *Coutumes locales*.
(2) *Coutumes du Bailliage d'Amiens* commentées par RICART, édition de 1781.
(3) *Doyenné de Doullens*, article BEAUQUÊNE.
(4) Voir, pour ces dernières localités, le *Dictionnaire topographique du Département de la Somme*, de M. GARNIER.

puis Beauquesne et Terramesnil, et arrivera à l'Authie entre Authieule et Amplier.

En Artois, cette limite prend Amplier, Halloy, Pommera, Mondicourt, Coullemont, Sus-Saint-Léger, Sombrin, laisse Wamin, prend Houvigneul, laisse Monchaux, puis reprend Hautecloque et arrive à la Ternoise en amont de Saint-Pol. Elle suit de là le cours de cette rivière jusqu'au-dessous de Monchy-Cayeu, puis elle remonte le petit affluent qui baigne Heuchin, jusqu'à sa source, et, plus haut, prend Lisbourg, Beaumetz-lès-Aire, Fléchinel, Liettres et Mametz. Elle arrive ainsi à la Lys, à l'ouest d'Aire. A partir d'Aire, le thalweg de la Lys continuera la délimitation jusqu'en Belgique; et là, de la Lys à l'Escaut, cette délimitation sera celle de l'extrémité septentrionale de la châtellenie de Lille.

Arrivés à l'Escaut, nous suivrons son cours, en le remontant vers le sud jusqu'au-dessus de Mortagne. Nous remonterons ensuite de même le cours de la Scarpe depuis et y compris Saint-Amand jusqu'au-dessus de Douai, qui sera englobé également. Notre ligne se continuera ensuite en passant à l'est de Montigny, d'Arleux, d'Oisy et de Sailly. Elle touchera aux portes de Cambrai, et, de là, prendra Noyelles, Fléquiers, Ribecourt, Gouzancourt. Passé ce point, elle remontera au nord et embrassera encore Dogny, Inville, Inchy, Cagnicourt, Endecourt, Bullecourt, Ecourt, Riencourt, Fontaine-le-Quéant, Wancourt, Saint-Martin, Hénin, Boiry-Sainte-Rictrude, Hayettes, Ablainzevelle, Bucquoy, Puisieux, Baillescourt, Hébuterne, Bayencourt, Coigneux, et là rentrera en Picardie.

En Picardie, elle se dirigera vers Amiens en laissant successivement à son intérieur Courcelles, Bertrancourt, Englebelmer, Senlis, Varennes, Harponville, Vadencourt, Béhencourt, Beaucourt, Molliens-au-Bois, Raineville, Cardonnette, Allonville, Rivery; et enfin, descendant le quatrième bras de la Somme, elle rejoindra, en arrivant à la chaussée Saint-Pierre, d'Amiens, l'endroit qui a été son point de départ.

Il se trouvait bien, dans l'intérieur de ce périmètre, quelques localités ressortissant à d'autres prévôtés. Puchévillers, par exemple, appartenait à celle de Péronne, quoique situé à trois kilomètres de Beauquesne. Il existait aussi, au sud d'Aire, une autre enclave comprenant Nédonchel, Tyremande et Wetrehen, et dépendant du siège de Montreuil. Mais, par compensation, notre prévôté en possédait à son tour chez ses voisines, notamment dans la partie du comté de Saint-Pol qui lui avait été enlevée au profit de Doullens.

Maintenant que nous connaissons bien l'étendue de notre prévôté, il nous reste à soumettre au lecteur le texte de la Coutume particulière qui la régissait dans sa partie située en Artois et en Flandre. Le voici :

« *Coutumes particulières et locales de la Prévôté foraine de Beauquesne du côté d'Artois et de-là la rivière d'Authie.*

« ARTICLE PREMIER. — Aux seigneurs vicomtiers appartient l'échéance des bâtards et droits d'épaves échûs et advenus en leurs seigneuries, avec la connoissance contre larrons pour leur imposer la hard ; mais n'ont la confiscation, laquelle appartient aux hauts justiciers, desquels ils tiennent les terres par moyen ou autrement, et peuvent avoir en leur seigneurie une fourche à deux pilliers pour les exécutions criminelles, et leur appartient droit d'afforage, avec amendes de soixante sols parisis et au-dessous.

ART. II. — Tous seigneurs fonciers, autrement dits de basse-justice, ont droit de forage pour le fond, qui est de deux lots de chacun fond, avec amende de cinq sols ; et peuvent avoir bailli ou lieutenant, et autres officiers, pour faire les vests et les saisines, avec autres exploits concernant la justice foncière ; et ne peuvent lesdits seigneurs connoître de matière criminelle et de délits dont l'amende excède cinq sols.

Art. III. — Seigneurs d'aucuns ténemens et seigneuries, soit hauts-justiciers, vicomtiers ou fonciers, supposé qu'ils tiennent leurs terres d'autres, ne se peuvent ensaisiner par prescription ne autrement, en ce qui concerne l'autorité et prérogative de leur seigneurie.

Art. IV. — Chacun seigneur ayant justice peut poursuivre par lui ou par ses officiers toutes amendes envers lui commises à cause de sa justice, par prise et détention de corps de ceux qui les ont encore, pourvu que les malfaicteurs soient pris en présent méfait, ou qu'il y ait information précédente auparavant procéder à l'encontre du délinquant par prise de corps ; et n'est tenu le seigneur leur bailler élargissement de leurs personnes, si ce n'est en baillant caution desdites amendes.

Art. V. — Le seigneur de fief qui a un homme de fief, que l'on dit communément de court, ou plusieurs hommes de fief, que l'on dit pleine court, il a justice de vicomte ; et s'il n'y a qu'un homme de fief, il peut emprunter hommes pour faire ses jugements.

Art. VI. — Le seigneur de fief et noble ténement auquel y a homme de fief et justice vicomtière et au-dessous, a droit de prendre sur ses hommes de fief un droit d'aide, tel comme est le relief assis et limité sur ledit fief, sans chambellage quand il marie sa fille, ou que son fils aîné parvient à chevalerie, et en l'un desdits deux cas, à son option.

Art. VII. — Le seigneur vicomtier a en ses ténemens droit de bailler par ses hommes prix au vin et autres breuvages, que l'on dit droit d'afforage.

Art. VIII. — Pour infraction de justice vicomtière ou foncière, est due aux seigneurs vicomtiers ou fonciers amende de soixante sols parisis, supposé que lesdits seigneurs fonciers n'ayent amende que de cinq sols.

Art. IX. — Le possesseur et propriétaire d'aucun fief, encore qu'il soit de succession, peut par testament et non autrement donner à qui bon lui semble les profits de trois ans de son fief, pour en jouir trois ans prochainement ensuivans le jour de son trépas.

Art. X — Bleds verds jusques à la mi-mai sont réputez immeubles, et depuis ledit temps sont réputez catheux, et après pied coupé, meubles.

Art. XI. — Tous arbres non portans fruits sont réputez catheux, sauf les chênes âgez de trois coupes, qui sont réputez immeubles; comme semblablement le bois à coupes ordinaires est réputé immeuble, s'il n'est ameubli.

Art. XII. — Pareillement sont réputez catheux granges, étables et maréchaussées; mais maisons manables, châteaux, portes, colombiers et four, sont réputez héritages, et l'héritier succédant esdits manoirs, peut avoir et retenir lesdites maréchaussées, en payant à ceux à qui elles pourroient appartenir, la valeur et prisée raisonnable d'icelle, comme si le tout étoit démoli et en un monceau; et ne les peut-on démolir sans premier avoir sommé l'héritier.

Art. XIII. — En acquisition de fiefs faite durant le mariage de deux conjoints, la femme ne ses héritiers n'ont aucun droit de propriété, ains appartient du tout au mari et à ses héritiers, à la charge du douaire de ladite veuve, si appréhender le veut.

Art. XIV. — La seconde femme peut prendre pareil droit de douaire en fiefs et cotteries, que la première : mais quant aux héritages possédez par son mari constant le premier mariage, elle n'y peut demander aucun droit, au cas qu'il y ait enfans vivans dudit premier mariage.

Art. XV. — Si le mari délaisse plusieurs maisons, son héritier choisit laquelle il veut, et après la douairière a le choix de prendre celle que bon lui semble pour y demeurer sa vie durant, à la charge de l'entretenir de pel, verges et couverture.

Art. XVI. — Et s'il ne délaisse qu'une maison en fief, ladite veuve y a la moitié pour sa demeure, si mieux n'aime l'héritier lui bailler autre maison suffisante selon l'état de ladite veuve, et à l'équipolent de la part qu'elle pouvoit avoir en la maison délaissée.

ART. XVII. — La veuve pendant les quarante jours qu'elle a pour délibérer si elle prendra ou si elle renoncera à la communauté, peut demeurer en la maison du défunt, et user des biens pour son vivre modérément, selon sa qualité, sans en transporter ailleurs.

« *Modifications de l'année* 1567.

« En faisant lecture de l'intitulation, nous a été dit par M⁰ Adrien Picquet, prévost dudit Beauquesne, que ce qui est de ladicte prévosté de Beauquesne par deçà ladicte rivière d'Authie, du costé de la France, se gouverne selon la coustume générale d'Amiens, et que la coustume locale n'y a lieu.

« Le IV⁰ article commençant par ces mots : « chascun seigneur ayant justice, » qui estoit le V⁰ article dudict ancien coustumier de Beauquesne, est passé avec la remontrance ancienne mise audit livre à la fin dudict article qui y a esté receue et trouvée bonne par lesdits estats. »

CHAPITRE XXVII

Coutumes locales de la commune de Beauquesne.
Quelques réflexions a leur sujet.

Lorsque les députés des communes et des villages à l'assemblée du mois de juillet 1507 furent retournés d'Amiens chez eux, munis de leur copie de la coutume générale, chacune de ces localités se mit en devoir de rédiger ses coutumes particulières. A Beauquesne, ce travail, préalablement préparé sans aucun doute, fut arrêté définitivement dans une assemblée générale de la commune, le 23 septembre de la même année. Voici le procès-verbal qui en a été fait, ce jour-là :

« Ce sont les Coustumes et Usages dont len a accoustumé user en la ville, loy (1) et Eschevinage de Beauquesne, appartenant au Roy, nostre sire, mises et rédigeez par escript par Nous, Prévost et Eschevins de ladicte ville, le vingt-troisiesme jour de septembre, l'an mil cinq cens et sept, appellez et évocquez à ce faire les gens d'Eglise, homes, subjects et tenans dudict Eschevinage en grant nombre en l'assemblée qui s'est faicte en cette dicte ville, pour procéder au fait desdictes Coustumes, en la présence desquels et aprez serment par eux fait pardevant Nous, lesdictes Coustumes ont esté leües et icelles par eulx signeez et approuveez par Nous, ainsi qu'il est ci-aprez déclairié et que de long temps et anchienneté en a esté

(1) Le mot *loy* a ici la signification de justice. Une « ville de loy » est celle qui a sur tous ses habitants justice civile et criminelle exercée par le maïeur et les échevins (Tiré du *Coutumier de Picardie*).

fait et usé ès-mettes de ladicte ville et eschevinage de Beauquesne, en en suivant les privillesges, dons et octroys anchiens concédez et donnez par le Roy aux Communauté et corps de ladicte ville pour le bien et prouffict d'icelle, les signatures et approbations desquelles Coustumes ont esté expédiecz en obéissant aux commandemens à nous faiz par l'office de Monseigneur le bailli d'Amiens ou son ieutenant commissaire du Roy, nostre dict sire, et exécuteur de ses lettres et commandemens portant de assembler lesdictes gens d'Eglise et subgets pour icelles coustumes approuver et signer.

« PREMIÈREMENT, par la Loy, coustumes et usages notoirement observez et gardez ès-mettes de ladicte ville et eschevinage de Beauquesne, toutes appellations qui se entrejectent des prévost et eschevins de ladicte ville, ou d'iceulx eschevins seulement, soit des appointemens interlocutoires ou des sentences définitives ressortissent, de plain droit et sans moyen en la court de Parlement, et sy lappelant est déclarié mal appelant, il eschet envers le roy en amende de LX livres parisis (ce qui revient à LXVIII^l XV^s à la livre tournois) (1).

II. Item, par laditte coustume lesdits prévost et eschevins ont, en ladicte ville et eschevinage de Beauquesne, haulte justice, moïenne et basse, et la cognoissance, pugnicion et coercition de tous cas criminel et délicts commiz et perpétrez par les subgets et autres qui auroient délinqué ès-fins dudit eschevinage.

III. Item peuvent par ladite Coustume les manans et habitans dudit Beauquesne, au renouvellement de la Loy qui se fait chascun an, eslire, nomer et faire en commun, le jour Saint-Simon et Saint-Jude, sept eschevins d'entre eulx, lesquels ont le gouvernement du faict politique, ensemble de la justice et seigneurie de ladicte ville de Beauquesne, *avec le prévost* (2).

(1) Les mots entre parenthèse ont été ajoutés par le copiste.
(2) Ces trois mots en italique ont été ajoutés au texte lors de la révision de 1507.

IV. Item, ont lesdits eschevins de Beauquesne, par autres coustumes, auctorité de povoir faire, par leur justice et par l'un de leurs sergens ou officiers, procéder par voie d'arretz, à la requeste de partie, sur les corps ou biens de tous forains venans en ladicte ville et ès-fins et limites dudit eschevinage pourveu que celluy qui ainsi seroit arresté fut trouvé redebvable envers la partie qui l'auroit fait arrester, et ne le pœult-on arrester synon sur flégard de ville s'il n'est obligié.

V. Item, se aulcuns des subgects, manans et habitans dudit Beauquesne ou aultres ayant terres et héritages ès-mettes dudit eschevinage commectent cas criminel qui soit digne de recevoir mort, et que, pour raison d'icelluy cas, tel ayant comis ledit crime est exécuté criminellement ou qu'il soit bany, il ne confisque seullement que le corps et non point ses biens. *Il n'y a que LX sols ou la hart* (1).

VI. Item, par aultre coustume, les drois seigneuriaulx des héritaiges ou terres scituéez et assises audit eschevinage vendues à toutes personnes sont telz que du sixiesme denier de vente de la somme à quoy monte ladicte vendicion et sont lesditz drois seigneuriaulx appartenans au Roy, nostre sire, qui se rechoipvent par le prévost fermier de ladite ville de Beauquesne, lesquels héritaiges ainsy vendus ne tombent en rattraict lignager (2), posé ores que iceulx ou les aulcuns aient appartenu au vendeur de son propre; et ils ne pœuvent revenir par puissance de seigneurie à la table et domaine d'icelle ville de Beauquesne.

VII. Item, quand il advient qu'aucuns desditz habitans vont de vie à trespas, leurs héritiers ne doibvent, pour

---

(1) Mots en italique ajoutés à la même date, 1567.

(2) Il y avait, sous l'ancienne monarchie, deux espèces de retraits : le retrait lignager et le retrait seigneurial. En vertu du premier, un membre de la famille, lorsqu'une propriété d'un parent du même lignage était vendue à un étranger, avait le droit de prendre pour lui cette propriété, au prix convenu entre le vendeur et l'étranger, pendant un délai fixé. De même pour le retrait seigneurial, avec cette différence que le droit n'était qu'en faveur du seigneur seul, et seulement sur ses sujets.

leurs dits héritages, aulcuns reliefs, car le mort saisit le vif.

VIII. Item, lesditz habitans, sans demander grace ou licence au rentier (1), ni paier aulcun droit de téraige, pœuvent aller quérir leurs ablais croissans verds, soier, faucquier, soit bledz, soilles, orge, dravys ou aultres choses croissans pour en donner raisonnablement à leurs chevaulx ou bestiaulx ; *et depuis que lesdits ablais sont venus à meurison, on n'en pœult riens prendre sans terrager, sur l'amende de LX sols parisis, soit LXVIII sols IX deniers tournois, ou aultrement III^l VIII^s IX^d tournois* (2).

IX. Item, se daventure le fermier des rentes et terrages tardoit trop longtemps à venir terrager les ablais desditz subgetz venus à meurison, iceulx subgectz et habitans se pœuvent retraire par devers lesdits eschevins, et pœuvent iceulx eschevins commectre leur sergent ou aultre pour terrager leurs dits ablais et faire envoier le droit à la grange dudit rentier, gens présens à ce faire avec le sergent (3).

(1) Au fermier du champart.
(2) La partie en italique a été ajoutée au texte lors de la révision de 1567.
(3) L'article 193 de la *Coutume générale du Bailliage* obligeait le possesseur de la terre à transporter à ses frais le produit du champart à la grange du seigneur. S'il y a plusieurs seigneurs, comme ce sera le cas à Beauquesne au XVIIIe siècle, on conduit le tout à la grange du principal d'entre eux. Le champart enlevé, on peut livrer la dîme au décimateur, s'il se présente, ou bien la laisser dans le champ, avant que d'enlever la récolte (Ordonnance de Blois). Mais il faut en prévenir à l'avance le décimateur (même ordonnance). On ne doit enlever sa récolte qu' « entre deux soleils, » et non de nuit, à peine d'amende (Ordonnance de Moulins).
Par les articles 195 et 196 de la *Coutume du Bailliage*, tout détenteur de terre soumise au champart, qui, en temps de paix, laisse, trois ans de suite, sa terre en friche, est exposé à voir son seigneur faire labourer sa terre, pour se récupérer de son droit arriéré et, si ce détenteur revient à sa culture, le seigneur, pour se payer de son droit et de ses débours, peut récolter la récolte. Si ledit détenteur ne reparaît pas, il est loisible au seigneur de continuer l'exploitation.
L'article 197 défend d'enclore de haies ou de fossés toute terre à

X. Item, par icelle coustume, se deux conjoincts par mariage ont et leur appartiennent, au jour de leurs espousailles, de quelque moien que ce soit, et constant leur dit mariage, ilz font aulcunes acquestes, et aussy leur vient de la succession de leurs prédécesseurs aulcunes maisons ou aultres héritaiges assis ès-mettes dudit eschevinage, ils polroient, pœuvent et leur loist, ensemble et du consentement l'un de l'aultre, et non aultrement, donner et aumosner par don d'entre-vifs ou testamentaire, ainsi qu'il leur plaist, iceulx héritaiges et acquestes à leurs enfans ou aultres personnes de leur consanguinité et parenté, à chascun d'iceulx, sans que, pour ce faire, les donateurs soient tenus paier aulcuns drois seigneuriaulx, et avec ce pœuvent eschanger leurs dits héritages sans paier aulcuns drois s'il n'y a rétribution.

XI. Item, par ladicte coustume, se aulcuns conjoinctz par mariage font ensemble aulcunes acquestes réelles ou leur soit succédé paravant leur mariage ou depuis et durant icelluy par la mort et trespas de celluy ou ceulx dont lesditz conjointz ou l'un d'eux se sont fondés héritiers, quelque maisons ou héritages, à chascun desdits conjointz appartient entièrement la moitié desdits acquestes réelles et héritages, supposé que à l'un d'eux lesdits héritages fussent succédez par le trespas de ses prédécesseurs ;

Et ne peuvent, sans le consentement l'un de l'autre, vendre ne aliéner lesdits héritages ; mais si l'un desdits conjoints va de vie à trespas, le survivant joyt entièrement de la totalité d'iceulx héritages et acquestes réelles, sa vie durant tant seulement ; et après le trespas dudit survivant, le tout retourne aux enfans que iceulx trespassez auroient délaissez au jour de leur mort.

XII. Item, pœuvent semblablement par ladicte coustume, deux conjointz, homme et femme, advantager et

champart sans l'autorisation du seigneur. L'article 108 enfin défend à tout possesseur de bâtiments de les abattre sans le congé dudit seigneur. L'objectif en tout cela est la conservation des droits seigneuriaux.

donner l'un à l'autre, par entrevifz, par forme de entradvestissement, tous leurs héritages patrimoniaulx, acquestes et aultres biens quelzconques pour, par le survivant d'entre eulx en joyr et possesser, sa vie durant seullement, et aprez son trespas, par leurs enffans, autant l'un que l'autre, se ilz sont plusieurs, ou, en deffaut d'iceulx, par les plus prochains héritiers desdits conjointz par éguale porcion.

XIII. Item, lesditz eschevins ont, de coustume notoire, de long temps et anchienneté, puissance et auctorité de faire appeler, de tierchaine en quinzaine, tous délinquans ayans meffait ès-mettes dudit eschevinage, pour cas criminels et civils, et procéder par banissement sur la hart à tousiours à l'encontre d'iceulx criminelz, s'ils ne comparent en dedans la dernière quinzaine d'iceulx appeaulx.

XIV. Item, se aulcuns desditz habitans estoient adjournez par trois fois au siège dudit eschevinage et ailleurs et ilz ne comparent à la troisiesme fois, ilz sont escheus en trois solz d'amende envers ledit prévost (1).

XV. Item, avons en ladite ville francq marchié chascun lundi de l'an, et commenche depuis le dimanche XII heures de midi jusques au mardi XII heures, et ne peult-on arrester nulz ne nulles venant servir ledit marchié s'il nest obligié.

XVI. Item, ne pœuvent, ne doibvent les taverniers de ladite ville ou subgets vendant vin à broche faire tirer ne distribuer leurs dits vins estans en leurs maisons et celliers, pour tant qu'il conviengne avoir lumière ou chandelle, synon à chandelle de chire, sur peine et amende de V sols parisis (VI sols III deniers tournois) pour chascune fois qu'ilz seroient trouvez avoir fait le contraire, *et ne pœuvent vendre sans afforer* (2), *et doibvent pour chascune*

(1) Cet article a été entièrement ajouté en 1567.
(2) L'afforage était un droit dû pour la fixation du prix de vente du vin destiné à être vendu en détail. Cette fixation devait être faite par le seigneur ou ses officiers, et toute vente faite avant l'accomplissement de cette formalité était punie, « pour chascune fois, » de LX sols

piesche ung lot, ung fagot et ung pain ; et un pot pour chascun fons au Roy, nostre sire, pour forage (1).

XVII. Item, par ladicte coustume, se aulcuns desditz habitans de Beauquesne vont ou envoient laver drappeaulx ou aultres wardes, laines ou font aulcunes aultres immondisses en un qay que l'on appelle le Flos du Boille, estant dans ladite ville de Beauquesne, sans avoir le congié des-

---

parisis d'amende (article 182 de la *Coutume du Bailliage*). Le droit ou la prestation d'un fagot, d'un pain et d'un lot de vin est plus élevé à Beauquesne que dans le reste du bailliage, car la coutume dudit bailliage n'impose qu'un pain et un lot de vin : le pain, sans doute, pour faire mieux apprécier le goût du vin, et le vin « pour lesdits officiers (chargés de l'expertise) en gouster et taster, afin qu'ils puissent bailler prix raisonnable audit vin, selon la bonté d'iceluy : et est ledit sujet (le débitant) crû, par son serment, du prix que ledit vin lui aura coûté..... » (qui dit vin dit en même temps les autres boissons alcooliques), et il paraît, ajoute un commentateur de cette *Coutume*, que « cet article donne à quantité de petits officiers l'occasion d'aller courir et boire gratis par les cabarets, sous prétexte de mettre le taux au vin. » Il est à présumer que la surtaxe d'un fagot imposée aux cabaretiers de Beauquesne était destinée à augmenter le bien-être de Messieurs lesdits officiers, en les réchauffant pendant qu'ils « goustaient et tastaient » la marchandise.

(1) Le *forage* était un droit exigé pour obtenir « licence de vendre vin à broche et en détail. » Le montant du droit à percevoir était ici le même que dans le reste du bailliage : « quatre lots par pièce ou deux lots par chascun fonds. » (Article 183 de la *Coutume générale*.)

Le *pot* et le *lot* étaient des mesures spéciales à l'Amiénois ; le premier était exactement double du second. « Étant à noter, dit de Heu, qu'en ce bailliage il y a pot et lot, qui reviennent à peu près à la pinte et quarte de Paris, et le lot contient quatre petites pintes ou demi-septiers, et le pot en compte huit pour ce que le lot n'est que la moitié du pot, qui excède et est un peu plus grand que la quarte de Paris. » Or, la pinte de Paris valant quatre-vingt-treize centilitres treize dix-millilitres, il s'en suit, puisque le lot était un peu plus grand, que celui-ci approchait de la capacité de notre litre.

A Beauquesne, la pinte était double de celle d'Amiens et équivalait à la chopine de Paris. La pinte, quatrième partie du pot, se divisait à son tour en quatre *potées* ou deux *doubles-potées*. Le dernier terme était la *demi-potée*, égale au seizième du lot, et qui fermait, ici, la série des mesures pour les liquides.

Au-dessus du pot, il y avait encore la *kanne*, à laquelle nous avons cru devoir attribuer une contenance de trois litres, et enfin la *velte*, qui équivalait à huit pintes de Paris, soit sept litres et quarante-cinq centilitres.

ditz eschevins, ils eschéent, pour chascune fois, envers ledit Roy, en l'amende de V sols parisis, qui se doibvent paier audit prévost d'icelle ville de Beauquesne, pour ledit seigneur.

XVIII. Item, par icelle coustume, nulz desditz habitans ne aultres aians terres aux champs estans au terroir dudit lieu, qui doivent terrage au Roy, nostre sire, ne pœuvent faire fermeture de haies, plantichz, ne aultres closlures d'icelles terres.

XIX. Item, sont tous lesditz habitans, de grant temps et anchienneté, pour leurs denrées et marchandises, qu'ils mainent hors de ladite ville, exempz, francqs et quittes de tous drois de travers depuis laditte ville de Beauquesne jusques à Amiens, Corbie, Arras et Abbeville, à cause que laditte ville de Beauquesne est nuement au Roy; et desdites franchises et exempcions ont lesdits habitans joy et usé de si long temps qu'il n'est mémoire du contraire.

XX. Item, par aultre coustume, appartient auxdits prévost et eschevins de Beauquesne faire visitacion du molin de la ville d'Orreville et des mesures à bled dudit molin, avec les voyes et chemins qui maynent dudit lieu de Beauquesne à icelly molin, toutes les fois qu'il plaist aux dits prévost et eschevins pour par eulx faire remettre à point ledit molin s'il n'estoit en estat souffisant, faire et contraindre cestuy qui auroit la charge de le mener et conduire, de mesurer le bled à bonne mesure s'ils trouvoient qu'il mesurast de fausse mesure, et aussi de maintenir et entretenir lesdits chemins en telle largeur que ilz ont esté de toute anchienneté, et ont les habitans dudit lieu droit de mauldre leur bled audit molin, quand il y est, auparavant tous aultres; *et est à raison que lesdits habitans sont banniers audit molin* (1).

XXI. Item, lesdits habitans de Beauquesne pœuvent

(1) Les mots en italique ont été ajoutés au texte lors de la révision de 1507.

aller ou envoier, le jour du Sacrement, au bois du Roy, sur le lieu où le verdier desditz bois les menera, et non ailleurs, prendre, copper et emporter, par chascun an, à icelluy jour, du matin, pour chascun ménage de ladite ville, deux charges ou faiz de bois verd fœuillu pour parer les rues par lesquelles len fait la procession ledit jour où len porte le Saint-Sacrement de l'autel ; et se il est trouvé que aulcuns de iceulx habitans voisent ailleurs que ledit verdier leur aura monstré, ilz et chascun d'iceulx escheeront en LX sols parisis d'amende comme dessus ; et là où il aperra que aulcun desditz subgets absconssent et muchent quelque partie dudit bois en leurs maisons, sans le mettre pour faire ledit parement sur rue, ils paieront V sols parisis, et doibvent tous lesdits habitans garder icelluy bois pour faire les fuz de la veille des jours saint Jehan-Baptiste et saint Pierre ensuivans ledit jour du Sacrement (1) ; *et si pœult le capitaine dudit Beauquesne mettre ses bestes pasturer esdits bois sans les mettre au taillis sous trois ans* (2), *et ledit verdier y pœult mettre une vache et son veau et non aultrement sans amende de LX sols parisis* (3).

XXII. Item, ont lesdits habitans dudit Beauquesne coustume de povoir aller au bois quérir des harchelles pour loyer leurs haies et entretenir leurs édeffices.

(1) Avec ces éléments, on dressait, sur le Baile, au dire de M. l'abbé Bourlon, deux immenses bûchers : le premier, la veille de la Saint Jean ; le second, la veille de la Saint Pierre, et on allait solennellement et en procession y mettre le feu. A la première de ces deux dates, l'honneur d'approcher la torche enflammée était réservé au curé ; à la seconde, c'était le tour du maire. Cet usage prit fin au commencement de ce siècle, et alors la cérémonie avait lieu à l'extrémité de la rue des Champs.

Les habitants parent encore aujourd'hui leur façade avec des rameaux verts, mais seulement lorsqu'ils sont en deuil.

(2) Cette défense de pâturer dans les taillis de moins de trois ans est édictée par l'article 200 de la *Coutume générale du Bailliage*, parce que le dégât qui s'y fait pendant ce temps est plus considérable que quand le taillis est plus vieux, et partant plus élevé.

(3) La partie en italique a été, comme les précédentes, ajoutée lors de la révision de 1507.

XXIII. Item, par aultres coustumes, se aulcunes bestes sont trouveez, en la saison et messon d'aoust, ès-nouveaulx que l'on nomme nouvelles esteulles (1), sur les terres dudit eschevinage, durant les jours ordonnez et entreditz de mener lesdites bestes èsdites esteules, celluy à quy appartiennent lesdites bestes eschiet seullement en amende de III sols qui se applique au Roy comme dessus (2), et se aulcuns estoient trouvez ès-ablais ou aultres biens, deux hommes bien famés pœuvent prendre lesdites bestes de vue en faisant leur rapport à justice; et ils seront à LX sols en les gardant ès ditz ablais (3).

Item, quant aux aultres coustumes non exprimeez ne déclareez en ce cayer, desquelles l'en a accoustumé user en ladite ville de Beauquesne, iceulx gens d'Eglise, subgets et habitans de ladite ville se sont voulu resgler et resglent aux coustumes générales du bailliage d'Amiens et de la prévosté dudit Beauquesne qu'ilz ont approuveez et approuvent pour icelles avoir lieu en ladicte ville, loy et eschevinage.

(1) L'article 245 de la *Coutume du Bailliage* dit : « Nouvelles esteules sont depuis que les javelles sont liées jusques au troisiesme jour ensuivant. » Cet article est fait dans une évidente intention de bienfaisance à l'égard des classes pauvres, afin que, pendant ce temps, ceux qui ne possédaient rien puissent aller glaner les épis égarés.

(2) L'article 204 de la *Coutume générale du Bailliage* fixe, pour ce délit, une amende de VII sols VI deniers parisis, indépendamment de la réparation du dommage exercé. Il faut remarquer que cette amende n'est si peu élevée que parce que le cas prévu ne dénote pas chez le délinquant intention de mal faire. Le cas ici visé est celui d'inattention de la part du gardien, et aussi le cas où la bête se serait échappée par une fuite précipitée dans lesdits ablais. On a vu un exemple de ce genre dans un jugement incriminé par le bailli, et qui se trouve rapporté dans la pièce intitulée : « *Certum accordum*, etc. »

(3) Le délit visé dans cet article diffère entièrement de celui de la note précédente. Il s'agit ici de bêtes ayant été mises en pâture dans ces ablais par leur gardien. Il y a là, de la part de celui-ci, intention manifeste de mal faire, et alors la Coutume du lieu, d'accord avec celle du Bailliage, inflige au délinquant (à l'article 200 de cette dernière) une amende plus élevée. Seulement, elle ne dit pas si cette amende de LX sols est pour chaque bête prise, ou bien pour la totalité du troupeau.

Signatures et marques :

P. Huchon. — Gaspardus Sévin, prestre. — D. Ancel. — Robert Ancel, eagié de LX et VII ans. — Jehan Pouillette : ainsi signé par moy S. H. Andriole. — Ainsi signé par moy Henri Andriole, prestre demeurant à Beauquesne. — Jehan de Pas, capitaine de Beauquesne. — Colart Lesellier. — Henry Briaux. — Estoquart. — Jehan Sévin. — Bertran Grévin. — Mallart. — Pierre Vallet. — Jaque Dufrenne. — Miquiel Dufrenne. — P. Maqueron. — Robert Houchart. — Jehan Courtois. — Jehan Wimans. — Jehan Bernart. — Wautriquet. — Desains.

Cette coutume, ainsi que le remarque M. Bouthors (1), plaçait les habitants de Beauquesne dans une condition privilégiée parmi ceux des autres communes de l'Amiénois. Elle consacre en effet deux dispositions absolument inconnues dans la partie picarde du Bailliage. « C'est, en premier lieu, que la peine capitale, en matière criminelle, n'entraîne pas la confiscation des biens, et que, d'autre part, l'époux survivant a la pleine propriété de la moitié de tous les biens mobiliers et immobiliers, de quelque côté qu'ils proviennent, et l'usufruit, sa vie durant, de l'autre moitié. »

Inconnues en Picardie et dans le reste de la France, ces dispositions sont habituelles dans les coutumiers artésiens et flamands, et il est à croire qu'elles sont venues s'implanter chez nous à l'époque où Beauquesne faisait partie des comtés de Flandre et de Saint-Pol. C'est le premier jalon d'acheminement aux usages du nord de la France et à ceux des Pays-Bas. En effet, « dans la partie du bailliage d'Amiens qui comprend la rive gauche de l'Authie, la féodalité domine et se manifeste d'une manière absolue ; mais au delà de l'Authie, jusqu'aux limites de la Flandre

(1) *Coutumes locales du Bailliage d'Amiens*, t. II, p. 194.

et du Hainaut, elle se montre tempérée par l'institution des échevinages, qu'on y rencontre, pour ainsi dire, à chaque pas. Sur la rive gauche de cette rivière, les coutumes ne paraissent préoccupées que de l'intérêt des seigneurs ; sur la rive droite, elles font aux habitants une assez large part de franchises et de libertés (1). »

Malheureusement, à l'époque de la révision définitive de ces coutumes, en 1567, les principales prérogatives de ces échevinages étaient déjà anéanties. En effet, l'ordonnance d'Orléans, de l'année 1561, avait attribué au roi la nomination des juges municipaux, sur une triple liste de candidats dressée par les maire, échevins, conseillers et capitouls des villes.

La création de tribunaux spéciaux pour les affaires de commerce, deux ans plus tard (1563), avait enlevé la connaissance de ces affaires aux juges municipaux.

L'ordonnance de Moulins, à son tour, leur ravit, en 1566, « toute compétence en matière civile » : mesure qui fut considérée à bon droit comme un coup d'État, et qui suscita de fortes tempêtes. Mais les temps de centralisation étaient venus, et on parvint à la faire exécuter.

Les ordonnances de Blois, 1579, et de Saint-Maur, 1580, achevèrent d'enlever aux municipalités leur juridiction criminelle, déjà entamée par un grand nombre d'édits. Il ne leur resta plus dès lors qu'une juridiction de police très restreinte elle-même puisqu'elle ne pouvait connaître des affaires dont le principal dépassait quarante sous (2).

Plus tard, en octobre 1699, un édit supprimera la justice de police municipale et créera un corps royal d'officiers de police. Ce sera une justice administrative qui mettra la cité sous la main du prince.

(1) BOUTHORS, ouvrage cité à l'avant-propos.
(2) DARESTE, pour cet alinéa et les deux précédents.

CHAPITRE XXVIII

Nouvelle guerre. — Beauquesne dévasté et brulé.
Création de deux foires annuelles.

Depuis le retour définitif des villes de la Somme sous l'autorité directe du roi Louis XI, Beauquesne avait joui, comme le reste de la contrée, d'une paix réparatrice. Charles VIII et Louis XII recommencèrent bien la guerre; mais elle se fit surtout en Italie, et nos pays du nord n'eurent point à en souffrir. Il en fut de même, tout d'abord, sous François Ier, dont les débuts, en Italie également, furent illustrés par la bataille de Marignan, livrée aux Suisses les 14 et 15 septembre 1515.

Mais la lutte qui s'ouvrit, en 1521, entre ce prince et l'empereur Charles-Quint, tourna moins bien pour lui et pour son royaume, et les horreurs de la guerre s'abattirent de nouveau sur notre Picardie. Charles avait eu, malheureusement pour nous, l'adresse de mettre Henri VIII dans ses intérêts, et ce prince consentit à prendre part, à ses côtés, à la lutte contre la France.

En juillet 1522, une armée anglaise commandée par le comte de Surrey, débarqua à Calais et y opéra sa jonction avec celle du comte de Bures, général de l'empereur. Ces deux généraux perdirent d'abord six semaines sous Hesdin, et laissèrent ainsi arriver la mauvaise saison. D'Hesdin, ils s'avancèrent ensuite sur Doullens, que le comte de Saint-Pol démantela à leur approche, avant de se replier vers la Somme. Les confédérés le suivirent jusqu'à Beauquesne, « en espérance, dit Du Bellay, d'assaillir Corbie, où Saint-Pol s'était retiré. Mais alors, considérant la provision de ladite ville, voyant le temps si pluvieux et tant de malades en leur armée, et l'hyver qui les pressoit, car c'estoit environ la Toussaincts 1522, » ils se décidèrent à rétrograder et à repasser la frontière. Avant de se retirer toutefois, ils voulurent laisser des traces de leur passage en saccageant et en brûlant Beauquesne et Doullens.

L'année suivante, les comtes de Norfolk et de Bures réunirent de nouveau les forces anglo-impériales qui formaient un total de vingt-cinq à trente mille hommes de pied, et de cinq à six mille chevaux, avec une bonne artillerie. Au mois de septembre, elles se dirigèrent, comme l'année précédente, vers Corbie, par le même chemin; mais, cette fois, Doullens était bien gardé et échappa à un nouveau désastre. Il n'en fut pas de même de Beauquesne, qui fut dévasté encore une fois.

Corbie ayant été jugé inattaquable, les Anglo-Impériaux s'avancèrent jusqu'à l'Oise, à onze lieues de Paris. Il fallut renvoyer en toute hâte Vendôme, qui était en Italie avec le roi ; et alors les deux comtes, craignant de se trouver pris entre le nouvel arrivant et le comte de la Trémouille, regagnèrent les Pays-Bas.

Les années 1524 et 1525 ne virent aucun fait de guerre se produire dans nos contrées. Mais la captivité du roi, à la suite du désastre de Pavie, le 24 février de la seconde de ces deux années, vint mettre la France dans le plus grand danger. Le gouvernement de la régente, pendant les onze mois que dura cette captivité, s'étudia à maintenir la tranquillité dans le royaume et à bien garnir d'hommes et de provisions les places fortes. Pour aider à l'acquisition de ces subsistances, le gouverneur de la Picardie, Vendôme, obtint que les bonnes villes s'imposassent à quatre mille livres, et, de plus, l'échevinage d'Amiens décida, le 10 novembre, d'envoyer à ses frais, à la garnison de Doullens vingt-quatre douzaines de pains par semaine, et dix douzaines à celle de Beauquesne.

Après la signature de la paix, le 14 janvier 1526, il s'éleva de partout des plaintes et des demandes de réparations pour les dommages qu'on avait soufferts. Doullens fut exempté pour dix ans de tous dons et octrois, et Beauquesne obtint, par une ordonnance royale, en date de Saint-Germain-en-Laye, du même mois de janvier, l'établissement de deux foires annuelles.

Voici le texte de cette ordonnance, avec ses considérants, qui constatent les malheurs subis par les habitants de notre pays pendant la dernière guerre :

FRANÇOIS, etc. Savoir faisons, etc. Nous avoir receu humble supplicacion de noz chers et bien amez les manans et habitans du Bourg de Beauquesne, contenant que ledit lieu de Beauquesne est assis en bon et fertil pays, où habonde grande quantité de biens et marchandises; pour lesquelles vendre, et aussi pour la décoration dudit lieu, prouffit et utilité de la chose publicque d'environ, seroit requis et nécessaire qu'il y eut audit lieu et villaige, deux foyres en l'an, et ung jour de marché en chacune sepmaine; en nous humblement requérans icelles y créer, ordonner et establir, et sur ce leur impartir notre grace. Pour quoy, Nous, ces choses considéreez, désirant le fait de marchandise estre fréquante en notre royaulme, pays et obéissance, inclinans libéralement à la supplication et requeste desdits supplians, en faveur mesmement des bons services qu'ils Nous ont fais durant la guerre qu'avons eu en Nostre pays de Picardie, durant laquelle la plus grande partie de leurs maisons ont esté bruslées ; et affin qu'ilz aient mieulx de quoy les réédifier.

Pour ces causes et autres considéracions à ce Nous mouvans, avons fait, créé, estably, de Nostre grace espécial, plaine puissance et auctorité royal, faisons, créons, ordonnons et establissons audit lieu et villaige de Beauquesne, deux foyres l'an, et ung jour de marché chacune sepmaine, pour y estre à toujours mais tenues, entretenues et continues. C'est assavoir : la première, le jour de la feste Sainct-George, qui est le vingt-troysiesme jour d'avril; la seconde, le jour de la feste Saincte-Croix, qui est le quatorziesme jour de septembre ; et ledit marché, chacun jour de mardi, ainsi qu'il souloit estre par cy-devant le jour de Lundi audit lieu. Et que à icelles foyres et marché tous marchans puissent aller, séjourner et retourner, vendre, acheter, eschanger, estroquer toutes denrées et marchandises licites et convenables; et en ycelles joyr et user, tant en allant, séjournant, que retournant, de tous telz droiz, privillèges, franchises et libertez qu'ilz font des autres foyres du pays, en semblable occasion pourveu qu'il n'y ait ausdits jours autres foyres ne marchez à quatre lieues à la ronde.

Si donnons en mandement, par ces mesmes présentes, au bailli d'Amyens ou à son lieutenant et à tous noz autres justiciers et officiers ou à leurs lieutenans présens et advenir, et à chacun d'eulx, si comme à lui appartiendra que de Nos présens grace, créacion, ordonnance et establissemens desdites foyres et marchez, ils facent, seuffrent et laissent lesdits supplians et leurs successeurs joyr et user pleinement, paisiblement et perpétuellement, sans leur faire mettre ou donner ne souffrir estre fait, mys ou donné, ores ne pour le temps advenir, ne aux marchans affluens èsdites foyres et marché, ne à leurs denrées et marchandises aucun arrest, destourbier, ne empeschemens, en aucune manière ; et, avec ce, facent publier et crier icelles foyres et marché à son de trompe et cry publicque, ès-lieux d'environ et autres lieux où il appartiendra et besoin sera ; et pour icelles faire, tenir et establir audit lieu et villaige de Beauquesne, estaulx, bancs, loges et autres choses à ce nécessaires et convenables : car tel, etc., etc., nonobstant quelzconques ordonnances, mandement, restrinctions ou deffenses à ce contraires. Et affin que, etc., sauf, etc.

Donné à Sainct-Germain en Laye, ou moys de janvier,

l'an de grace mil cinq cens vingt-six, et de nostre règne le treiziesme (1).

Ainsi signé : Par le Roy, Maistre Pierre Anthoine, maistre des requestes ordinaire de l'Hostel.

PRÉSENT HERVOET.

Visa Contentor Desmoulins (2).

---

(1) François 1ᵉʳ ne rentra en France que le 18 mars 1526 : c'est donc en son absence que fut rendue cette ordonnance.
(2) Archives Nationales, JJ 243, n° 198 *bis*.

CHAPITRE XXIX

Traité de Cambrai. — Amoindrissement considérable du ressort de la prévôté de Beauquesne. — Nouvelle guerre, suivie du déplacement du siège de la prévôté.

Le traité de Madrid, que, pour recouvrer sa liberté, s'était vu forcé de signer François Ier, était extrêmement onéreux. Par bonheur, des embarras survenus à Charles-Quint l'amenèrent, trois ans plus tard, à consentir à ce qu'il fût modifié à l'avantage de la France. On ne pouvait pas néanmoins songer à revenir au *statu quo ante*, et il fallut se résigner à faire encore des sacrifices, lors de la paix de Cambrai, le 5 août 1529. Ainsi le roi dut y renoncer au ressort et à la souveraineté de sa couronne sur l'Artois et sur la Flandre. Ce fut donc la prévôté de Beauquesne qui paya les frais de cette funeste guerre et de la captivité de son roi, et son ressort s'en trouva considérablement diminué. Limité à la partie de sa juridiction comprise, dans l'Amiénois, entre la Somme et l'Authie, il ne devra plus subir dès lors de variations jusqu'à la Révolution de 1789.

François Ier, malgré ce traité, ne considéra point comme définitive la cession qu'il avait faite, car, sept ans plus tard, après la malheureuse issue de l'expédition de son rival en Provence, il n'hésita point à le citer à comparaître, comme vassal, en cour de Parlement. L'empereur fit défaut, tout naturellement, et ses fiefs furent confisqués pour félonie, le 15 janvier 1537. C'était là une mesure très crâne : mais le plus difficile était de la mettre à exécution. Or, le roi était déjà, au dire de Michelet, fort affaissé, à cette époque, et la nouvelle guerre qui s'en suivit n'amena aucun résultat, et se termina, l'année suivante, par la trêve de Nice.

Pendant les neuf ans que vécut encore le roi, la tranquillité ne fut plus troublée dans nos environs. Mais son fils et successeur, Henri II, qui avait été gardé en otage en Espagne par Charles-Quint, et qui lui en gardait rancune, brûlait de reprendre les hostilités. La guerre recommença donc en 1552, et la première campagne fut glorieuse pour nos armes. Les Trois-Évêchés furent conquis et le vieil empereur échoua au fameux siège de Metz.

La seconde réussit moins bien. En effet, pendant que le jeune roi se livrait au plaisir, confiant dans la déconfiture du César germanique, le duc de Savoie, Philibert-Emmanuel, investissait tout à coup Thérouenne, au printemps de 1553. Le connétable de Montmorency, envoyé en hâte avec une belle armée, n'en sut rien faire et laissa le duc prendre et détruire la ville assiégée, le 20 juin. Le 8 juillet, ce fut le tour d'Hesdin. Plusieurs villes et plus de sept cents villages entre Doullens et Rue furent saccagés, et enfin les avant-postes des deux armées se rapprochèrent. Le 2 août, le duc de Savoie envoya son avant-garde, composée de quatre à cinq mille hommes de cavalerie, et commandée par la plupart des princes et grands seigneurs de son armée, se poster dans Beauquesne.

Dès l'ouverture de la guerre, comprenant que sa ligne de défense était la Somme, Henri II avait résolu de mettre en bon état les places fortes qui étaient en avant de cette ligne, telles que Doullens, Beauquesne et Encre. Il les avait donc visitées et fait réparer et approvisionner soigneusement. Beauquesne n'en fut pas moins pris et occupé par l'avant-garde des Impériaux.

Le connétable, averti, s'en fut, de son côté, avec neuf mille hommes d'infanterie, douze cents hommes d'armes, et bon nombre de chevau-légers, véritable troupe d'élite, contre cette avant-garde. Arrivé à quelque distance, il plaça son monde en embuscade dans un lieu couvert assez rapproché de l'ennemi. On était au 19 août. « Il donna ensuite ordre à Sansac, colonel de la cavalerie légère, de s'avancer avec un détachement pour simuler une escarmouche et attirer, sans en avoir l'air, l'ennemi dans le piège. Cet officier, suivi du prince de Condé, du duc de Nemours, du marquis d'Elbeuf, de Créquy-Canaples, de Montmorency-Damville, de Rendumet, et d'autres seigneurs jeunes et ardents, s'acquitta avec intelligence de cette commission délicate et périlleuse. Après quelques essais d'escarmouches, sa troupe se laissa rompre, lâcha pied peu à peu en résistant faiblement, puis se mit à fuir, vigoureusement poursuivie par les ennemis, qui en firent prisonniers un grand nombre, et les mirent en croupe pour les conduire plus facilement en leur camp. La compagnie d'embuscade s'élança alors sur eux, rapide et légère, délivra les prisonniers, prit à son tour cinq cents hommes à l'ennemi et lui en tua autant, entre autres le prince d'Epinoy. Créquy-Canaples et La Roche-Guyon restèrent pourtant entre les mains des Impériaux.

« D'un autre côté, le gros de l'ennemi, attiré sans doute par le combat d'avant-garde, arriva à la poursuite de quelques fuyards de la première escarmouche et se vit enveloppé à son tour par les soldats de l'embuscade. Alors la mêlée devint plus sérieuse : chargés à coups d'arquebuses, d'épées et de lances, les gens du duc de Savoie furent renversés et bientôt mis dans une complète déroute. S'ils n'eussent découvert la grosse troupe du connétable, qui s'avançait pour prendre part au combat, ils auraient tous été tués ou faits prisonniers. Ils cherchèrent leur salut dans une fuite rapide, laissant plus de six cents des leurs parmi les morts, presque tous seigneurs de distinction. On leur fit aussi des prisonniers qui n'étaient pas de moindre qualité : entre autres le duc d'Aerschot, et on envoya au roi neuf étendards ramassés sur le champ du combat. Après cette victoire, le vidame de Chartres courut s'enfermer dans Doullens pour faire face aux ennemis, qui, profitant de la leçon qu'on venait de leur donner (ce fut, hélas ! le seul et maigre succès de cette campagne), se contentèrent de ravager les environs..., » puis se dirigèrent sur Bapaume.

« Ce succès du 19 août n'était, à le bien prendre, que de peu de valeur et impuissant à compenser les pertes de Térouenne et d'Hesdin. Aussi murmura-t-on fort en France contre la lenteur et la négligence du connétable, qui ne sut pas mieux tirer parti de sa belle armée, assemblée avec tant de dépenses ! Doullens avait, il est vrai, échappé à la ruine, mais Beauquesne était brûlé. Et cependant l'armée ne demandait qu'à marcher; car le roi l'ayant passé en revue, le 23 août, fut accueilli par les troupes au cri de : « Bataille ! » Les ennemis, en se retirant vers Cambrai, furent si peu inquiétés qu'ils eurent même le temps de brûler la ville d'Encre sur leur passage, le 26 du même mois (1). »

Le nouveau désastre qui venait de frapper Beauquesne était vraiment lamentable. Rien n'y était resté debout à la suite de l'incendie qu'y avait allumé Philibert-Emmanuel. L'édifice dans lequel le prévôt tenait ses assises avait été détruit comme les autres, de sorte que cet officier se vit forcé de se réfugier à Amiens, à la suite de ces évènements. L'insécurité d'un séjour si voisin des possessions espagnoles donna prétexte au prévôt de solliciter l'autorisation de fixer désormais sa résidence dans cette ville, et même d'y tenir ses assises.

L'amputation qu'avait subie sa juridiction au traité de Cambrai ôtait à sa demande tout caractère d'étrangeté, car si Amiens se trouvait à une extrémité de sa circonscription, Beauquesne était, lui aussi, depuis vingt-quatre ans, sur la lisière de la prévôté, du côté opposé. Le déplacement, pour les justiciables, ne devait donc pas être plus considérable dans un sens que dans l'autre. Beauquesne seul devait y perdre, si cette mesure était adoptée, car il se trouverait désormais privé du concours d'étrangers attirés

(1) M. l'abbé DELGOVE, *Histoire de Doullens*, pages 107 et 108.

dans son sein par les plaids périodiques de son prévôt. De plus, ses habitants, lorsqu'ils auraient affaire à leur dit prévôt, devraient faire, tout au contraire, le voyage d'Amiens.

L'intérêt de cet officier prima celui des Beauquesnois, et l'autorisation de résider à Amiens et d'y exercer ses fonctions lui fut accordée. Il y tint donc depuis lors ses assises dans la partie de la ville soumise à sa juridiction, c'est-à-dire vers l'extrémité de la chaussée Saint-Pierre.

« Jusqu'en 1695, dit Dom Grenier, on voyait le siège où ce magistrat siégeait et qui était taillé dans le parapet du ruisseau qui va gagner le moulin Passe-Avant (1). »

La seule prérogative conservée par Beauquesne fut désormais de continuer à donner son nom à la prévôté (2).

---

(1) Le moulin Passe-Avant était situé, dit M. DANSY, « vis-à-vis du moulin Passe-Arrière, situé rue des Clairons. » Tome 1, p. 19. — Et PAGÈS, à son tour, à son tome 1er, page 469, dit que le ruisseau dont il vient d'être question « est scitué entre le Pont-à-fillettes et l'église des Religieuses de Sainte-Claire. » Ce ruisseau est le quatrième bras de la Somme en entrant dans Amiens par le faubourg Saint-Pierre, et on le traverse sur le « Pont-où-Dieu-ne-passa-oncques. »

(2) Voici la liste, telle que nous la donne Dom Grenier, des prévôts qui ont siégé, tant à Beauquesne qu'à Amiens, dans le cours du XVIe siècle :

1° En 1507, Jean Fournel assistait, en qualité de prévôt de Beauquesne, à la rédaction des *Coutumes du Bailliage.*

2° En 1514, Guy Buré, ou de Budé, conseiller, maître des requêtes en l'Hôtel du Roy, succède au précédent dans sa charge de prévôt. Deux ans plus tard, il rendait une sentence en faveur des échevins de Douai contre des particuliers qui avaient établi un moulin à Corbehem. En 1521, il homologuait un accord entre l'abbesse de Flines et le seigneur de Belleforière (archives de Douai).

3° Antoine Picquet prit, en 1523, la place du précédent et était encore en charge en 1530.

4° En 1532, DOM GRENIER, à son tome XXVI, f° 101 v°, donne comme prévôt en exercice Mathieu Le Renent ; mais, à son tome CXCIVe, dont nous tirons la liste que nous transcrivons ici, il n'est point question de ce personnage, et il note comme ayant succédé directement et immédiatement à Antoine Picquet,

5° Jean Aux Cousteaux, des Aux Cousteaux d'Amiens, et qui était en charge en 1539.

6° Adrien Gorin l'était, à son tour, en 1542.

7° Jean Leroy, avocat au bailliage d'Amiens, fut nommé aux mêmes fonctions le 8 avril 1543. Il avait pour femme Catherine Lequien, qui était dite sa veuve en 1581.

8° Adrien Picquet, également avocat au bailliage, exerçait sa charge en 1564 et 1567.

9° Antoine Scourion, qui était pourvu du même titre, fut appelé à lui succéder en 1572, sur sa résignation. Trois ans plus tard, il se démit de sa charge en faveur de

10° Michel Du Fresne. Ce personnage commença ainsi, en 1575, la série des prévôts de son nom, qui conserva le même titre jusqu'à la suppression de la prévôté.

11° Louis Du Fresne, son fils, lui succéda en 1594.

CHAPITRE XXX

Changement de patron et décimateur de la paroisse. — Vente a titre d'engagement perpétuel de la terre et seigneurie de Beauquesne.

Le troisième quart du xvie siècle vit se produire, à Beauquesne, des changements fort importants. Nous venons de raconter comment il cessa d'être le siège de sa prévôté : nous allons maintenant le voir changer, à peu d'années d'intervalle, d'abord, de seigneur ecclésiastique, et ensuite de seigneur temporel.

L'abbaye d'Anchin, qui possédait, depuis le xiiie siècle, le titre de patron et décimateur de la paroisse, se trouvait, à l'époque à laquelle nous voici parvenus, en pays étranger et souvent ennemi. Or, chaque fois que la guerre éclatait entre la France et l'Espagne, les propriétés que l'abbaye possédait en France étaient confisquées. Il en était de même pour les biens des maisons religieuses françaises sis aux Pays-Bas. A la paix, on les restituait, il est vrai ; mais les revenus perçus pendant la durée de la guerre ne l'étaient pas. Le préjudice était donc considérable pour chacune d'elles. Aussi, pour se mettre, à l'avenir, à l'abri de ces spoliations, l'abbaye d'Anchin et celle de Corbie s'entendirent-elles pour échanger leurs possessions respectives dans le pays qui leur était étranger.

Le contrat d'échange fut signé le 1er décembre 1562, et, quatre ans plus tard, le 10 septembre 1566, l'évêque d'Arras, François Richardot, homologua ces dispositions. Tous les biens que possédait l'abbaye d'Anchin au sud de l'Authie passèrent à celle de Corbie, et c'est ainsi que le patronage et la dîme de Beauquesne furent désormais, jusqu'à la Révolution, avec le prieuré de Saint-Sulpice de Doullens, à qui ils étaient attachés dès l'origine, la propriété de cette dernière abbaye.

Huit ans après l'homologation de ce contrat, la « Terre et Seigneurie de Beauquesne » cessa de faire partie des domaines directs de la Couronne, auxquels elle était incorporée depuis trois cent quatre-vingt-trois ans.

Sous les derniers Valois, l'Etat, épuisé depuis longtemps par les guerres étrangères et par les dépenses de la Cour, vit sa détresse s'accroître encore démesurément par le fait des guerres de religion. Aussi Charles IX, à la veille de sa mort, se trouva-t-il dans la nécessité d'aviser « au plus prompt et meilleur moyen de recouvrer deniers pour la nécessité des affaires de ce royaume »; et le moyen qu'il adopta fut la mise en vente « d'aucune de ses terres et seigneuries, maisons, greffes et tabellionages et autres de son domaine, des trésoriers et charges d'entre Seine et Yonne, Champagne, Picardie et Tours, jusqu'à la somme de trente mille livres une fois payée. » La vente, il faut le dire, ne devait pas être faite à titre définitif, mais bien avec la réserve de la « faculté de rachat perpétuel. »

« Les lettres d'édit et de commission du Roy sont donneez au bois de Vincennes, le 26 avril 1574, et signeez sur simple queue du grand scel de cire jaune. »

Un mois plus tard, le 30 mai, le signataire de ces lettres mourait, laissant le trône à son frère, Henri, duc d'Anjou, qui régnait en Pologne depuis l'année précédente ; et, en attendant le retour de ce jeune prince, il confia la régence à sa mère, la reine Catherine de Médicis. « Le 16 juin, les lettres susmentionnées furent soumises à la reine régente et vérifiieez en Parlement, le 21 du même mois. »

La vente de chacun de ces domaines à aliéner fut précédée « des publications sur ce requises qui ont été faites et réitéreez par diverses fois, tant en cette ville d'Amiens (1)

---

(1) Pour les biens situés en Picardie.

qu'autres lieux circonvoisins à son de trompe et cris publics, et les affiches mises et apposeez aux lieux et endroits accoutumés. » La mise en vente, pour ce qui concerne Beauquesne, eut lieu le 7 août, en l'auditoire du Bailliage, « pardevant Martin de Miraumont et son compagnon, notaires et gardes-notes héréditaires du Roy, nostre seigneur, en la ville d'Amiens, » et en présence « des Maîtres Jean Janpittre, sieur d'Estiolles, conseiller du Roy, trésorier de France et général de ses finances en Picardie, commissaire député sur le fait de la vente et aliénation que le feu Roy dernier décédé a voulu et ordonné être fait de son domaine en païs de Picardie, et Jacques Vaquette, conseiller du Roy au Bailliage et siège présidial d'Amiens, appelé à l'adjudication pour remplacer le lieutenant particulier, malade, sur le refus du lieutenant-général d'y assister..., » et là, « le sieur Firmin de Forcheville, sur le vu de l'évaluation des droits et revenus de la terre et châtellenie de Beauquesne, faite sur les comptes et états des neuf dernières années, » a offert de payer au roi, pour son acquisition, « outre les gages d'officiers déclarés en ycelle, la somme de cinq mille écus sols... pour en jouir du jour et feste de Saint Jehan-Baptiste dernier, à charge d'autant que ledit lieu est frontière, et que advenant guerre et que par ce moyen il ne puisse jouir des fruits et revenus de cette terre, que le Roy soit tenu lui payer, pendant le temps de non-jouissance, rente de sesdits deniers principaux, à raison du denier douze, et qu'il puisse commettre, pour la conservation de ses droits, tels officiers à ses dépens que bon lui semblera, sans en pouvoir être dépossédé, sinon par le remboursement actuel en mêmes espèces, n'être tenu des frais et mise de justice, d'autant qu'en ladite évaluation n'y sont compris les aubaines et confiscations, aussi des réparations et entreténement des granges, maison et château du Roy, pour n'en avoir aucune chose défalqué en ladite évaluation. »

Après que le notaire eut, « par plusieurs fois ycelui de Forcheville et les nombreux assistants interpellé de faire offre plus avantageuse pour le Roy, M⁰ André Pécoul, procureur audit Bailliage, » surenchérit de cent écus, pour lui ou son command. Après cette offre, aucun des autres assistants ne voulant susdire, « lesdits sieurs commissaires firent allumer une chandelle et ordonnèrent que chascun y seroit reçu pour enchères à l'instant arbitré à la somme de quarante escus chacune enchère... Avant l'extinction de laditte chandelle, y furent faites plusieurs enchères : la première par Jacques de Berny, la seconde par ledit Pécoul, la troisième par Vincent Cardon, la quatrième par ledit de Berny et la cinquième par ledit Pécoul, comme dernier enchérisseur, à l'extinction de la flambe et feu de la chandelle, et demeura ladite terre et seigneurie de Beauquesne pour laditte somme de cinq mille cent escus et cinq enchères vallant deux cents escus sols. »

Le lendemain, 8 août, « ledit Pécoul ayant déclaré et nommé pour son command Charles de Louvencourt, bourgeois d'Amiens, lesdits sieurs commissaires ont reconnu et confessé avoir vendu, cédé et transporté, en vertu des pouvoirs à eux conférés, audit de Louvencourt la terre, seigneurie et châtellenie de Beauquesne, qui se consiste, pour ce qui est du présent en valleur en six journaux et demi de bois en couppe chacun an, garennes, prez et terres en rietz, droits d'afforage et forage, droits de terrage et champart, cens et rentes, droits seigneuriaux et féodaux, exploits et amendes tant du bourg dudit lieu que de la prévosté, clergés des lettres royaux et greffes de laditte prévosté et génerallement les autres droits tant en valleur qu'en non valleur, noms, raisons et actions au Roy appartenants, sans aucune chose en réserver, sauf et excepté les aubeines et confiscations et le scel royal de laditte prévosté auquel a été cy-devant pourvu en titre d'office, pour en jouir par ledit de Louvencourt, ses hoirs et aïant causes à toujours, à commencer du jour de Saint Jehan-Baptiste dernier, avec pouvoir de commettre pour lui, pour la conservation des droits patrimoniaux de laditte terre, un bailli, lieutenant, greffier, procureur et sergent, sans toutefois aucune diminution des droits de justice des officiers royaux établis en laditte prevosté dudit Beauquesne et sans que ledit acquéreur soit tenu de payer aucun frais et mises de justice pendant le temps de sa jouissance pour les procès qui se feront contre les délinquants pardevant ledit prévôt royal de Beauquesne, attendu qu'il n'en a esté aucune chose défalquée par la susdite évaluation, et à la charge, pour cette année seulement, des baux ci-devant faits desdits terrages et champarts, et d'entretenir le bail fait pour neuf ans desdites terres en riez, et advenant qu'au moyen d'ycelles ledit de Louvencourt et ses dits hoirs ou ayant-causes ne puissent jouir des fruits et revenus de laditte terre, que le Roy sera tenu lui payer, pendant le temps de non-jouissance, rente desdits deniers principaux à raison du denier douze, déduction faite sur lesdits arrérages de rente de ce que ledit acquéreur en aura perçu, aussi qu'il ne pourra être dépossédé de la jouissance d'ycelle terre, ny le Roy ycelle avoir et reprendre sans au préalable faire actuel remboursement desdits cinq mille trois cents escus sols, deniers principaux en pareilles espèces, avec tous les loyaux coûts et toutes les réparations nécessaires qu'y auront faites ycelui acquéreur, ses dits hoirs et ayant-causes pour l'entretènement de la grange et autres lieux appartenants au Roy audit Beauquesne et de ceux à présent en ruine qu'il pourra faire rétablir et bâtir pour l'augmentation des droits et revenus de laditte terre et ce en considération que par l'évaluation susditte n'en a été aucune chose défalquée... »

L'acquéreur sera tenu de solder, dans la quinzaine qui suivra la ratification par le Roy du contrat de vente, les cinq mille trois cents escus sols de l'acquisition, et enfin il devra, pendant tout le temps de sa jouissance, « payer par chascun an, en l'acquit du Roy, la somme de cent quatorze livres quinze sols quatre deniers parisis pour les charges d'officiers en charge estant sur laditte terre, à sçavoir : au chapelain, dix-huit livres douze sols parisis ;

au capitaine dudit Beauquesne, soixante livres parisis; au verdier, douze livres trois sols quatre deniers parisis: et au prévôt royal vingt-quatre livres parisis..... »

Et « ces présentes furent faites et passeez, receues et reconnues entre lesdittes parties, audit Amiens, par-devant lesdits notaires, le huitiesme jour d'aoust, l'an mille cinq cent soixante-quatorze. »

La vente ayant été ratifiée par le roi, le paiement de la somme convenue fut effectué en la ville d'Amiens, le 24 septembre de la même année.

Il paraîtrait que la vente à titre d'engagement n'enlevait pas au roi toute action sur les domaines aliénés, car M. Darsy (1) nous dit : « Beauquesne étant une terre royale et engagée, MM. des Eaux-et-Forêts donnaient par adjudication, chaque année, la coupe de bois au plus offrant et dernier enchérisseur..., » et une pièce des Archives Nationales (2) déclare qu'en 1695 la coupe des deux bois a été vendue au profit du roi, avec les balivaux.

Cette même pièce, dont il vient d'être question, attribue, vers la fin du XVIIe siècle, au bois de Beauquesne une étendue de quatre-vingt-dix arpents soixante-quatorze perches, et au Bois-Roy quarante-deux arpents soixante-trois perches (3).

Cette étendue totale de cent trente-trois arpents trente-sept perches ne concorde pas avec celle qui est énoncée au contrat de vente, car les coupes de bois se succédaient d'habitude de dix en dix années, et les six journaux et demi à coupe chaque année portés audit contrat ne dénoteraient, à ce compte, au total, qu'une superficie de

---

(1) Darsy, t. 1er, p. 225.
(2) Section administrative, Q 1538, intitulée *Renseignements*, etc.
(3) L'*arpent* de l'Amiénois représentait, pour les surfaces boisées, cinquante-un ares sept centiares. Ces cent trente-trois arpents trente-sept perches équivaudraient donc à soixante-huit hectares vingt-quatre ares quarante-huit centiares, ou cent soixante et un journaux soixante-sept verges.

soixante-cinq journaux. Il en résulterait donc que les deux bois n'avaient pas été compris tout entiers dans la vente. Nous verrons en effet plus loin que la jouissance du Bois-Roy sera dévolue à divers gouverneurs de Beauquesne.

Enfin, dans l'énumération des biens appartenant à la seigneurie, nous nous trouvons ici en présence d'un déficit assez considérable, si nous nous reportons à ce qu'elle possédait au temps de Philippe-Auguste. Nous voulons parler des deux cent vingt journaux de terre cultivée qui y étaient attachés à cette époque, et dont il n'est plus fait aucune mention dans le contrat d'aliénation. Les temps postérieurs restant également muets à leur sujet, nous devons en conclure qu'ils avaient été aliénés précédemment.

CHAPITRE XXXI

Premiers seigneurs engagistes de Beauquesne. — Familles de Louvencourt et de Longueville.

Tout en restant désormais, jusqu'à la Révolution, « terre royale et engagée, » Beauquesne n'en tomba pas moins, durant toute cette période, c'est-à-dire pendant plus de deux cents ans, à la condition d'une simple bourgade soumise à un seigneur féodal. Ses possesseurs n'y jouèrent jamais, il est vrai, le rôle de petits potentats, car ils avaient à côté d'eux, dans le château-fort, un représentant du roi qui, par sa seule présence, devait assurément gêner leur liberté d'allures. Toutefois, pour les redevances et pour les autres obligations féodales, les habitants, en dehors des quelques franchises communales encore subsistantes, n'ont plus affaire à l'avenir qu'à leur seigneur.

C'est pourquoi nous croyons de notre devoir de donner, à partir de cette époque, en même temps que la suite des évènements intéressant notre commune, une courte notice sur chacun de ces seigneurs, à mesure que nous arriverons au temps où ils ont vécu.

La première famille qui posséda cette seigneurie fut, comme nous venons de le voir, celle de Louvencourt.

Originaire du village de ce nom, situé à neuf kilomètres à l'est de Beauquesne, cette famille en posséda le domaine, écorné, il est vrai, vers la fin, jusqu'au commencement du XVe siècle. A cette époque, Robert, dit Robin de Louvencourt, vendit la possession de ce qui lui en restait, à la date des 1er et 4 novembre 1429, à Jehan de Grouches, dit le Bègue, seigneur de Grouches, Gribeauval, Authieule et autres lieux, déjà seigneur en partie de Louvencourt.

L'un des descendants de Robert, Charles de Louvencourt, vint, quelques années plus tard, vers la fin du même siècle, se fixer à Amiens. Il se qualifiait « escuyer, seigneur de Heaucourt, » et fit preuve de noblesse sous François Ier, en 1525. De lui et de Françoise de Bescot, son épouse, sont issues les deux branches encore existantes de la famille : l'une, qui est actuellement représentée par le marquis de Louvencourt, résidant à Paris, et par ses cousins, les comtes Adrien et Guislain de Louvencourt, possesseurs, entre autres biens, le premier, du château de Seux, en Amiénois, le second, de celui de Couin, en Artois.

La seconde branche a eu pour chef Charles Ier, seigneur de Béthencourt, qui épousa Jacquette ou Jacqueline Rohault, fille du seigneur de la Vacquerie, et qui fut maïeur d'Amiens en 1567 et 1568. Ce fut lui qui se rendit acquéreur de la terre de Beauquesne.

Cette branche fut tout aussi remarquable que la précédente. Ses représentants actuels sont le général vicomte de Louvencourt, et son frère, le vicomte Georges de Louvencourt, marié à Isabeau de Roquefeuille, fille du marquis de ce nom et de Cécile de Mac-Mahon, sœur du duc de Magenta.

Les anciennes armes des Louvencourt étaient d'or à trois têtes de loup arrachées de sable deux et un. Depuis la fin du XVIe siècle, elles sont d'azur à la fasce d'or, chargée de trois merlettes de sable et accompagnée de trois croissants d'or, deux en chef et un en pointe (1).

Charles de Louvencourt ne jouit que pendant peu de temps de son acquisition, car une pièce des Archives Nationales que nous avons déjà citée (2), nous apprend

---

(1) Nous devons ces renseignements à l'obligeance de M. le Comte Adrien de Louvencourt. On peut aussi consulter sur le même sujet le *Nobiliaire de Picardie*.

(2) Q 1538, *Maîtrise d'Amiens, Renseignements*, etc.

que, dès l'année 1578, le contrat d'engagement fut renouvelé au profit de Madame la duchesse de Longueville.

Cette princesse, née Marie de Bourbon, et fille de François II de Bourbon-Vendôme, comte de Saint-Pol, descendant au huitième degré du roi saint Louis, avait hérité, en 1546, à l'âge de sept ans, et après la mort de son jeune frère, François III, des possessions paternelles. Elle fut aussi la seule héritière de sa mère, Adrienne, duchesse d'Estouteville. A dix-huit ans, elle avait épousé, le 14 juin 1557, Jean de Bourbon, comte de Soissons; puis, le 2 octobre 1560, François de Clèves, duc de Nivernais. Ces deux premiers maris n'avaient guères vécu et ne lui avaient pas laissé d'enfants.

Le 2 juillet 1563, elle s'était remariée en troisièmes noces avec Léonor d'Orléans, duc de Longueville, issu au quatrième degré du fameux bâtard d'Orléans, Jean, comte de Dunois, fils lui-même de Louis Ier, duc d'Orléans, mort assassiné, en 1407, par Jean sans Peur. De ce troisième mariage, elle avait eu sept enfants, trois fils et quatre filles; puis le duc Léonor l'avait laissée veuve, pour la troisième fois, en 1573, en mourant prématurément, lui aussi, à l'âge de trente-trois ans.

Il était gouverneur de Picardie, et, deux ans avant sa mort, il avait obtenu du roi Charles IX, pour lui et pour ses héritiers, en récompense de ses services et de ceux de ses ancêtres, le rang et le titre de prince du sang.

Des trois fils qu'il avait laissés, le plus jeune, qui portait son prénom, mourut en bas âge. L'aîné, Henri Ier, né en 1568, était devenu duc de Longueville à la mort de son père; le second, François, reçut le titre de comte de Saint-Pol.

Henri Ier, lorsqu'il fut en âge, ne perdit jamais la mémoire des bienfaits dont les rois avaient comblé sa famille, bienfaits qui lui furent, du reste, continués, car il fut lui-même nommé, en 1588, au gouvernement de la Picardie. A cette époque, le duc d'Aumale, de la maison de Lorraine, possédait le même gouvernement, au nom de la

Ligue, et, autant par inimitié personnelle que par haine politique, ce duc fit saisir, le 28 décembre de cette même année, la mère de son rival, sa jeune épouse, Catherine de Gonzague de Clèves, son frère, le comte de Saint-Pol, et ses quatre sœurs, et les fit emprisonner à Amiens (1). Le motif allégué fut que tous ces personnages arrêtés devaient servir d'otages pendant la détention des députés qu'on avait envoyés dans les villes voisines, à la suite des délibérations prises à Amiens en faveur de la Ligue. En septembre 1589, la duchesse douairière s'échappa de sa prison, et, peu après, son fils Saint-Pol en fit autant; mais il fut plus heureux que sa mère, car il réussit dans sa fuite, tandis qu'elle fut reconnue par des paysans, et ramenée par eux à Amiens sur une charrette de foin.

Ses ennemis montrèrent envers elle peu de générosité, car ils n'eurent pas honte de lui faire payer les frais de sa détention et de celle de ses filles. L'échevinage d'Amiens fit en effet saisir les revenus de ses terres de Beauquesne et de Lucheux pour le paiement de ses gardiens. En 1590, ces princesses furent placées sous la surveillance de M. de Saveuse, gouverneur de Doullens, et ce ne fut qu'en 1592 qu'elles recouvrèrent leur liberté, grâce à l'intervention du duc de Mayenne, et malgré l'opposition de l'échevinage de la ville d'Amiens.

(1) Quelques auteurs disent à Picquigny.

CHAPITRE XXXII

BEAUQUESNE AU TEMPS DE LA LIGUE. — ATTAQUES, PRISES ET
REPRISES SUCCESSIVES DU CHATEAU-FORT PAR LES DEUX PARTIS.

Serait-ce en haine des oppresseurs de sa dame châtelaine que, pendant les troubles de la Ligue, aux premières années du règne de Henri IV, Beauquesne passa si facilement, et à maintes reprises, aux mains des partisans du roi de Navarre? Nous ne saurions le dire. Toujours est-il qu'aux premiers jours du mois d'avril de l'année 1590, les royalistes réussirent à en chasser les partisans de la Ligue et à y prendre leur place. De là grand émoi à Amiens, la ville ligueuse par excellence.

Aussi, le 15 du même mois, le maire de la ville, disent les registres de l'Echevinage, s'empresse-t-il de rassembler ledit Echevinage, « et lui propose la nécessité de recouvrer vingt mille livres pour réparer les fortifications, se pourvoir de poudre et de munitions, parce que l'ennemi s'est emparé de Beauquesne et fait des courses aux environs de la ville. On délibère sur les moyens de recouvrer cette somme.

« Comme Beauquesne tient fort à cœur, on forme un projet de le reprendre, et, pour cet effet, on propose d'engager le vidame à l'aller investir, en l'assurant d'une monstre de trois mille cinq cents escus que l'on lèvera sur trois cents habitants, dont cent paieront chascun vingt escus, cent chascun dix escus, et cent chascun cinq, qui leur seront rendus...

« Un fermier de Naur (Naours) demande, le 18 avril, à

estre autorisé à investir Beauquesne avec les paiisans d'alentour. On le lui permet. »

On voit que si Beauquesne était peu ligueur, il n'en était pas de même de ses voisins (ceux de Raincheval exceptés), qui tous emboîtaient le pas aux villes de la contrée, inféodées sans exception à la Ligue.

Le vidame d'Amiens était alors gouverneur de Beauquesne et se trouvait à Rue quand il apprit la chute de cette place (1). Il s'empressa de revenir et de rejoindre l'armée du seigneur de Belleforière, qui était chargée du siège. En peu de jours la place fut emportée et réoccupée, 25 avril, par le parti de la Ligue. Belleforière était homme de précaution : il eut soin, dit le P. Daire (2), d'en chasser les personnes suspectes.

Le 6 juillet suivant, nouvel assaut, nouvelle prise du malheureux château (3). Les royalistes avaient ainsi leur revanche, et, pendant dix-huit mois, aucun nouvel acte d'hostilité entre les deux partis, dans nos environs, n'est parvenu jusqu'à nous.

Mais, en février 1592, le comte Charles de Mansfeld, général espagnol envoyé au secours de la Ligue, réussit à remettre la forteresse de Beauquesne entre les mains de ce parti. Ce ne fut toutefois pas pour longtemps, car, le 25 du même mois, le seigneur de Raincheval, zélé royaliste, reprit ce château si disputé, en répara les brèches, et le remit en bon état (4).

L'année suivante, il est à croire que les gens d'Amiens se trouvèrent encore incommodés par les Navarrais, car ils demandèrent de nouveau secours au comte de Mansfeld, et, le 17 avril, dit le P. Daire, par une lettre écrite de Laon, le duc d'Aumale donna avis à l'Echevinage « que ledit

---

(1) Dom Grenier, tome XCVI°, article Beauquesne.
(2) Le P. Daire, *Histoire d'Amiens*, t. 1er, p. 305 ; et Dom Grenier, t. XXVI, f° 105 v°.
(3) Dom Grenier, *Ibidem*.
(4) Daire, ouvrage cité et *Histoire du Doyenné de Doullens*, article Beauquêne.

comte alloit employer ses forces à la réduction des forts des environs d'Amiens. » Les magistrats municipaux écrivirent au comte, le 20 avril, disent les registres de l'Echevinage, et le prièrent de commencer par le château de Beauquesne... Le 25, le comte envoya à Amiens Antoine de Blottefière, seigneur de Villencourt et gouverneur de Doullens, pour avertir « qu'il étoit prêt à assiéger Beauquesne... mais qu'il avoit besoin, pour cette opération, de deux mille livres de poudre, et qu'il falloit lui servir, cinq jours durants, six mille pains d'une livre et seize barriques de bière. »

A Amiens, lit-on dans les susdits registres, on convient de faire les fournitures demandées, « pourvu que l'on tire les poudres d'Arras (1) et les vivres de Doullens. » Cependant, ajoutent-ils, « le 2 mai, on est encore en négociations sur ces matières. » Mais, pendant ce temps, les opérations allaient leur train, et, le 5, le château était pris encore une fois.

« Sur cette nouvelle, continuent les mêmes registres, on en écrit des lettres de félicitations et de remerciments au comte de Mansfeld, et on le prie de faire démanteler ce poste et d'y emploier les païsans. » « Le 6 mai, l'Echevinage écrit au gouverneur des ville et chasteau de Dourlens pour le prier de mettre à la disposition du comte de Mansfeld trois cents escus pour commencer à payer ceux qui ont commencé à ruiner le chasteau de Beauquesne. »

L'alinéa qui suit, et qui complète le compte-rendu de la séance, montre bien les anxiétés éprouvées par la ville d'Amiens et la haine qu'on y professait pour cette « place camisarde. » « Il paroit, écrit le rédacteur, qu'on travaille à cette démolition. *Le corps de ville ne plaint rien pour cette affaire.* »

Toute cette opération du siège et du démantèlement du château de Beauquesne coûta, paraît-il, quinze cents

(1) Il est bon de rappeler qu'Arras était alors en pays espagnol.

écus à la ville d'Amiens. Ce fut encore en pure perte, car dès le 25 du même mois, le seigneur de Raincheval, « connaissant l'importance du poste de Beauquesne, le reprit sur les Ligueurs et le fit fortifier (1). »

Ces travaux de réparations furent tels que les Amiénois prirent peur, encore une fois, et, « le 8 aoust, il est ordonné d'en écrire aux ducs de Mayenne et d'Aumale, et au comte de Mansfeld (2). » Mais, fort heureusement, ces seigneurs n'eurent plus à intervenir.

Quelques jours auparavant, en effet, le 25 juillet, le roi Henri avait fait son abjuration à Saint-Denis, et, le 31, une trêve de trois mois avait été conclue entre les deux partis. A son expiration, elle fut prorogée et continuée jusqu'à la fin de l'année.

Ce fut à ces évènements que Beauquesne dut de ne plus être inquiété. Il fut de plus, par là même, conservé au roi. Mais ce qu'on peut aisément se figurer, c'est la désolation qui régnait alors dans cette malheureuse commune, à la suite de tant d'assauts ! Et on ne lui laissa guère le temps de se remettre, car, deux ans seulement plus tard, les Espagnols se chargèrent de lui infliger de nouvelles misères. Mais n'anticipons point.

L'année 1593 expirée, le roi refusa de renouveler la trêve, sentant bien que l'opinion se retournait de son côté. En effet, en Picardie même, ce berceau de la Ligue, Péronne, Montdidier et Roye lui furent livrés par Michel d'Estourmel, leur gouverneur, en janvier 1594, et Abbeville et Montreuil suivirent bientôt l'exemple de Paris, où Henri IV avait fait son entrée, le 22 mars. Les bourgeois d'Amiens eux-mêmes se rendirent enfin sans conditions, pendant que le roi était occupé au siège de Laon. Ce siège célèbre et meurtrier dura du 25 mai au 22 juillet.

Le fils aîné de la dame de Beauquesne, le jeune duc de Longueville, s'y signala par sa bravoure et son habileté,

(1) Le P. DAIRE, *Histoire d'Amiens*, pages 312 et 313.
(2) *Ibidem*, page 314. Voir aussi les *Registres de l'Echevinage d'Amiens*.

le 13 juin, à la prise d'un convoi que les Espagnols tentaient d'introduire dans la place assiégée. Déjà, dès l'année 1589, ce jeune prince avait donné à la cause royale des preuves d'un concours fort utile. Le 17 mars, il avait débloqué Senlis en battant l'armée des Ligueurs, quatre fois pourtant plus nombreuse que celle qu'il commandait. Le 28 septembre suivant, à la tête des royalistes de la Picardie, et soutenu par MM. d'Aumont, de Soissons et La Noue, il avait puissamment aidé le roi de Navarre à éloigner de Dieppe le duc de Mayenne.

Ce ne fut, à proprement parler, qu'après la reddition de Laon qu'il fut possible au duc de prendre effectivement possession de son gouvernement de Picardie. Mais il n'en jouit pas longtemps, car, le 5 avril de l'année suivante, lors de son entrée à Doullens, une salve d'artillerie fut tirée en son honneur, pendant laquelle il reçut une blessure grave. Transporté à Amiens, il y expira, le 29 du même mois, à l'âge de vingt-sept ans.

La nouvelle de sa blessure porta à sa jeune femme, alors fort avancée dans sa grossesse, un coup terrible, et, deux jours avant la mort de son mari, elle accoucha avant terme d'un garçon qui fut le duc Henri II. Le roi, en souvenir des services du père, confirma, peu de jours après, à l'enfant le gouvernement de la Picardie, et en confia, jusqu'à sa majorité, la gérance à son oncle, le comte de Saint-Pol.

CHAPITRE XXXIII

Guerre avec l'Espagne. — Siège de Doullens et défaite
des Français près de Beauquesne.

A la mort du duc Henri de Longueville, la guerre, longtemps indirecte entre la France et l'Espagne, existait enfin officiellement. Le 11 février précédent, Henri IV en avait publié la déclaration, contrairement à l'avis de Sully, qui ne se sentait pas encore suffisamment prêt. La campagne, commencée par quelques succès de Bouillon et de Nassau aux Pays-Bas, se termina moins heureusement. Bientôt, en effet, l'habile comte de Fuentès, généralissime de Philippe II dans cette partie de ses Etats, répara ces pertes et vint, à la tête d'une armée de huit à dix mille hommes, attaquer la Picardie. Le 14 juillet, il se présenta inopinément devant Doullens et en entreprit le siège.

La ville était ceinte de murailles et avait en outre un assez bon château-fort. La garnison, très-faible, venait d'être renforcée, en prévision d'un siège, par quatre cents gentilshommes et huit cents fantassins qui s'étaient offerts pour ce service, et qui avaient été agréés par le duc de Bouillon, à qui le roi avait confié, conjointement avec le comte de Saint-Pol, la défense de cette frontière.

L'ennemi ne perdit pas de temps pour s'établir solidement en face de Doullens. Le comte de Fuentès assit tout d'abord son camp sur l'escarpement de la rive gauche de l'Authie, au sud de la ville, et s'y « fortifia et tranchiza » fortement. Il s'était emparé, dès le début du siège, d'un ouvrage extérieur d'où son armée gênait considérablement la défense. Pour assurer ses derrières et s'opposer à toute tentative de ravitaillement, le comte avait en outre fait construire quatre forts : deux vers la rivière, et deux sur la ligne opposée du camp, à ses quatre angles, et tous quatre furent reliés l'un à l'autre par des tranchées (1).

Cependant Henri IV avait ordonné à l'amiral de Villars de rassembler le plus de noblesse et de gens de guerre qu'il pourrait en Normandie, son gouvernement, pour venir au secours de la Picardie; et Villars était arrivé à Amiens avec sa troupe. Belin, l'ancien gouverneur de Paris, Sesseval et plusieurs autres grands seigneurs avaient aussi amené des soldats. Le duc de Nevers, gouverneur de Champagne, était sur le point d'arriver avec trois cents chevaux et six ou sept cents hommes de pied, et devait prendre le commandement de l'armée. Le duc de Bouillon qui ne l'aimait pas, et qui se croyait au moins son égal, ne voulait pas servir sous ses ordres, et résolut d'agir avant son arrivée. Pour cela, il se concerta avec Villars, Saint-Pol et les autres chefs, qui décidèrent de l'appuyer.

Il fut en conséquence résolu qu'on se mettrait à la tête d'une troupe de douze à quinze cents chevaux et d'un petit corps de huit cents fantassins choisis dans six régi-

---

(1) Les évènements de ce siège et de la bataille qui se livra, pendant sa durée, entre Beauquesne et Doullens, étant généralement mal connus, nous nous étendrons assez longuement, dans ce chapitre, sur ce qui les concerne, parce qu'ils se lient étroitement à notre sujet, et qu'ils ont, dans notre histoire nationale, une certaine importance. Nous possédons sur eux quatre sources originales d'information :

La première est le rapport officiel du Duc de Bouillon, commandant en chef;

La seconde est une lettre du sieur de la Fond, « serviteur de M. de Villars, » sur ces évènements, et qui se trouve imprimée dans les *Mémoires du Duc de Sully*;

Le troisième est le récit de Palma-Cayet, dans sa *Chronologie novennaire*;

La quatrième enfin est le *Discours de la bataille, siège et prise de la ville et château de Dourlens*, etc., par un Espagnol témoin oculaire, imprimé à Arras.

La première pièce est naturellement un plaidoyer *pro domo*, conséquemment suspect; la seconde l'est aussi, mais en sens inverse, à cause des attaches de son auteur, qui en veut à Bouillon au sujet de la mort de son maître. Les deux autres sont bien faites, sauf en ce qui concerne la mort de Villars, dont elles voudraient bien innocenter leur parti.

ments Avec ces forces réunies, on devait marcher inopinément sur la place assiégée et essayer de rompre la ligne des assiégeants pour introduire dans la ville les huit cents hommes de pied avec sept charrettes de poudre et de balles et bonne quantité de vivres (1). Bouillon désirait en même temps retirer de la place assiégée les quatre cents gentilshommes qu'il se reprochait d'y avoir compromis, d'autant plus qu'il apprenait, dit Sismondi, « qu'ils ne voulaient obéir ni à Haraucourt, commandant de la garnison, ni à Ronsoy, gouverneur de la citadelle. » Ces malheureux, victimes de l'étourderie de Bouillon et de leur propre indiscipline, y périront tous, quelques jours plus tard, et leur mort sera alors durement reprochée au duc, car, dira-t-on, pour défendre une place de médiocre importance, il n'a pas hésité à y hasarder la fleur de la noblesse de Picardie et de Champagne.

Bouillon, lui, pour se justifier après coup, arrangea son plaidoyer et prétendit que « les assiégez mandoyent de les secourir promptement, car ils ne cuidoient pas pouuoir attendre iusque au ieudi vingt-septiesme, ayant sceu aussy que M. de Neuers estoit arriué à Neesle et que il s'en venoit à Amiens, desirant sçauoir le chemin que l'on deuoit tenir pour aller aux ennemys, l'assiette de leur camp et le logis que l'on pourroit prendre auprez d'eux, ne pouuant entreprendre que cela ne fust sceu, qui donna occasion d'assembler tous les capitaines. Il fut résolu (pour l'en pouuoir informer à son arriuée que nous partirions avec la cauallerie de Sainct-Ricquier, où nous auons pris nostre premier logis aprèz auoir passé la riuière de

(1) Nous avons adopté le chiffre de huit cents hommes de pied comme étant le plus vraisemblable parce qu'il est donné par l'auteur espagnol du *Discours*, désintéressé dans l'affaire, et parce qu'il est en rapport avec la suite du récit. Bouillon, en donnant celui de trois cents, et La Fond celui de deux mille, se mettent évidemment en dehors de la vérité. Le premier cherche à atténuer ses torts en diminuant autant qu'il le peut le nombre des victimes sacrifiées par son imprudence. Le second, au contraire, pour faire tort au Duc, qui avait conduit son maître à la mort, exagère démesurément ce nombre.

Somme, pour nous aller présenter à un quart de lieuë des ennemys, à une pleine entre le vilage de Beauquesne et Dourlans, proche d'une cense nommée Husleu, que l'on adviseroit si on pourroit faire parler quelqu'un à ceux de ladicte ville, ou pour le moins de faire paroistre quelques trouppes en lieu d'où ceux du chasteau peussent voir ; feust aduisé de mener trois cents hommes de pied, afin que s'ils en avoient besoin, ils y feussent tous portez : ou que si nous uoyions à l'œil quelques logis propres, qu'ils nous seruissent pour nos gardes.

« Attendant que M. de Neuers fust uenu qui ioindroit les Suisses et le reste de l'infanterie, nous disposasmes notre ordre... », etc.

Mais chacun était édifié sur les véritables mobiles du duc. Quoiqu'il en soit, le corps expéditionnaire partit de grand matin, le 24 juillet, de Saint-Ricquier, et s'achemina, nous dit La Fond, dans l'ordre suivant : en tête, le duc de Bouillon, avec un corps de quatre cents chevaux environ, dont M. de Sesseval commandait l'avant-garde. Au centre, l'amiral de Villars avec environ pareil nombre. Le comte de Saint-Pol enfin venait en queue, protégeant, avec ses cinq cents chevaux, le petit corps d'infanterie qu'ils conduisaient, et en même temps, le convoi de vivres et de munitions. Le commandant de Chaste et le sieur du Bois-de-Neufbourg fermaient la marche.

On s'avança dans cet ordre jusque près de Beauval. Alors le duc de Bouillon envoya au comte de Saint-Pol l'ordre « de mettre tout le monde en bataille *derrière la cense de Husleu*, comme il auoit été résolu... »

Pour lui, il partit en avant, à la tête de cent vingt chevaux, ayant à sa gauche Sesseval, qui en commandait environ quatre-vingt. Ces deux troupes s'élancèrent au trot vers le camp espagnol. Arrivées au sommet de la colline, elles virent l'ennemi qui venait à leur rencontre. Elles n'avaient en effet pas réussi à le surprendre.

Le comte de Fuentès, informé du dessein des Français, avait, dès le matin de ce jour, donné ses ordres au camp.

« Premièrement, dit l'auteur espagnol du *Discours*, les forts dressez aux environs de Dourlans furent pourveus d'homes et d'artillerie, et la garde des tranchées près la ville fut augmentée de cincq cens homes de pied avec deux gros corps de garde. Outre, autres cincq cens homes de pied furent députez pour garder l'artillerie, et, du surplus de l'infanterie de l'armée, furent dressez par M. du Rhosne, mareschal de camp, deux bataillons, lesquels comme on mettoit en ordre, les François parurent avec toutes leur cavallerie et huict cens homes de pied.

« Au même instant, M. le mareschal (Du Rhosne) s'advança pour les observer de plus prez, dont ayant rapporté qu'ils tournoient *droict vers la ville de Dourlans*, laissant nostre champ de bataille à leur main gauche, Mõseigneur le comte de Fuentès assisté du duc d'Aumalle (1), du prince de Chimay, du marquis de Vuarambon, des côtes de Boussu et de Varras, des seigneurs don Augustin et don Alonce de Mendoce et autres chefs et capitaines de la cavallerie (divisée, dit Palma-Cayet, en trois escadrons), résolut de sortir du camp de bataille avec ses forces et six pièces d'artillerie, pour leur couper chemin et rompre leur dessein. Or les derniers de nos troupes n'estoient point encore sortis dudit champ de bataille que les premiers de nostre cavallerie furent chaudement chargez par le duc de Bouillon et Sécheval, soutenus des côtes de Sainct Pol et de Belin. »

Dans cette charge, l'avant-garde espagnole « au nombre de plus de six cents chevaux, » à ce qu'assure Bouillon, fut renversée sur le deuxième escadron; mais, du côté des Français, Sesseval y fut tué, « qui est une grande perte, continue le duc, pour estre gentilhomme doué d'aussy belles parties qu'autre que i'aie cogneu. Ayant faict cela, ce fust à nous de nous retirer, ne nous pouuant plus tenir là. » En effet, l'auteur espagnol, après avoir avoué que « ceste première charge fit plier d'abordée quelques trouppes

(1) C'était l'ancien gouverneur de Picardie pour la Ligue, passé aux Espagnols.

de leur cavallerie, » ajoute « qu'elle n'ébranla pas la résolution des autres ni de l'infanterie, qui la suivoit de prez avec l'ar... e... fort bon ordre. » « Chargés en flanc, d'un côt..., ... Ch..rles Colonne et Sanche de Luna avec la cavallerie légè..., et, de l'autre, par la compagnie d'arquebusiers à cheval du comte de Fuentès, et trouvant de front l'infanterie espagnole avec l'artillerie (1), » les Français reculèrent. L'arrivée de Trigny, qui fit, avec ses hommes, une nouvelle charge sur le front de l'ennemi, l'arrêta bien un instant, mais sans l'entamer, et ce bel élan ne put se soutenir. L'entrée en ligne du comte de Saint-Pol avec son bataillon ne produisit pas un meilleur résultat, et il fallut, comme le dit Bouillon, se décider à la retraite.

« Nous fismes, dit le duc, retirer nostre infanterie, qui estoit à la cense et *marcher droict à Beauquesne*. Monsieur l'amiral (de Villars), qui auoit son gros entier, commença d'entreprendre la retraicte, ayant prez de trois cens cheuaux. » Il le fit, continue Palma-Cayet, « quelque temps avec un bel ordre, *cheminant vers Beauquesne*, » et « estant suivy, ajoute l'auteur espagnol, d'un costé par la cavallerie légère, et d'autre par trois compagnies des Ordonnances des Pays-Bas et par une compagnie d'infanterie espagnolle et cinquante mousquetaires du régiment du seigneur don Augustin, qui avoient esté tirez du premier bataillon d'infanterie, qui marchoit au milieu, un peu aprez eux, avec l'artillerie. »

Arrivés près de Beauquesne, les Français gravissaient un coteau, « sauf ledit sieur admiral, qui estoit encore au fond, » dit Bouillon. Mais alors, se sentant serré de trop près, et voulant donner à ceux des nôtres qu'il avait devant lui, et surtout à l'infanterie, un peu d'aisance, il se décida à rebrousser chemin et à charger ses agresseurs. Mais auparavant, « il manda, dit Palma-Cayet, à M. le Mareschal de Bouillon, qu'il lui pleust de faire faire halte :

(1) PALMA-CAYET.

ce qu'il fit auprez d'un moulin (1). Il fit alors une charge si rude qu'il fit plier ceste cavallerie qui le poursuivoit. » Bouillon ajoute que le comte de Saint-Pol, qui était, selon son dire, avec les siens à la gauche de Villars, fit aussi volte-face pour le soutenir; mais ni l'auteur espagnol du *Discours*, ni Palma-Cayet ne parlent de ce fait, et le duc lui-même nous a dit plus haut que Villars seul était resté en arrière pour faire la retraite. Il est donc permis de révoquer en doute ce retour en arrière du comte. En tout cas, la nouvelle attaque de l'amiral eut encore moins de succès que les précédentes, car pendant le peu de temps qu'elle dura, les deux ailes de l'armée espagnole, laissant l'infanterie, avec les six pièces de canon qui étaient au centre, soutenir son choc, s'étaient avancées de chaque côté, de sorte qu'en un clin d'œil le malheureux Villars et les siens « se trouvèrent comme entourés et salués d'un nombre infini d'arquebusades et de mousquetades (Palma-Cayet). » Ceux qui ne furent pas tués tournèrent bride à franc-étrier pour rejoindre leurs compagnons, et, quand ils les rejoignirent, « les renuersèrent, dit Bouillon, et de là se mit l'espouuante telle qu'il nous fut impossible de rallier cinquante cheuaux. »

Bouillon, qui avait envoyé, à ce qu'assure Palma-Cayet, dire à Villars, alors que celui-ci était déjà engagé, « de ne point s'opiniâtrer au combat, et le prioit d'advancer la retraicte le plus qu'il pourroit (2), » prétend être retourné lui-même à son secours et avoir fait avec lui, à la tête de quinze chevaux, une dernière charge; mais nous dirons d'elle ce que nous avons dit de celle que le duc attribue lui-même au comte de Saint-Pol. Enfin, pendant qu'il se retirait blessé, l'amiral, voulant néanmoins « secourir un de qui le cheval avoit esté tué, pria le sieur de la Bois-

---

(1) Ce moulin existe encore; c'est l'ancienne succursale du moulin banal, aujourd'hui appelé le moulin de pierres, et situé à quelques pas des haies de Beauquesne, vers l'ouest.

Il était là parfaitement en vue des Français dans leur retraite, depuis leur départ de Hulleux.

(2) Palma-Cayet.

sière de l'aider, mais sentit le sien fondre soubz luy et luy casser la jambe. Contrainct de se rendre aux victorieux, il demeura le prisonnier du sieur de la Chapelle, lieutenant du vicomte d'Estauges (1). »

Ces victorieux poursuivirent vivement les fuyards, et, ceux des cavaliers qui ne furent ni tués ni faits prisonniers, « furent heureux, comme le dit l'auteur du *Discours*, avoir bons chevaux qui sçavoient bien courir, car autrement une grande partie n'eust eu loisir porter les nouvelles en Amiens de la bataille, laquelle, en charges et poursuite, dura l'espace de trois heures et plus. »

Pour ce qui est des infortunés huit cents hommes de pied, abandonnés des cavaliers qui les avaient amenés, le même auteur nous dit qu'ils furent « tous taillez en pièces, exceptez quelques prisonniers. » La tradition locale désigne comme lieu de leur massacre le lieu-dit nommé le Châtelet, sur lequel est assis le moulin assigné par Villars à Bouillon comme point de réunion. La tradition, parfois fautive, est ici en complet accord avec les faits de notre récit. En effet, le dernier engagement ayant eu lieu à quelques centaines de mètres seulement en arrière du moulin, la panique qui s'en est suivie chez les nôtres leur y a fait abandonner sans le moindre souci leurs camarades de l'infanterie, qui, rejoints en peu d'instants par la cavalerie ennemie, sans aucun moyen de s'échapper, furent inhumainement mis à mort. Les sept charrettes de poudre et de munitions tombèrent naturellement aux mains des vainqueurs.

Les troupes à cheval, quoique moins malheureuses, avaient fait, elles aussi, de grandes pertes en hommes, « et entre iceux, dit M. de la Fond, *plus de noblesse qu'il n'en mourut, à ce que l'on dit, à Coutras, Arques ny Ivry.* » L'amiral de Villars fut massacré de sang-froid. Les uns attribuent le meurtre au duc d'Aumale, « quy le feit daguer, » au dire de Jehan Patte, malgré l'offre qu'il faisait de cinquante mille écus pour sa rançon. Péréfixe

(1) PALMA-CAYET.

met cette mort sur le compte de Du Rhosne, ancien maréchal de la Ligue passé aux Espagnols.

Parmi les autres morts illustres, l'auteur du *Discours* cite encore après Villars « le sieur de la Boissière, gouverneur de Corbie; Hacqueville, gouverneur de Pont-Eau-de-Mer; d'Argenvillers, gouverneur d'Abbeville; Liéramont, jadis gouverneur du Chastelet; Damy, gouverneur de Roye; le comandeur de Chaste, gouverneur de Dieppe; le capitaine Sesseval, mareschal de camp; les capitaines de cavallerie Gamaches, Guytry, Verly, Thois, Canonville, Neufbourg avec son frère, Blangy, Bésieu, Lussien, Buisson, Chaussée, La Chapelle, Rambures, Chaulnes et autres. Le seigneur de Saint-Denis, mestre de camp général de cincq cens homes, mourut à la teste de ses gens, et plus de quatre cens avesque luy..... » « On tient que plus de cent gentilshommes de marque y sont demourez tant prisonniers que blessez, dont s'ensuyvent les noms d'aucuns. Entre les prisonniers, M. de Belin, jadis gouverneur de Paris; M. de Perdrier, capitaine de cavallerie et lieutenant de l'admiral; M. de la Trenchère, M. d'Aubigny, chef des trouppes de Normandie; le capitaine Roze, M. de Bavay, M. de Longchamps et plusieurs autres. »

Les morts furent enterrés. Quant aux prisonniers, « le 27 au soir, dit enfin l'auteur du Discours, Monseigneur de Marles, gouverneur de la ville et cité d'Arras, retournant du camp, emmena à Arras M. de Belin blessé avec quelques autres gentilshommes françois prisonniers environ cinquante ou soixante soldats qui restoit de l'infanterie françoise. »

La cause de ce désastre, Palma-Cayet l'attribue « au peu d'intelligence qu'il y avoit entre les chefs, ou à ce qu'ils désiroient chascun avoir l'honneur de ce qui s'y feroit, ou au peu d'amitié qu'ils avoient entre eux... » Pour être équitable, il conviendrait plutôt d'admettre tous ces motifs en même temps; et malheureusement les mêmes circonstances se sont reproduites, avec les mêmes résultats, à d'autres époques de notre histoire...

Le surlendemain de la bataille, le duc de Nevers alla rejoindre à Picquigny, où ils s'étaient réfugiés, Bouillon, Saint-Pol et les autres fuyards, à qui il ne put s'empêcher d'adresser quelques reproches. Au lieu de chercher à réparer leur défaite, les deux premiers se retirèrent chez eux. Le duc de Nevers, lui, ne perdit pas courage. A la tête de sa petite armée, composée de seize cents chevaux et de deux mille cinq cents hommes de pied, renforcé en outre de cinq cents fantassins que la ville d'Amiens lui avait envoyés à Picquigny, il vint se poster à Beauquesne. En même temps, il réussit à faire entrer dans Doullens un convoi de soixante cuirassiers et de vingt mulets chargés de poudre. Le manque d'eau lui fit quitter Beauquesne; et alors, désespérant d'avoir raison des Espagnols, il renvoya son infanterie à Picquigny. Avec sa cavalerie, il alla attaquer un corps ennemi établi à Authie, puis il fut fourrager en Artois. En même temps, il avisa les assiégés de Doullens de se tirer comme ils le pourraient.

Le 31 juillet, la malheureuse ville fut prise d'assaut, et ses habitants, comme la garnison, odieusement massacrés. Près de deux mille soldats formant la garnison, et la population presque entière y périrent.

Après la prise de Doullens, les Espagnols se répandirent dans les environs et les foulèrent cruellement. Le gouverneur qui y fut établi, Porto-Carrero, leva sur le plat pays d'énormes contributions, et il en existe encore aux Archives de Lille (1) un compte qui en donne un spécimen, et qui est intitulé : « État et déclaration de la recette et dépense faite par les commissaires établis au bien et revenu de la seigneurie de Beauquesne, de l'autorité du gouverneur de Dourlans (2). »

Non contents d'avoir pris Doullens, les Espagnols, ou plutôt Porto-Carrero, leur chef, convoitaient encore

---

(1) M. l'abbé DELGOVE, *Histoire de Doullens*.

(2) Deux fardes, dont l'une est intitulée : « Doullens, Confiscations, 1595, C, n° 197 »; et l'autre : « Déclaration des biens appartenant à la ville de Doullens, 1596, D, n° 222 » (Tiré de l'ouvrage précité, en note).

Amiens ; mais, pendant dix-huit mois, l'occasion ne se présenta pas favorable à leurs desseins. Une nuit enfin, celle du 10 au 11 mars 1597, Porto-Carrero réussit, à l'aide d'un stratagème (1), à s'emparer de l'une des portes de la ville, puis de la ville elle-même. Henri IV, à cette nouvelle, jugea qu'il était temps de « refaire le roi de Navarre. » Il rassembla en conséquence une armée, qu'il confia à Biron, pour faire le siège de la place si malencontreusement perdue, et lui-même, pour intercepter toute communication entre les Pays-Bas et les assiégés, vint se poster à Beauquesne. Le 25 mars, il essaya même de surprendre Doullens par escalade, mais le défaut de longueur des échelles fit échouer l'entreprise. Le lendemain, il quitta Beauquesne à la tête de six mille sept cents hommes, et, après une marche rapide et secrète, il faillit surprendre Arras, « malgré la présence du cardinal-archiduc Albert d'Autriche dans ses murs. »

Le 25 septembre, il reprenait Amiens, et, le 19 octobre, il allait s'établir à Beauval pour investir Doullens. Mais les pluies de l'automne le firent décamper, et ce ne fut qu'après le traité de Vervins, conclu le 2 mai 1598, que Doullens et les environs, enfin débarrassés des Espagnols, purent travailler à panser leurs blessures (2).

---

(1) On se souvient de l'histoire des sacs de noix, à la porte Montrescu.

(2) Les gouverneurs de Beauquesne pendant le XVIe siècle ; ceux du moins que nous connaissons, au nombre de quatre seulement, sont les suivants :

1° Jehan de Pas, qui signa, en cette qualité, en 1507, la *Coutume de Beauquesne ;*

2° Adrien de Pisseleu, chevalier, seigneur d'Heilly, Ribemont, Fontaine, Lavagan, etc., capitaine de mille hommes de pied de la Légion de Picardie, et de cinquante hommes d'armes, bailli et gouverneur d'Hesdin, était gouverneur de Beauquesne en 1521. Il mourut le 8 février 1558 à Amiens et y fut enterré dans l'église des Minimes, « au retour des prisons de l'ennemi, » dit son épitaphe (DAIRE).

3° « Philippe de Pas, chevalier, seigneur de Marcheleave, ancien maître d'hôtel du roi Louis XII, lui succéda. » (Voir le même auteur.)

4° Philibert-Emmanuel d'Ailly de Picquigny, vidame d'Amiens, occupait, comme nous l'avons vu, cette charge au temps de la Ligue.

CHAPITRE XXXIV

Le comte de Saint-Pol et le duc Henri II de Longueville héritent successivement la seigneurie. — Nouvelle guerre. — Ravages des Croates et des Polaques.

L'avènement d'un nouveau seigneur coïncida, à Beauquesne, avec l'ouverture du xvii° siècle. A Madame la duchesse de Longueville, morte le 7 avril 1601, succéda son second fils, le comte François, dans la partie de son héritage située dans nos contrées. En outre des seigneuries de Beauquesne et de Lucheux, ce prince acquit alors ainsi le comté de Saint-Pol, dont il portait depuis longtemps déjà le titre.

Malgré le rôle peu brillant qu'il avait joué dans la journée du 24 juillet 1595, François continuait de jouir de la faveur de Henri IV, car, ayant épousé Anne de Caumont, marquise de Fronsac, il fut créé, par ce prince, en 1608, duc de Fronsac, puis de Château-Thierry. Et cependant, avec tous ces titres, la gêne paraît s'être parfois assise à son foyer, car Dom Grenier nous dit qu'à la date du 22 mars 1619, « un sergent roïal du Bailliage d'Amiens déclare qu'à la requête de noble homme François Roger, il a saisi la châtellenie, fief, terre et seigneurie de Beauquesne sur François d'Orléans de Longueville de Saint-Pol. »

De son mariage, François eut un fils, Léonor, qui porta le titre de marquis de Fronsac, et fut tué en 1622, à l'âge de dix-sept ans. Il n'eut point d'autre postérité et mourut, le 7 octobre 1631, laissant ses biens propres à son neveu, le duc Henri II de Longueville. Celui-ci, né, comme nous l'avons vu, en 1595, avait pris en main, lorsqu'il eut atteint l'âge de dix-huit ans, le gouvernement de la Picardie, dont la gérance avait été confiée à son oncle, jusqu'à ce qu'il fût en âge de l'exercer. Mais, dans cette province, il se trouva que Concini, le favori de la reine régente, Marie de Médicis, était plus puissant que lui, car il y possédait le gouvernement de presque toutes les places fortes. Aussi, des conflits incessants, conséquence forcée de la situation, ne tardèrent-ils pas à s'élever entre ces deux hommes et durèrent jusqu'à ce que la reine, fatiguée enfin de tous ces tiraillements, eut pris, en 1619, le parti de donner au duc la Normandie, en échange de la Picardie. Il y vécut depuis lors fort tranquille, et c'est là qu'il résidait lorsqu'il fut appelé à recueillir l'héritage de son oncle.

La même année 1631 vit également mourir Louis de Gourlay, chevalier, seigneur d'Azincourt et gouverneur de Beauquesne. Il laissa sa charge à Léonor de Gourlay, seigneur de Franvillers, gouverneur, sénéchal et grand-bailli de Saint-Pol, et probablement son fils (Daire).

Ce fut sous la domination de son nouveau seigneur et du nouveau gouverneur que s'ouvrit pour Beauquesne et pour tous ses environs une nouvelle série de cruels désastres. La guerre contre la maison d'Autriche s'étant rallumée en 1635, Richelieu résolut de la soutenir avec vigueur, et s'y prépara en conséquence. Les débuts de la première campagne furent assez heureux, mais elle se termina par des revers. Le duc de Chaulnes, gouverneur de la Picardie, qui fut opposé à Piccolomini, partit d'Amiens, le 12 juillet, pour opérer en Artois. Mais il ne sut rien faire de son armée, et tout se borna, d'un côté comme de l'autre, à des incursions sans autre résultat que de dévaster les pays voisins de la frontière. « Toute la valeur de ces guerres, dit avec raison Pagès, consistoit principalement à tuer hommes, femmes et enffans, brusler, violer, sans espargner les églises et les autres lieux consacrés à Dieu. » Pendant le mois d'août, les violences allèrent sans cesse en s'aggravant; mais en septembre, elles en arrivèrent à prendre un véritable caractère de férocité. Une troupe de Croates et de Polaques de huit à neuf mille hommes se trouvait alors cantonnée, sous les ordres des comtes de Balançon et de Bucquoy, à Bienvillers et à Hébuterne. Tout à coup, le 10 du mois précité, cette troupe se mit en marche et se rua sur les villages situés au-delà de la rive gauche de l'Authie, qu'ils saccagèrent. « Des environs de Mareuil, dit M. Louandre, on apercevait presque chaque jour, la fumée des incendies qui dévoraient les villages de l'autre côté de la Somme. » Beauquesne fut envahi, le 11, et subit le même sort que les autres communes et villages du voisinage. Le récit de toutes ces horreurs nous a été conservé dans deux dépositions faites par deux habitants de Beauquesne par-devant le lieutenant au Bailliage d'Amiens, les 26 février et 27 septembre 1636, à la requête des députés du clergé du diocèse (1). L'un d'eux, Jean Noiret, laboureur, alors réfugié à Saint-Maurice, déclare « qu'il est natif du boureq de Beauquesne, scitué proche des frontières des Païs-bas, et pourquoy incontinent aprez l'ouverture de la guerre, il avoit esté contrainct, ainsy que les autres habitants dudit lieu et des villages circonvoisins, de quitter sa demeure, à cause des fréquentes incursions et cruautez des ennemis ; sçait que les fermiers dudict lieu de Beauquesne auroient habandonné leurs fermes et labourages dez le mois d'aoust de l'année 1635 ; mesme aulcuns s'estant mis en debvoir, au péril de leur vie, de labourer et semer quelques parties de terre, ont esté pris prisonniers, perdu leurs chevaux, et aulcuns de tuez.... »

Le second témoin, lui, n'a quitté Beauquesne que la veille du désastre. Il se nomme Sébastien Pécoul, « recepveur dudit Beauquesne, aagé de cinquante-huit ans, demeurant à présent en ceste ville d'Amyens. » Il avait « toujours faict sa demeure audit Beauquesne, synon depuis

(1) Archives départementales ; pièces intitulées : « Information faite par le lieutenant au Bailliage d'Amiens à la requête des députés du clergé du Diocèse sur les désastres causés dans la Picardie, au delà de la Somme, par l'armée des Croates, » en 1635.

ledict jour, dixiesme de septembre dernier passé qu'il a esté contrainct avecq la pluspart de tous les habitants dudict bourcq de se retirer et sauver, à cause des incursions des Croattes et aultres ennemys de ceste couronne ; lesquels ennemis, dez le lendemain qu'il fust sorty, vindrent mettre le feu et ravager ledict bourcq ; aïant bien eu quatre-vingt-dix maisons brusleez, touttes les meilleures et plus grandes; aïant tué plusieurs hommes, femmes et enffans et empriz plusieurs autres prisonniers, qu'ils ont emmesnez avecq leurs chevaux et autres bestiaux ; en telle sorte que c'est une désolation entière dans ledit bourcq, le curé mesme aïant esté contrainct de se retirer en ceste ville d'Amyens.

« Et quant aux terres, elles sont presque touttes demeureez en friche, en estant de mesme de plusieurs villages circonvoisins tels que Vauchelles, Arquèves, Authie, Bus, Marieux, Vicongne, Thieuvres, Louvencourt, Varennes, Harponville; les fermes du Valheureux, Valdesmaisons, Valvyon, ont esté brusleez, quy sont fermes où il y avoit dix ou douze charrues qui sont maintenant en friches et ricz. »

Tout y étant détruit, et de nouveaux ravages de l'ennemi étant toujours à craindre, le pays n'était plus habitable et resta en effet désert. La suite de la déposition de Jean Noiret, faite, comme nous l'avons vu, un an après la catastrophe, nous le montre encore dans cet état de désolation... « quy est cause, continue-t-il, que tout le païs est désert et habandonné, sur ce que, s'estant transporté quelques fois au bourcq de Beauquesne en cachette et nuyctamment, allant et retournant, a remarqué et apperçu que les fermes de Valvyon et Valdesmaisons sont entièrement ruyneez et habandonneez. »

Dans le cours de cette même année 1636, si Jean de Rambures, seigneur d'Authie, détruisit, le 3 avril, le manoir d'Hébuterne et y fit prisonniers les quatre cents hommes que les Espagnols y avaient laissés, le pays n'en fut pas plus tranquille, car le trop fameux Jean de Werth, à la tête de quarante mille hommes, se mit, peu après, à courir la Picardie, où son nom est resté si odieusement célèbre. Ce qui était resté debout dans nos contrées fut saccagé à son tour. De Vignacourt à Talmas, et de là à Doullens, à Mailly et à Albert, il ne resta que des décombres. A Authie, Thièvres, Saint-Léger, Vauchelles, Arquèves, Raincheval, l'auteur de l'*Histoire d'Authie* nous dit qu'il n'y eut pas un homme assez hardi pour y rétablir son séjour avant l'année 1645. A Beauquesne, la lacune qui existe dans les registres de l'état-civil de la paroisse, à cette époque, ne s'étend que de 1636 à 1642. Mais les malheureux habitants rapatriés n'y furent pas encore tranquilles, malgré l'éloignement de la frontière, à la suite de la reprise d'Arras par Louis XIII et Richelieu en 1640, car, le 20 décembre de l'année 1643, ils reçurent, en même temps que leurs voisins de Beauval et de Puchévillers, des lettres de sommation des Espagnols les menaçant de mort s'ils se refusaient à leur payer une contribution de guerre (1).

Jusqu'à la paix des Pyrénées, en 1659, le pays fut continuellement foulé par des passages de troupes et par des incursions plus ou moins ruineuses d'Espagnols. L'église paroissiale de Beauquesne ne fut pas plus épargnée que les habitations particulières, et ce ne fut que vingt-trois ans après le passage des Croates, c'est-à-dire en juillet 1658, qu'elle rentra en possession de ses ornements par l'entremise des Pères de la Mission de l'Oratoire, qui « firent un accord à cet effet, du temps de Me Capron, curé (2). »

A l'époque où se sont produits tous ces évènements, le château de Beauquesne existait-il encore, et a-t-il pu servir d'abri, à l'heure de toutes ces calamités, à quelques-uns des habitants ? Toutes nos recherches sur ce sujet ont été jusqu'ici infructueuses et le seront probablement toujours.

(1) *Mémoires de la Société des Antiquaires de Picardie*, année 1887.
(2) Registres de la Fabrique.

La dernière fois qu'il est question de cette forteresse, dans les pièces à nous connues, c'est au temps des guerres de la Ligue. Nous avons raconté plus haut la prise qu'en avait faite, pour le parti ligueur, le comte Charles de Mansfeld, le 5 mai 1593, et l'œuvre de démolition qu'il y avait entreprise. Nous avons vu aussi que cette œuvre avait été interrompue, le 25 du même mois, par le seigneur de Raincheval, et que cet ardent royaliste s'était empressé sur-le-champ de remettre ce château en bon état, de telle sorte que, le 8 août suivant, la ville d'Amiens avait supplié « les princes » de l'en déloger de nouveau. Or, les travaux de réparation ont-ils été alors absolument complets? Ou bien la restauration n'a-t-elle été que très imparfaite? Tel est le problème. Dans la dernière hypothèse, le temps se serait seul chargé de compléter la ruine de cet édifice. Dans l'autre cas, il aurait sans aucun doute subi le sort de tant d'autres constructions du même genre, au temps de Louis XIII. Le cardinal de Richelieu, en effet, ne pouvait pas souffrir l'existence de ces lieux fortifiés qui permettaient de faire échec à la puissance royale. Aussi prit-il à tâche d'anéantir « toutes les villes et chasteaux qui n'estoient point scituez sur les frontières ou ne servoient point de bride aux grandes villes mutines et fascheuses. » En conséquence, un édit rendu à Nantes et enregistré au Parlement de Bretagne en prescrivit-il le « rasement. » Dans les Assemblées des Notables tenues le 2 décembre 1626 et en février 1627, il engagea l'Assemblée à demander elle-même l'accomplissement de cette mesure. Elle y consentit et de nouveaux édits de 1627 et 1629 renouvelèrent ses prescriptions (1).

(1) A la fin du xviie siècle, le gouvernement du château de Beauquesne avait cessé d'appartenir à la famille de Gourlay, qui le possédait dans la première moitié du siècle. Nous lisons en effet dans une pièce des Archives Nationales, section administrative, Q 1538, que « le sieur Acary de Conteval, capitaine du château de Beauquesne, obtient la jouissance du Bois-Roy, en récompense de ses services, et en jouit *comme son père.* »

La famille Accary comptait donc alors au moins une seconde géné-

Malgré l'opposition de quelques grands, Richelieu poursuivit dès lors avec une rigueur implacable l'exécution de ses desseins, et c'est de cette époque que date la disparition de tant de vieux manoirs dont il n'est resté debout, sur quelques hauteurs, qu'une tour lézardée ou un donjon éventré. C'est le spectacle qui s'est vu à Beauquesne jusque vers la fin de la Restauration, et dont un dessin, fait par un artiste né dans le pays, M. Prosper Lépinoy, nous a conservé le souvenir.

ration dans cette place, et nous verrons que le dernier personnage qui l'occupa, et qui mourut à la veille de la Révolution, était issu de la même souche. Voyons donc ce qu'était cette famille Accary :

Le premier personnage connu de ce nom fut Jean Accary, seigneur d'Andreselles, qui épousa l'héritière de Conteval. Il vivait en 1558 et en 1564. Il eut deux fils, Philippe et Charles. L'aîné, né en 1560, fut seigneur de Conteval. Le fils de celui-ci, Jean, aussi seigneur de Conteval, se maria en 1631. Il testa, le 3 avril 1660, en faveur de ses six enfants : Robert, Charles, François, Jacques, Louis et Marie-Marthe. Des cinq frères, Jacques paraît, d'après le *Nobiliaire de Picardie*, être le seul qui ait eu des enfants, deux fils, dont l'aîné se nommait François, et le cadet Charles-Joseph.

De Charles, frère de Philippe, et chef de la seconde branche, est né un fils, Jean, qui se maria et eut à son tour trois fils, Daniel, François et Louis.

De la branche aînée, Robert, seigneur de la Suze, et Charles, sieur de Conteval, prouvèrent leur noblesse en 1670. Mais quels furent les deux personnages mentionnés dans la pièce des *Archives* dont il a été question plus haut ? Serait-ce Jean et l'un de ses deux fils, Robert ou Charles ? Cela est plus que probable ; mais, en l'absence de textes plus précis, nous ne saurions rien affirmer.

Pendant tout le cours du XVII° siècle, les fonctions de prévôt de Beauquesne sont aussi restées héréditairement dans la famille Du Fresne. A Louis, entré en fonctions en 1594, avait succédé, en 1629, son fils aîné Adrien. Celui-ci mourut en 1666, et son fils Louis, qui lui avait succédé, sur sa résignation, un mois avant sa mort, administra cette charge jusqu'en 1710. Nous retrouverons tous ces personnages dans le cours du XVIII° siècle.

CHAPITRE XXXV

Le duc Henri II. Madame de Longueville et leurs enfants, les ducs Charles-Paris et Jean, seigneurs de Beauquesne.

Pendant que Beauquesne subissait toutes ces misères, son seigneur jouait, sur divers champs de bataille, d'abord, puis en Westphalie, comme négociateur, et enfin pendant la Fronde, à la remorque de sa belle épouse, un rôle brillant, il est vrai, mais, dans cette dernière période, il faut l'avouer, un peu trop retentissant.

Assez jeune encore, il avait la réputation d'un bon général. Aussi Richelieu le mit-il, à différentes reprises, à la tête des armées royales : en 1637, en Franche-Comté ; en Allemagne, en 1639, pour y remplacer Bernard de Weimar; et enfin, en juin 1642, en Piémont. A l'avènement de Louis XIV, il fut nommé membre du Conseil de Régence, et deux ans plus tard, en 1645, la régente l'envoya à Munster, pour y continuer, en vue de la paix, et de concert avec D'Avaux et Abel Servien, les négociations entamées, l'année précédente, avec les Impériaux, par ces deux diplomates.

Marié, une première fois, en 1617, à Louise de Bourbon, fille de Charles de Bourbon, comte de Soissons, et devenu veuf en 1637, il n'avait eu, de ce mariage, qu'une fille, née en 1625, et connue longtemps sous le nom de Mademoiselle de Longueville. Le 2 juin 1642, il avait épousé, en secondes noces, Anne-Geneviève de Bourbon, jeune princesse de la plus éclatante beauté, et sœur de celui qu'on allait bientôt nommer le Grand Condé.

Son séjour se prolongeant à Munster, le duc y appela auprès de lui, en 1646, sa jeune femme et Mademoiselle de

Longueville. Celle-ci, de six années seulement moins âgée que sa belle-mère, ne la quittait jamais. Bien que fort jeune, elle était intelligente et studieuse, sage et réfléchie. Au bout de quelque temps, elle s'aperçut que Servien et D'Avaux, quoique placés en sous-ordre, avaient de Mazarin des instructions secrètes, et en avertit son père. Celui-ci, blessé de ce procédé, quitta Munster et revint à Paris en 1648. Son irritation le jeta bientôt dans le parti de la Fronde, d'autant mieux que sa femme, plus furieuse encore que lui contre la reine et Mazarin, l'y excitait de tout son pouvoir. Vive, séduisante et légère, galante et emportée par un esprit de frivolité et de vertige, la duchesse se jeta dès lors à corps perdu dans toutes les intrigues qui troublèrent la régence d'Anne d'Autriche, et y acquit une fâcheuse célébrité.

Elle s'unit tout d'abord au Coadjuteur, auquel elle amena, outre son mari, le prince de Marsillac, son amant, et son second frère, le prince de Conti, qui l'idolâtrait. Pendant le siège de Paris, qui dura du 9 janvier au 1er avril 1649, sous la direction du prince de Condé, commandant en chef de l'armée royale, Madame de Longueville fut, avec le Coadjuteur, l'âme de la résistance. Elle s'établit à l'Hôtel-de-Ville avec la duchesse de Bouillon, comme elle d'une éclatante beauté, et y accoucha, dans la nuit du 28 au 29 janvier, d'un fils, dont la Ville, représentée par le Prévôt des Marchands, fut la marraine, et auquel on donna, à cause de cette circonstance, les prénoms de Charles-Paris. Réconciliée, ainsi que son mari, lorsque la paix fut signée, le 11 mars, avec la cour et avec Condé, son frère, sa faveur, comme celle de sa famille, n'eut qu'une durée bien éphémère. Le 18 janvier 1650, le duc de Longueville et les princes de Condé et de Conti furent arrêtés et emprisonnés. La duchesse s'enfuit alors aux Pays-Bas. Mais Mazarin eut le tort d'abuser de sa victoire, et il suscita ainsi, en faveur de ses ennemis, un retour d'opinion tel qu'il se crut enfin obligé d'aller lui-même, le 10 février 1651, les remettre en liberté.

La duchesse revint aussitôt joindre à Paris son mari et ses frères, mais ni elle ni Condé ne purent longtemps refréner leur humeur turbulente, et bientôt ils reprirent leurs machinations. Mais le duc, lassé enfin des intrigues et des galanteries de sa femme, prit le parti de se retirer dans son gouvernement de Normandie, où il était du reste adoré. Sa fille, qui avait quitté sans retour sa belle-mère lorsque celle-ci avait fui aux Pays-Bas, l'avait poussé de toutes ses forces à cette détermination, et, par grand bonheur pour lui-même et pour tout le monde, elle réussit à l'y retenir. La duchesse elle-même, rompant à son tour avec le passé, se décida enfin, elle aussi, à faire, en 1653, son accommodement avec la reine. Elle était, à cette époque, définitivement brouillée avec Marsillac, et, depuis lors, elle ne fit que se lancer de plus en plus dans les pratiques de la plus haute dévotion. Elle se réconcilia en même temps avec son mari, et ils vécurent désormais fort bien ensemble jusqu'à la mort du duc, survenue en 1663.

Le duc Henri de Longueville, de l'avis général, n'était pas un homme ordinaire. « Il avait, dit le cardinal de Retz, de la valeur, de la justice, de la grandeur, de la libéralité ; mais, avec cela, il ne fut jamais qu'un homme médiocre, parce qu'il eut toujours des idées infiniment au-dessus de sa capacité. »

La duchesse, elle, eut très certainement des torts, mais on ne saurait sans injustice lui imputer trop durement ses égarements de jeunesse. En effet, l'exemple de son mari, qui, dès l'époque de son mariage, la délaissait pour ne s'occuper que de Madame de Montbazon, quoiqu'elle fût elle-même jeune et belle, et, de plus, très spirituelle, s'il ne l'excuse pas entièrement, plaide tout au moins très fortement en sa faveur les circonstances atténuantes.

Durant son mariage, la duchesse avait mis au monde deux fils : l'aîné, Jean-Charles-Louis, était né le 12 janvier 1646. Il hérita, à la mort de son père, le titre de duc de Longueville ; le cadet, Charles-Paris, dont nous avons raconté la naissance, et dont la paternité fut unanimement attribuée au prince de Marsillac, plus tard duc de Larochefoucauld, reçut le titre de comte de Saint-Pol et fut destiné à l'Eglise. Mais sa vocation ne l'y portait aucunement, tandis que l'aîné y était invinciblement attiré. Le nouveau duc était au surplus d'un esprit très borné, et on n'eut point de peine à le décider à renoncer, en faveur de son cadet, lors de sa majorité, à tous les titres et aux biens de sa famille. Il alla ensuite à Rome et y prit les ordres en 1668.

Charles-Paris, devenu ainsi duc de Longueville et seigneur de Beauquesne, avait, au contraire de son frère, des qualités brillantes, et, par sa figure et son esprit, il eut auprès des femmes beaucoup de succès. En 1667, il accompagna le roi dans sa campagne de Flandre, et se trouva à la prise de Tournay et à celle de Douai et de Lille. L'année suivante, il servit en Franche-Comté, puis dans l'île de Candie, et périt enfin, le 12 juin 1672, au fameux passage du Rhin.

S'il n'était mort sitôt, il fût certainement bientôt devenu roi de Pologne, car Jean Sobieski, grand maréchal de la Couronne, voulait l'opposer au faible Michel Wisnoviecki, et les ambassadeurs chargés de lui offrir le trône étaient en route pour la France lorsqu'ils apprirent sa mort.

Par suite de cette catastrophe, l'abbé Jean rentra en possession de ses titres et de ses biens patrimoniaux.

CHAPITRE XXXVI

Les biens de la Maladrerie. — Leur réunion à l'Hôtel-Dieu de Doullens.

Ce fut au temps de la seigneurie du duc Jean que s'émut à Beauquesne, en même temps que dans nombre d'autres localités, l'affaire des biens de la Maladrerie. A Beauquesne, cet établissement, nous l'avons déjà dit, avait alors depuis longtemps disparu, et on ignorait absolument ce qu'étaient devenus, à l'exception d'une pièce de sept journaux de terre, sise au lieu dit la Mare, les biens qui avaient constitué sa dotation. Il est en effet impossible que sept journaux seulement de propriétés aient suffi à l'entretien d'un établissement hospitalier.

Or, un édit royal du 20 décembre 1673 réunit à l'Ordre de Notre-Dame du Mont-Carmel et de Saint-Lazare de Jérusalem les maladreries, hôpitaux, etc., dont les revenus ne seraient pas suffisants pour leur permettre une existence particulière. En conséquence de cet édit, un arrêt de la Chambre de l'Arsenal, du 4 mars 1673, rendu à la sollicitation des donataires, et se basant sur ce qu'une « grande partie de ces biens a été détournée par des communautés ou par des particuliers » qui se les sont fait attribuer « par surprise ou faux exposé, » révoqua toutes ces concessions, et, le 13 du même mois, signification fut donnée à l'abbé de Saint-Laurent, administrateur et possesseur de la maladrerie de Beauquesne, d'avoir à s'en désister « et à en rendre et restituer les fruits depuis vingt-neuf ans, ou du moins pendant le temps qu'il en a joui…, » etc.

L'abbé se soumit et l'abandon prescrit eut lieu ; mais les concessionnaires trouvèrent la pâture assez maigre. Aussi, se figurant que les biens dont jouissait la commune de Beauquesne étaient ceux qui avaient appartenu jadis à la maladrerie, attaquèrent-ils bientôt ladite commune en restitution de ces biens. La commune, par l'organe de ses représentants, dut fournir un état de ses possessions patrimoniales avec preuves justificatives à l'appui. Cette pièce existe encore, et nous l'avons retrouvée en fouillant les archives de l'Hôtel-Dieu de Doullens (1). Elle est datée du 17 août 1686 et est ainsi intitulée : « C'est le rapport, déclaration, adueu et dénombrement que Nous, Jean Capron, Louis Dau, Jean de la Porte, Jean Bouthors, Jean Caron, Louis Boucquillon, François Deflesselles, bailli et eschevins de Beauquesne pour S. A. S. Mgr le prince curateur de S. A. S. Mgr le duc de Longueville, seigneur et chatellain dudit Beauquesne, avons fait des terres et héritages de luy tenus en cotterie, appartenantes à notre communauté à cause de ladite chatellenie. »

Ce dénombrement comprend, sur le terroir dudit Beauquesne, quatre-vingt-treize journaux de terre en dix-sept pièces et un pré de trois journaux situé rue de la Maladrerie, avec les tenants et aboutissants. C'était à peu près la moitié de ce que possédait la commune ; le reste était sur les terroirs voisins.

Vingt années se passèrent sans que l'Ordre du Mont-Carmel pût rien recouvrer, à Beauquesne ni ailleurs, de sorte que, voyant que le bienfait du roi ne se traduisait en définitive pour eux qu'en une charge, ces religieux prirent le parti de supplier le roi de les en exonérer. Celui-ci donc, par un édit du mois de mars 1693, et une déclaration du 16 avril suivant, rendit à leur destination primitive les maladreries et autres établissements du même genre. Le 24 août, une déclaration supplémentaire détermina le sort de ces maladreries, conservant leur existence propre à

(1) C'est la première pièce de la cote R.

celles qui étaient dotées d'un revenu suffisant, et annexant les autres à des hôpitaux plus importants.

En conséquence, le 13 juillet 1695, le Conseil d'Etat, « sur l'avis du sieur évêque d'Amiens et du sieur Bignon, ouï le rapport du sieur de Fourcy, » unit et remit à l'Hôtel-Dieu de Doullens les biens et revenus de la maladrerie de cette ville et de celles de Beauquesne, Bouvaincourt, Canaples, Bonneville et Fieffes, Campepré, Naours et Frévent, à la charge de satisfaire aux prières et fondations dont ces établissements pouvaient être grevés, et de recevoir les pauvres malades des localités susdites, à proportion des revenus des biens réunis de chacun desdits lieux.

Les religieuses de l'Hôtel-Dieu, ne pouvant se résigner à ne recueillir, de la maladrerie de Beauquesne, que les sept journaux de terre en question, renouvelèrent les prétentions précédemment émises par l'Ordre de Saint-Lazare sur les propriétés de la commune. Elles firent donc « signiffier, le XI décembre 1696, à François et Pierre Boutehors et à Jean Dembreville, fermiers des prez et terres de cette maladrerie, de leur payer les revenus des années 1695 et 1696 lors échues, suivant les baux qu'ils en peuvent avoir, qu'ils seroient tenus de représenter, et autres titres, s'ils en avoient, concernant les biens de cette maladrerie (1). »

Le 16 juin 1698, les pauvres religieuses, n'ayant point obtenu de succès, en appelèrent à l'Intendant de Picardie, exposant que les fermiers dessus dits, « au lieu de satisfaire à leur demande, auroient, respondant à leur signification par autre du 15 du présent mois, sous le nom des échevins et habitants dudit Beauquesne, fait réponse qu'ils s'opposoient et qu'ils empeschoient lesdits fermiers de payer sa demante, aux suppliantes, n'estant un bien de malladrerie, mais un bien de patrimonie et domanial dudit Beauquesne, à ce qu'ils prétendent, et d'autant que ces titres et pappiers en sont possédez par aulcuns desdits

---

(1) Voir, aux mêmes archives, la quatrième pièce de la cote R.

habitants... et outre que ceux qui ont ces titres et pappiers retiennent en fraude dudit hospital et des pauvres d'iceluy sans les vouloir aider ni les rendre et restituer aux suppliantes pour s'en pouvoir mettre en possession et en percevoir les revenus (1). »

A ces causes, lesdites suppliantes requièrent licence de M. l'Intendant de solliciter de l'autorité diocésaine un monitoire destiné à être lancé au prône, et qui frappera d'excommunication toute personne qui, sachant quelque chose de l'objet recherché, n'en aura pas fait la déclaration.

L'autorisation demandée fut accordée, et M⁰ Antoine Cailly, curé de Beauquesne, proclama par trois fois successives, aux prônes des dimanches 29 juin, 6 et 13 juillet 1698, le monitoire obtenu de M. l'Official d'Amiens, le 20 juin, « pour avoir, par ce moyen, les justes révélations que lesdites religieuses en espèrent. »

Mais ce fut en vain. Il est à penser qu'on ne savait plus rien de ce qu'était devenue la dotation de la maladrerie, ou bien les foudres de l'excommunication étaient déjà bien émoussées ! Ce que recueillit le bon curé est tout à fait insignifiant, et son rapport, daté du 18 août et envoyé aux religieuses, qui le conservent encore, fut tout ce qu'elles retirèrent de ce solennel expédient. Elles durent se contenter du revenu des sept journaux de terre, dont elles jouissent encore, et d'un petit pré de vingt-cinq verges sis rue de la Maladrerie, contigu au « pré de la ville » et appelé lui-même « pré à ladres, » don fait à l'Hôtel-Dieu par une vieille fille dans le cours du XVII⁰ siècle. Pour ce maigre revenu, ledit Hôtel-Dieu de Doullens tient constamment depuis lors un lit à la disposition de la commune de Beauquesne, pour l'un de ses indigents malade ou infirme.

(1) Voir, aux mêmes archives, la quatrième pièce de la côte R.

CHAPITRE XXXVII

Beauquesne a l'ouverture du XVIIIᵉ siècle.

Le xviiiᵉ siècle, à ses débuts, trouva Beauquesne singulièrement déchu de ce qu'il avait été autrefois. A cette heure, plus de prévôt royal tenant ses assises dans le pays ; plus de franchises communales ; plus aucun des édifices qui l'ornaient jadis. Château-fort, hôtel-de-ville, halle royale, hôtel pour la demeure du prévôt et pour la tenue de ses plaids, hôtel-Dieu, maladrerie, moutier : tout avait disparu. Il était de plus réduit à l'état de simple seigneurie sans seigneur résidant. Ce n'est pas tout : le siècle qui s'ouvre verra disparaître jusqu'à l'ombre de ce qui avait fait son importance dans les temps passés. Le titre même de prévôt royal de Beauquesne sera aboli ; les pavés de ses rues lui seront enlevés pour réparer celles d'une rivale moins malheureuse et privilégiée. Il n'y aura plus un bâtiment, quelque modeste fût-il, pour abriter les réunions municipales, et nous verrons bientôt en quel lieu les quelques personnages chargés d'élire les membres de l'échevinage devront se hisser pour exercer leurs fonctions électorales. Ses deux foires annuelles et son marché hebdomadaire disparaîtront. Enfin les ruines mêmes de son château-fort et le terrain sur lequel il était construit seront vendus, quelques années avant la Révolution, pour un prix dérisoire, à quatre particuliers qui sèmeront du colza autour de ce qui subsistait de son ancien donjon, avant d'en démolir les restes encore imposants. Et il ne se trouvera dans le pays ni une municipalité, ni une personnalité assez possédée du culte du passé pour en faire l'acquisition et conserver ces restes, à titre de souvenir d'une importance disparue.

Malgré tout, il faut le reconnaître, la situation était devenue, dans le pays, moins précaire qu'elle ne l'avait été, et les ruines accumulées par les Croates et par Jean de Werth étaient, depuis plusieurs années déjà, réparées. La population, par là même, tendait incessamment à s'y accroître. En 1691, on comptait, à Beauquesne, un peu moins de deux cent cinquante feux : ce renseignement nous est fourni par les registres de l'état-civil de la paroisse. En effet, un édit de l'année 1691 ayant établi que les actes de l'état-civil des paroisses devraient être inscrits sur du papier timbré dont lesdites paroisses seraient tenues de faire annuellement l'acquisition, sur le taux de dix feuilles, à une livre chaque feuille, pour celles qui compteraient moins de deux cent cinquante feux, Beauquesne n'en eut à acheter, cette année, que dix feuilles. Mais la population ne devait guères être inférieure à ce chiffre, car, pour l'année 1696, le nombre des feuilles achetées a été de quinze, chiffre fixé pour les localités atteignant deux cent cinquante feux et plus. En 1709, ce chiffre de deux cent cinquante était notablement dépassé, car l'en-tête du registre, pour l'année 1710, donne formellement comme existant dans la paroisse, à cette date, le nombre de deux cent cinquante-neuf familles.

De même qu'aux temps de Charles VIII et de Louis XII, la guerre sévissait encore, il est vrai, mais la frontière s'était notablement éloignée, et nos contrées n'en étaient plus le théâtre. Il y avait bien des passages de troupes et des réquisitions de vivres pour les hommes et pour les chevaux ; des dépôts de blé et de fourrages s'y faisaient même jusque dans les églises, car nous trouvons, dans les registres de la paroisse, qu'une habitante de Beauquesne, Marie-Anne Bectun, femme de M. Pierre Dembreville, étant morte le 18 septembre 1710, ne put être enterrée dans l'église paroissiale, où « sa qualité » lui donnait une place, à cause de la grande quantité de blé qui s'y trouvait déposée pour pourvoir aux besoins des armées du roi, du côté des frontières du nord. Mais enfin les cultivateurs y vivaient à peu près en paix en travaillant, et s'y multipliaient, de sorte qu'à la fin du siècle, en l'an VII, il se trouvera, au partage des biens communaux, deux mille deux cent quarante-trois participants.

Dès les dernières années du xviie siècle, nous avons la preuve d'une certaine reprise de l'agriculture, car nous lisons dans une « déclaration » de Madame la duchesse de Nemours, du 25 septembre 1685, que « la terre de Beauquesne valait alors deux mille six cents livres de rente (1), » et nous savons que la principale source de ce revenu était le rendement de la terre.

(1) *Archives Nationales*, section administrative, Q 1538.

CHAPITRE XXXVIII

Testaments du duc Jean. — Procès qui s'en suivent. — Beauquesne a Madame de Nemours. — Quelques mots sur cette princesse. — Sa mort. — La seigneurie de Beauquesne aux maisons de Luynes et de Conti.

Au temps de sa jeunesse, le duc Jean de Longueville était déjà, nous l'avons dit, d'un esprit très borné. A mesure qu'il avança en âge, son état mental empira, et il devint, dit Saint-Simon, « de plus en plus égaré. » On se vit alors forcé de l'interner dans l'abbaye de Saint-Georges, près de Rouen. Lorsqu'à la mort de son frère il fut rentré en possession de son patrimoine, sa mère dut en conséquence prendre en main l'administration de ses biens, et, après la mort de cette princesse, en 1679, ce fut son frère, le grand Condé, puis M. le Prince, son fils, qu'un arrêt du Parlement chargea de la curatelle du pauvre duc. Il mourut enfin, le 4 février 1694, et alors un procès retentissant s'éleva, au sujet de sa succession, entre la sœur consanguine du défunt, Madame la duchesse de Nemours, dont il a déjà été parlé plus haut, sous le nom de Mademoiselle de Longueville, et le prince de Conti, cousin-germain du duc-abbé, du côté maternel.

Les deux adversaires produisaient chacun un testament fait en sa faveur : celui du prince, plus ancien, et celui de la duchesse, d'une époque plus récente. Cette postériorité de date semblait mettre le bon droit du côté de la duchesse ; et pourtant l'évènement fut loin de justifier ces prévisions. Après une durée de près de cinq ans, le procès se termina enfin, à la mi-décembre de l'année 1698, et la sentence donna gain de cause au prince, en se fondant sur ce que le testament qui le favorisait avait été souscrit avant l'entrée de Jean dans les ordres, et que la collation de la prêtrise établissait implicitement chez lui, à cette époque, la possession de sa raison; tandis que, depuis lors, il était devenu de plus en plus incapable d'accomplir aucun acte valable.

Cette sentence ne dépouilla toutefois pas Madame de Nemours de toutes les propriétés patrimoniales de sa famille, car nous savons qu'il lui en revint un certain nombre, la seigneurie de Beauquesne entre autres. On lit en effet dans une pièce des Archives Nationales que « le 9 may 1700, il a été payé par Madame la duchesse de Nemours, pour conf⁽ᵐ⁾ de la terre et seigneurie de Beauquesne et des droits d'échange, en conséquence des édits des mois de mars et avril 1695, la somme de 2,500 livres (1). »

Madame de Nemours, née en 1625, était devenue, à l'âge de douze ans, par la mort de sa mère, la plus riche héritière de France. Retirée, comme nous l'avons dit, à Rouen, chef-lieu du gouvernement de son père, lorsqu'elle eût rompu avec sa belle-mère, elle s'y consacra à l'étude et y mena une vie calme et sage. Après avoir refusé la main du duc d'Yorck, le futur roi d'Angleterre, Jacques II, et celle de Charles de Gonzague de Nevers, qui devint duc de Mantoue, le hasard la mit en rapport avec un jeune homme doué, comme elle, d'un goût très vif pour l'étude, très doux et très dévot. Cadet de famille, il avait d'abord appartenu à l'Eglise et avait été fait archevêque de Reims; mais la mort de ses deux frères ainés l'avait fait rentrer dans le monde : c'était le duc Henri II de Savoie-Nemours. Malheureusement, il était épileptique, et son corps en était devenu un peu contrefait; de sorte qu'il était impossible de concevoir pour lui le moindre espoir d'avenir. Mademoiselle de Longueville n'hésita cependant pas

(1) R⁽ᵗ⁾ Artois, cote 686, Domaines aliénez, 107.

à l'épouser. La cérémonie eut lieu le 22 mai 1657, et la nouvelle duchesse, qui fut peut-être alors frappée de la sottise qu'elle venait de faire, l'arrosa de larmes abondantes. Le pauvre duc en tomba malade sur-le-champ, et ne se rétablit pas. Il languit ainsi dix-neuf mois, et mourut enfin, le 2 janvier 1659.

Veuve à trente-quatre ans, Madame de Nemours ne voulut, de sa vie, entendre parler de remariage, et, rare exception dans ce siècle de galanterie, jamais la médisance ne trouva la moindre prise sur elle. Elle partagea dès lors son temps entre la culture des lettres et la gestion de son immense fortune. Le duc de Saint-Simon nous a laissé d'elle, dans ses *Mémoires*, un portrait assez piquant, alors qu'elle était vieille. « C'étoit, dit-il, une personne fort haute, extraordinaire, riche infiniment, et vivant très-magnifiquement. Elle se tenoit fort chez elle, à l'hôtel de Soissons, dont elle possédoit la moitié, à l'encontre de Madame de Carignan, sa tante, avec une figure tout à fait singulière et de gros yeux qui n'y voyoient goutte. » Elle avait de plus « un tic qui lui faisoit toujours aller une épaule, avec des cheveux blancs qui lui traînoient partout... et une façon de se mettre en tourière aussi fort singulière... Avec cela, elle avoit néanmoins l'air du monde le plus imposant. Aussi étoit-elle altière au dernier point et avoit infiniment d'esprit, avec une langue élégante et animée à qui elle ne refusoit rien... » Après la mort de sa belle-mère, elle avait disputé, mais sans succès, au prince de Condé, l'administration des biens de son frère, le duc Jean. A la mort de ce frère, elle avait eu, comme nous l'avons vu plus haut, le malheur de perdre contre le prince de Conti un second procès, encore plus important que le premier.

La duchesse avait rencontré, dans ces diverses circonstances, d'assez nombreuses hostilités ; le roi lui-même lui avait été peu favorable. Aussi tous ces déboires avaient-ils encore aigri son caractère, naturellement déjà peu commode. C'était à tel point « qu'elle ne pouvoit pardonner. Elle ne finissoit point là-dessus ; et quand quelquefois on lui demandoit si elle disoit le *Pater*, elle répondoit que oui, mais qu'elle passoit l'article du pardon des ennemis sans le dire. On peut juger que la dévotion ne l'incommodoit point. Elle faisoit elle-même le conte qu'étant un jour entrée dans un confessionnal sans être suivie dans l'église, sa mine n'avoit pas imposé au confesseur, ni son accoutrement... « Tout allait bien d'abord pourtant, mais lorsqu'on fut arrivé à l'article de l'oubli des injures, le prêtre lui ayant demandé si elle conservait de la haine contre son prochain, la duchesse répondit qu'elle oubliait assez volontiers les offenses qui lui avaient été faites, mais qu'elle avait trois ennemis à qui elle ne consentirait jamais à pardonner. Incitée à nommer les trois personnes ainsi frappées de sa réprobation, elle nomma le roi de France, le roi de Prusse et le prince de Condé (1). Là-dessus, « le bonhomme, qui, sous un semblable extérieur, étoit loin de deviner une personne d'aussi haute qualité, la crut folle et lui dit de se calmer, que c'étoit des idées qu'il falloit éloigner, qu'il lui conseilloit de n'y plus penser, et surtout de manger de bons potages, si elle en avoit le moyen. La colère lui prit, et le confesseur ferma le volet. Elle se leva et prit le chemin de la porte. Le confesseur, la voyant aller, eut curiosité de voir ce qu'elle devenoit, et la suivit à la porte. Quand il vit cette bonne femme, qu'il croyoit folle, reçue par des écuyers, des demoiselles, et ce grand équipage avec lequel elle marchoit toujours, il pensa tomber à la renverse, puis courut à sa portière lui demander pardon. Elle, à son tour, se moqua de lui, et gagna pour ce jour de ne point aller à confesse. »

Madame de Nemours « avoit toujours vécu dans le plus profond mépris pour ses héritiers naturels (2), » et, dans

(1) Louis XIV l'avait desservie en faveur des Condé, et le roi de Prusse lui disputait Neuchâtel.

(2) Du côté paternel, c'étaient les héritiers de deux sœurs du duc Henri Ier de Longueville : Antoinette, qui avait épousé Charles de Gondi, et Éléonore, femme de Charles de Goyon-Matignon, comte de

la colère où la mit, après la mort de son frère Jean, le procès à elle intenté par le prince de Conti, elle entreprit de disposer, d'une manière tout à fait inattendue, de tous ses biens. Pour cela, « elle déterra un vieux bâtard obscur du dernier comte de Soissons, frère de sa mère. » Il se nommait Louis-Henri, et était connu sous le nom de chevalier de Soissons. Né en 1640, et légitimé trois ans plus tard, il avait été fait chevalier de Malte. « Il n'avoit pas le sens commun, n'avoit jamais servi, ni fréquenté en toute sa vie un homme qu'on pût nommer. La duchesse le fit venir, loger chez elle, et lui donna tout ce qu'elle pouvoit donner et en la meilleure forme, et ce qu'elle pouvoit donner étoit immense. Dès lors, elle le fit appeler le prince de Neuchâtel, et chercha à l'appuyer d'un grand mariage, » après l'avoir fait relever de ses vœux. Le 7 octobre 1694, elle lui fit épouser Angélique-Cunégonde de Montmorency, fille du maréchal de Luxembourg, dont il eut deux filles. L'aînée, Louise-Léontine-Jacqueline, naquit le 16 octobre 1696 et devint, après la mort de son père, le 8 février 1703, l'héritière de Madame de Nemours. Elle fut désignée dès lors sous le nom de princesse de Neuchâtel. La duchesse mourut enfin, le 16 juin 1707, à l'âge de quatre-vingt-deux ans, et la famille de Longueville s'éteignit avec elle.

La princesse de Neufchâtel ne recueillit qu'une partie de son héritage, car la seigneurie de Beauquesne elle-même ne lui échut que pour les quatre quints. Le cinquième alla aux princes de Conti, en conséquence du testament du duc Jean. C'était néanmoins une riche héritière, et elle se qualifiait alors « princesse de Neuchâtel et de Valengin, en Suisse, comtesse de Dunois, de Chaumont, de

---

Torigny. Du côté maternel, une sœur de sa mère, Marie de Bourbon-Soissons, mariée à Thomas de Savoie-Carignan, avait laissé deux fils, le prince de Carignan et le comte de Soissons.

Plus tard, lorsque mourut la duchesse, il ne lui restait plus, du côté paternel, que la duchesse de Villeroy, arrière-petite-fille de Madame de Gondi, et le comte et le maréchal de Matignan, petits-fils d'Éléonore de Longueville.

Noyers, baronne de Lucheux, de Bonnétable et de Beaugé, dame de Coulommiers, de Bonneuil, de Beauquesne, Ayraines, etc. » Le 24 février 1710, elle épousa Charles-Philippe d'Albert, d'un an plus âgé qu'elle, et fils du duc de Monfort, arrière-petit-fils lui-même du connétable de Luynes, favori de Louis XIII. C'est ensuite de ce mariage que la seigneurie de Beauquesne passa, pour les quatre quints, à la maison de Luynes.

Le 24 avril 1717, la jeune duchesse de Luynes mit au monde un fils, à qui on donna les prénoms de Marie-Charles-Louis, et qui reçut en naissant le titre de duc de Chevreuse (1). Elle ne vécut guère et laissa, en mourant, le 11 janvier 1721, son héritage à son enfant.

Le revenu que produisait alors au petit duc la terre de Beauquesne nous est connu, à peu de chose près. Nous possédons, en effet, la minute d'un bail passé, au nom de son fils, par le duc de Luynes, à la date du 15 septembre 1723, en faveur du nommé Claude Guillain, laboureur audit Beauquesne. Ce bail, « comprenant les quatre quints du droit de champart et de neuf journaux de terre labourable qui composaient alors le domaine de la seigneurie, avec la grange champarteresse et les vergeaux, » impose au preneur « un pot de vin de cent livres et un fermage annuel de deux mille deux cents autres livres. »

Le cinquième quint, appartenant au prince de Conti, était, à la même époque, affermé à Pasquin Renard, moyennant une somme annuelle de six cents livres, et le bail en fut renouvelé, aux mêmes conditions, le 26 juin 1727, en faveur du même Claude Guillain, fermier des quatre autres quints.

Le produit des censives, d'après une statistique manuscrite de la bibliothèque d'Amiens, était, en ce même temps, de deux cent quatre-vingts livres.

Quant au rendement de la partie de bois engagée par

---

(1) Les aînés de la famille de Luynes portent alternativement et successivement le titre de duc de Luynes et celui de duc de Chevreuse.

l'acte de 1574, nous en ignorons absolument l'importance.

Quoiqu'il en soit, il appert de ces chiffres que le revenu total de cette terre était devenu bien supérieur à celui qu'accusait, en 1686, Madame de Nemours, puisque celui-ci ne s'élevait alors, on se le rappelle, qu'à deux mille six cents livres.

CHAPITRE XXXIX

Procès divers soutenus par la commune contre le duc de Luynes
et contre les seigneurs d'Orville.

Des difficultés s'élevèrent bientôt entre la commune de Beauquesne et le duc de Luynes, tuteur de son jeune fils, puis entre ladite commune et le seigneur d'Orville, et des procès longs et coûteux s'en suivirent.

La première attaque vint du duc. Ce seigneur, malgré l'élévation bien constatée du revenu de la seigneurie de Beauquesne, en trouvait néanmoins le chiffre trop insuffisant. Il résolut donc d'essayer de l'accroître encore. Il ne pouvait être question d'élever le taux du champart, ni celui des censives payées en nature, mais il existait une autre redevance, évidemment trop minime si on la compare aux autres : c'était le « cens de ville, » qui « se consistoit en un denier. »

Nous avons déjà dit précédemment qu'à l'époque à laquelle cette prestation avait été établie, la valeur de l'argent étant plus de cinquante fois supérieure à ce qu'elle est aujourd'hui, un denier représentait quelque chose, tandis qu'au xviiie siècle, c'était vraiment un taux dérisoire. Le duc de Luynes, comme tuteur du principal seigneur, prétendit donc élever ce cens de un denier à une livre par maison et manoir, chaque année, en outre des cens ordinaires. Mais les Beauquesnois, appuyés sur un usage tant de fois séculaire, s'opposèrent énergiquement à cette prétention, et, le 3 avril 1731, dans une assemblée générale du Conseil de la Commune, un syndic fut nommé pour s'opposer, à Amiens, à l'action intentée par le seigneur à ladite commune.

Le procès traîna en longueur, et, trois ans plus tard, pour bien établir leur situation, cinquante-huit propriétaires d'immeubles firent dresser, dans l'étude du notaire de Rubempré, où ils sont encore, une série d'*aveux* fixant le montant des redevances par eux payées de temps immémorial pour les propriétés qu'ils possédaient dans l'enceinte du « Tour de Ville. »

Au commencement de l'année suivante, le syndic nommé en 1731 étant mort, une nouvelle assemblée du Conseil général de la Commune fut tenue, le 13 janvier, à l'effet d'en choisir un nouveau pour continuer à soutenir le procès.

Ce n'est pas tout : aux prétentions précédentes, le duc ajouta bientôt encore celle d'exercer la police et de s'attribuer la connaissance des causes particulières. Les anciennes franchises communales étant abolies, le Conseil de la Commune ne pouvait plus songer à les invoquer; mais, irrité comme il l'était contre le seigneur, il prit fort mal l'annonce de cette nouvelle compétition. Il se réunit donc de nouveau, le 22 mai de cette même année, et, prétextant que ces matières étaient attribuées par la coutume au prévôt royal, il décida de faire également opposition à cette nouvelle chicane.

Les Beauquesnois avaient, sur les deux points, la légalité pour eux, et, en même temps, sur le second, l'intérêt du gouvernement. Aussi, malgré le rang élevé du seigneur, ce furent les habitants qui l'emportèrent.

Pour ce qui est du second procès il fut motivé par de graves infractions des habitants à la banalité du moulin.

Un sieur Bouthors, de Beauquesne, avait établi, vers la fin de la première moitié du XVIIIe siècle, un moulin sur une propriété mouvante de Saint-Jean d'Amiens, au sud du village, et un certain nombre d'habitants y faisaient moudre leurs grains. C'était autant d'enlevé au moulin banal ou à sa succursale. Celle-ci n'était pas pour cela entièrement abandonnée, car un bail du 27 février 1756 imposait à son meunier fermier une redevance annuelle de six cents livres. Toutefois le seigneur d'Orville, Jean-Antoine de Créquy-Canaples, propriétaire de la banalité, entendait maintenir intact son monopole ; aussi fit-il saisir, dans le moulin rival, les sacs de grains appartenant à des habitants de Beauquesne, et dresser procès-verbal contre leurs propriétaires et contre le meunier lui-même.

La commune tout entière, impatiente de se débarrasser du poids de cette banalité, prit fait et cause pour ses concitoyens, et, dans une assemblée générale tenue le 15 avril 1754, nomma un syndic qu'elle chargea de soutenir le procès, « en articulant même positivement et offrant la preuve que depuis un temps immémorial lesdits habitants de Beauquesne sont en possession et ont la liberté de faire moudre leurs grains où bon leur semble. »

L'affaire, comme la précédente, et beaucoup plus qu'elle, traîna en longueur, et le comte Jean-Antoine mourut avant d'en voir la fin. Mais alors son frère et successeur, « Messire Hugues, » reprit l'instance par acte du 23 novembre 1763. Le syndic nommé était mort aussi à cette date, et une nouvelle assemblée de la commune lui donna, le 10 février 1765, un successeur, et décida de continuer la lutte.

Elle continua en effet, et seize ans plus tard, le 28 juillet 1779, une sentence débouta le comte de ses prétentions et donna gain de cause à la commune. Mais M. de Créquy ne se tint pas pour battu, et en appela au Parlement. Nouvelle assemblée de la « Communauté, » le 17 octobre suivant, qui décida de continuer le procès. Mais, pour cela, l'argent manquait : on emprunta mille livres.

Le 10 mars 1782, rien n'était encore terminé, et, dans le but de hâter l'action judiciaire, une nouvelle assemblée générale décida un nouvel emprunt de trois mille livres destiné à rembourser les mille livres du premier, et, avec le reste, de payer à l'avance « les épices et vacations » des officiers de justice, de manière à arriver enfin à une solution.

Nous ne savons pas si on y arriva avant la Révolution; seulement, les trois mille livres empruntées étaient encore dues lors du partage des biens communaux (1).

(1) Voir, aux archives du notaire de Beauquesne, des actes du 10 février 1765, du 17 octobre 1779 et du 10 mars 1782.

CHAPITRE XL

Revenus du clergé sur Beauquesne au XVIII° siècle. — Revenus et charges de la commune a la même époque.

Si les seigneurs cherchaient à accroître leur revenu, l'Etat, au moins autant qu'eux à court d'argent, s'ingéniait aussi continuellement à se procurer de nouvelles ressources. Ce n'était pas seulement au troisième ordre qu'il s'attaquait : les privilégiés avaient aussi leur tour. Nous avons vu Madame de Nemours forcée de payer, en 1700, deux mille cinq cents livres pour confirmation du contrat de vente de Beauquesne, c'est-à-dire à peu près une année de son revenu.

En 1723, le duc de Luynes dut verser, pour le même objet, une somme de cinq cents livres (1), et, le 30 décembre 1743, son fils, le duc de Chevreuse, devra financer de nouveau sous le même prétexte.

Le clergé aussi avait son tour. En 1728, pour qu'il fût possible d'apprécier ce qu'on pourrait tirer de lui, il dut fournir une « déclaration générale » de tous ses biens, et M. Darsy a publié le texte de ces déclarations pour ce qui concerne nos contrées. Voici ce que nous trouvons dans son travail intéressant sur Beauquesne :

1° *L'Eglise paroissiale.*

« L'abbé de Corbie paie, comme gros décimateur, au curé, pour sa portion congrue, trois cents livres ; les novales produisent cinq livres, et le casuel cinquante

(1) *Archives Nationales*, R² Artois, Domaines aliénez, n° 108.

livres. Total : trois cent cinquante-cinq livres nettes de toutes charges. »

2° *La Chapelle Saint-Louis, au château.*

« Collateur de plein droit, le seigneur du lieu.

Revenus : à recevoir du domaine, vingt-trois livres cinq sols ; un journal de bois taillis à prendre dans le bois du seigneur, à coupe de neuf ans, estimé quarante-cinq livres. Total : soixante-huit livres cinq sols.

Charges : frais de quittance, quinze sols ; deux messes par semaines, quarante livres. Au total, quarante livres quinze sols. »

3° *La Chapelle Saint-Nicolas.*

« A seize journaux de terre en cinq pièces affermées soixante-dix livres.

Charges : douze messes par an, six livres. »

4° *La Chapelle Saint-Quentin.*

« Présentateur, le seigneur de Marieux.

Revenus : soixante-dix livres. A un garde du corps, « comme si c'étoit une maladrerie ou hospital. » On n'y dit ni messes ni prières (1). »

5° *L'Abbaye de Saint-Michel, de Doullens,*

« Possédait, sur le terroir de Beauquesne, quinze journaux à la sole de terre affermés moyennant le prix annuel de cent livres ; plus six septiers de blé estimés quarante-huit livres dix sols ; plus un septier d'orge évalué sept livres neuf sous ; et enfin soixante bottes de paille de la valeur de trois livres. »

Sans prétendre mettre en doute la loyauté des déclarants, nous dirons néanmoins qu'ils ne nous paraissent pas

(1) Outre ces deux dernières chapelles, que Dom Grenier place dans l'église, il en nomme une quatrième, celle de Saint-Antoine, sise également dans l'église, et dont nous ne connaissons ni le présentateur, ni le revenu.

avoir forcé les chiffres, car nous possédons la minute d'un bail des seize journaux et demi de terre de la chapelle de Saint-Nicolas, datée de 1703, et nous y voyons les redevances annuelles ainsi fixées : « dix-neuf septiers de bon bled et un cochon de lait, en outre des impositions ordinaires et extraordinaires. Le fermier fera, en surplus, dire à ses frais douze messes basses par an. » Or, outre que les messes sont ici à la charge du fermier, le prix des dix-neuf septiers de blé, qui était assurément aussi élevé en 1703 qu'il l'était en 1728, constituerait, au taux de huit livres le septier, un fermage de plus de deux fois supérieur à celui de la déclaration.

Pour ce qui est des chiffres du curé de la paroisse, ils ne nous paraissent pas davantage susceptibles d'être taxés d'exagération. Il est en effet difficile d'admetre qu'une paroisse de quatorze à quinze cents âmes n'ait produit qu'un casuel de cinquante livres. Toutefois, même en admettant une inexactitude assez grande dans ces chiffres, il faut convenir que le clergé de campagne, en comparant son sort à celui des gros bénéficiaires de cette époque, était assez chichement payé. « Dans les paroisses, dit M. Darsy, où le curé de campagne jouissait de bénéfices concurremment avec un gros décimateur, la position de ce pauvre curé était fort précaire. Pour y obvier, les rois Louis XIII et Louis XIV, par leurs ordonnances de janvier 1629, janvier 1686 et juin 1688, donnèrent le droit aux curés de ces paroisses d'opter entre leur situation établie et une portion minima de trois cents livres nette de charges, et en dehors du casuel. On donna à cette part le nom de *portion congrue*. La portion des vicaires était de cent cinquante livres. Plus tard, l'argent baissant toujours de valeur, Louis XV, en 1768, éleva la portion congrue des curés à cinq cents livres, et celle des vicaires à deux cents, payables, l'une comme l'autre, par le gros décimateur. »

A Beauquesne, le gros décimateur était toujours l'abbé de Corbie. Il y possédait, à ce titre, en toute propriété, sept journaux de terre, et, en outre, la dîme sur tout le terroir. Dans un bail, passé le 8 mars 1744, le tout était affermé au prix de seize cent vingt livres, au profit de l'abbé, et, en plus, « pour les religieux, ce qui pouvait leur être dû pour leurs récréations des Roys et pour les enfants d'écoles, » et enfin « vingt-cinq livres par chaque espèce de réparations qui auront lieu au chœur de l'église durant le bail (1). »

Vingt-neuf ans plus tard, l'agriculture avait singulièrement prospéré, car un nouveau bail, du 4 juin 1773, porte la redevance à trois mille deux cents livres (2).

La Fabrique de l'église enfin possédait, antérieurement à l'année 1661, quatre marchés de terre, de chacun six journaux à la sole. De divers baux passés, le 14 octobre 1714, en l'étude du notaire de Beauquesne, il résulte que chacun de ces marchés était affermé aux conditions suivantes : « pour pot de vin, chacun trois livres ; pour vin aux sieurs curé et marguilliers, chacun quinze livres ; en outre, pendant la durée du bail, chacun trois voiturages à Arras, et, chaque année, pour le sieur curé, à Noël, un coignet, et à Pâques un gâteau ; enfin, à la Saint André, chaque année également, un fermage de soixante-douze livres. »

Outre ces vingt-quatre journaux de terre à la sole, la Fabrique avait encore reçu, depuis 1661, différents legs. Elle continuera d'en recevoir jusqu'à la Révolution, et nous en ferons plus tard le compte.

Nous avons déjà vu, au chapitre concernant la réunion de la maladrerie à l'Hôtel-Dieu de Doullens, que la commune possédait, elle aussi, des biens patrimoniaux. Ils lui provenaient de la donation que lui en avait faite, à une date inconnue, un curé de la paroisse, M. l'abbé Jumel. Ce renseignement nous vient de deux sources : en premier lieu, d'un bail de ces biens, passé en l'étude de Beau-

---

(1) Acte de l'Etude de Rubempré.
(2) Acte de l'Etude de Beauquesne.

quesne, le 24 mars 1765, et, en second lieu, d'une pièce des Archives départementales contenant le budget de la commune pour l'année 1777. Ces biens étaient divisés en quatre marchés : deux, sur Beauquesne et les terroirs voisins, de chacun vingt-cinq journaux à la sole de terre et de journal et demi de pré; un troisième, sur Terramesnil, au Larris-Saint-Pierre, de quatre journaux à la sole ; un quatrième enfin, sur Authieule, de sept journaux, également à la sole.

Ce dernier était loué, par un bail du 26 mars 1715, moyennant un pot-de-vin de trois cents livres et un fermage annuel de cent livres, plus les cens et les impositions ordinaires et extraordinaires.

Pour celui de quatre journaux à la sole, un bail du 28 octobre précédent avait stipulé un pot-de-vin de vingt livres et un fermage annuel de quarante-huit livres, en dehors des censives, des tailles, etc.

Enfin, un autre bail, du 29 mai 1719, de beaucoup le plus important, et qui nous présente en outre, comme on va le voir, un assez grand intérêt, concerne les deux premiers marchés. Les charges en sont, pour chacun des deux preneurs, un pot-de-vin de deux cent vingt livres, et un fermage annuel de cent quatre-vingt-quinze livres, en dehors de quelques autres stipulations dont nous allons parler.

Dans son testament, le bon abbé Jumel avait imposé à la commune certaines obligations dont celle-ci se déchargeait sur les fermiers de ces deux derniers marchés. Ces obligations sont énumérées dans ce dernier bail et nous allons les reproduire textuellement :

« Chacun des deux fermiers fournira, chacun an, huit septiers de blé de bonne qualité, mesure du lieu, qui seront convertis en pain pour être portés au principal portail de l'église de Beauquesne, et là être, de l'ordre des maire, échevins, et de l'ordre du sieur curé, distribués aux plus pauvres nécessiteux de la paroisse, sur l'état et adjudication du sieur curé, suivant l'intention du fondateur dudit bien, le vendredi qui précédera la fête de Saint Simon-

Saint Jude, jour de la solennité du service à l'intention du fondateur du bien donné ; plus chacun des deux adjudicataires promet bailler et livrer, sans aucune diminution du prix principal, auxdits échevins pendant le cours du présent bail, au jour de la Fête-Dieu, deux douzaines et demie de paires de gants bons et valables et à usage d'hommes, pour être distribués en la manière ordinaire, suivant l'intention dudit fondateur, et de l'ordre du maire en charge, aux sieurs curé, vicaire, marguilliers en charge, gens notables et principaux de la paroisse, ledit jour ; plus chacun des deux fermiers se soumettra payer et livrer, les dits jours Fêtes de Dieu, pendant le cours du présent bail, un mouton ou six livres, au choix des maire et échevins (1). »

(1) Acte de l'Etude de Beauquesne.

CHAPITRE XLI

Mode d'élection et fonctions de l'échevinage au XVIII° siècle. — Élection et composition du Conseil des Marguilliers, a la même époque.

La gestion de ces biens incombait à l'échevinage ; ils constituaient la seule ressource de la commune, et cette gestion composait, avec l'asseyage de l'impôt du sel, à peu près tout ce qu'il restait de prérogatives à nos échevins.

Le nombre de ces officiers municipaux était toujours de sept : un maire-receveur des deniers communaux, un premier échevin-syndic, et cinq échevins asseyeurs de sel. Leur mandat était resté annuel et leur entrée en fonctions avait toujours lieu à la Saint Simon-Saint Jude, comme l'avait édicté l'ordonnance de saint Louis.

Jusqu'à l'époque à laquelle nous voici parvenus, nous n'avons trouvé nulle part aucune indication sur le mode usité, à Beauquesne, pour l'élection des membres de l'échevinage ; mais désormais, jusqu'à la Révolution, les archives du notaire de Beauquesne nous en fourniront des procès-verbaux à peu près annuels. Le premier, et peut-être le plus intéressant, est du 23 novembre 1732 et se trouve dans les archives du notaire de Rubempré. Il nous renseigne minutieusement sur la procédure qui était suivie.

On y lit que, le 28 octobre précédent, « à yssue de messe paroissiale ditte, chantée et célébrée en l'église dudit bourg de Beauquesne, » les échevins alors en charge « avoient fait publier aux habitants dudit lieu étans en ladite église par le sergent de ville dudit lieu, de la part du Roy, que personne n'eût à sortir de ladite église à peine de cinquante livres d'amende, attendu que le tems des eschevins en charge étant expiré, il étoit nécessaire d'en nommer d'autres en leurs lieux et places ; à quoi ayant été procédé sur-le-champ, suivant l'usage et coutume dudit lieu, *après avoir donné leur voix, ils nommèrent à la pluralité des voix* » trois personnages chargés de commencer les nominations.

Des termes de ce texte, il semblerait résulter que le pouvoir électoral résidait dans les échevins sortants seuls, et que les personnes assemblées et retenues dans l'église n'étaient là qu'en qualité d'assistants, à part ceux qui seraient désignés pour prendre part aux différentes opérations du scrutin.

L'élection se faisait en effet à trois degrés, selon le mode que nous allons décrire. Les trois personnes désignées par les échevins, et qui étaient toujours un marguillier en charge, un ancien échevin, et un notable habitant de la commune, étaient avisées par le sergent de ville et se rendaient incontinent au lieu ordinaire des opérations électorales. Ce lieu, à défaut d'Hôtel de Ville ou de « Maison commune, » était le clocher. Ils gravissaient donc les quarante-huit marches du mauvais escalier conduisant à la plate-forme, et, arrivés là, entraient en séance.

Leurs fonctions, ainsi qu'il apparait dans tous les actes subséquents, consistaient dans le choix du premier personnage à élire, le maire, et dans la désignation de cinq nouveaux « nominateurs » chargés de continuer les opérations.

Le sergent de ville, appelé, recevait l'ordre de convoquer les cinq personnes désignées, puis nos trois hommes, leur mandat se trouvant épuisé, descendaient l'échelle pour faire place à leurs successeurs. Ceux-ci, parvenus à leur tour au lieu de réunion, élisaient « le premier échevin-syndic, » puis choisissaient une troisième série d'électeurs, au nombre de sept, qu'ils faisaient prévenir, ainsi qu'il avait été fait pour eux. Ils leur cédaient ensuite la place, et c'est de cette troisième opération que sortaient les cinq derniers échevins qualifiés « asseyeurs de sel. »

L'élection ainsi terminée, les « nominateurs » faisaient aviser les élus par le sergent de ville, et, sur l'avis de l'acceptation des intéressés, faisaient publier par ledit sergent « en laditte église et paroisse de Beauquesne, à haute et intelligible voix et au timbre des cloches, » les noms des nouveaux magistrats chargés de « gérer et administrer indivisément, solidairement et de bonne intelligence..., aux us et coutumes dudit bourg de Beauquesne..., les biens et revenus de la communauté pendant une année entière et consécutive, et non plus, à commencer dès ce jourd'hui, et finir icelles charges dans un an à pareil jour. »

De ces « sept personnes » exigées « capables et solvables, de tous les états et métiers de la communauté, de la capacité et solvabilité desquelles les électeurs seront au surplus tenus de répondre, aux peines de droit, » la première, le maire-receveur « devra personnellement, comme ses prédécesseurs et sous l'obligation de tous ses biens, toucher et recevoir, pendant l'année d'exercice de sa charge, les biens et revenus d'icelle communauté, gratis et sans aucune rétribution ni remise (1), » et payer, « sur l'ordre » de ses six collègues, « à ceux et celles à qui ils indiqueront être dû, et acquitter solidairement et conjointement avec eux toutes les charges ordinaires qu'icelle communauté pourra devoir jusqu'à ce que le revenu durera. »

Les cinq derniers échevins, eux, étaient spécialement chargés, moyennant une rétribution de quatre-vingts livres, de dresser le rôle du sel de la paroisse, et d'en opérer la perception sous leur propre responsabilité.

Aussitôt entrés en charge, les échevins faisaient dresser

---

(1) Cependant un article du budget de 1777 porte une somme de cent trente livres destinée « aux officiers municipaux pour gérer les affaires ordinaires et extraordinaires de la commune. »

par-devant notaire le procès-verbal de leur nomination et, huit jours après l'expiration de leur mandat, les échevins sortants étaient tenus de rendre compte de leur gestion, tant en recette qu'en dépense, par-devant leurs successeurs, et en présence « des sieurs curé, marguilliers en charge et principaux habitants, en la manière ordinaire et accoutumée, à peine d'y être contraints et par corps, comme pour les propres deniers et affaires de Sa Majesté. »

Du règne de saint Louis à la Révolution, un seul des budgets qu'eurent à gérer nos échevins nous est connu : il se trouve aux Archives départementales, et en voici la teneur :

I. — Charges.

1° Au vicaire.	150 l.
2° Au maître d'école	150 l.
3° A la maîtresse d'école	100 l.
4° Au sergent de ville.	45 l.
5° Pour les vingtièmes	130 l.
6° Pour le remontage d'horloge et le sonnage d'*Angélus*.	52 l.
7° Pour le service pour le fondateur du bien de ville et pour la tenture de l'église.	45 l.
8° Pour les gants et les cierges à distribuer aux vieillards et autres, le jour du Sacrement.	80 l.
9° Pour le collecteur de sel.	70 l.
10° Aux officiers municipaux pour régir les affaires ordinaires et extraordinaires de la Commune.	130 l.
11° Pour la distribution de blé et d'argent aux pauvres qui assistent au service du fondateur.	100 l.
12° Pour frais de correspondance avec l'Intendance et la Subdélégation	15 l.
13° Pour la confection du rôle de la taille	30 l.
14° Pour la milice.	30 l.
TOTAL.	1.183 l.

II. — Revenu.

Le produit des fermages des propriétés communales s'élevant à.	1.173 l.
Il en résultait un déficit de.	10 l.

Lorsqu'il survenait une dépense imprévue, par suite d'un procès ou de toute autre circonstance, on se trouvait assez gêné. Si, par hasard, on était près d'un renouvellement de bail, on s'en tirait à l'aide d'un pot-de-vin. Ainsi la Commune ayant, le 19 octobre 1712, par l'entremise du curé de la paroisse, commandé à Jean Caron, horloger et taillandier à Amiens, une horloge du prix de deux cents livres, à placer dans le clocher, l'horloge fut livrée pour le 1er mars 1713, et un travail d'une valeur de quarante-cinq livres dut en outre être fait dans ledit clocher, pour l'installation de l'horloge (1). Mais, lorsqu'il fallut payer, on n'avait pas d'argent, et Jean Caron dut actionner le curé, qui, à son tour, attaqua la Commune. Un renouvellement de bail arriva à propos, le 26 mars 1715, et un pot-de-vin de trois cents livres tira tout le monde d'embarras.

De nouvelles difficultés survinrent, quatre années plus tard, en 1719. Le « flot du Boël » était fortement dégradé et la grande chaussée également endommagée. Mais on était sans ressources ; et cependant il fallait aviser... Quatre cents livres de pot-de-vin furent imposées, dans l'année, à un nouveau fermier, et fournirent de quoi opérer les réparations.

Le bon abbé Jumel, on le voit, méritait bien de vivre dans la mémoire des fils de ses anciennes ouailles...

A côté du Conseil des échevins s'en trouvait un autre, celui des Marguilliers, aujourd'hui encore subsistant, et qui jouissait, sous l'ancien Régime, d'une importance plus grande que celle qu'il possède aujourd'hui, puisque l'un de ses membres se trouvait toujours en tête des trois premiers personnages chargés de l'élection des échevins. Au lieu de cinq membres, comme aujourd'hui, ce conseil n'en comptait alors que trois. Leur office, comme celui de l'Echevinage, était annuel, et leur entrée en charge avait

(1) Ceci indiquerait qu'il n'y en existait pas précédemment.

toujours lieu le jour de la Fête-Dieu. Le jour de leur nomination était fixé au dimanche de la Trinité, et cette nomination était faite par une assemblée composée du curé, des marguilliers sortants, des échevins en charge et des fonctionnaires de la seigneurie, alors réduits à deux : le procureur fiscal et le greffier de ladite seigneurie. L'un des trois marguilliers était à la désignation du curé ; les marguilliers sortants nommaient le second ; et enfin le reste des électeurs se partageait le choix du troisième (Voir les papiers de la Fabrique).

Comme aujourd'hui, ces fonctions consistaient dans l'administration des biens de la Fabrique, avec le concours du curé, et dans la gestion des intérêts de l'église.

CHAPITRE XLII

Suppression de la prévôté.

Le prévôt de Beauquesne en exercice à l'ouverture du xviiiᵉ siècle était Louis Du Fresne, que nous avons vu entrer dans cette charge en 1666. Il mourut en 1710, après avoir résigné ses fonctions en faveur de son fils Adrien.

« A cette époque, dit le P. Daire, les officiers de la prévôté étaient un prévôt, qui avait acquis les offices de vérificateur des défauts, de conseiller garde-scel et de commissaire-enquêteur-examinateur; un procureur du Roi, le même qu'au Bailliage, un substitut et un greffier (1). »

Depuis le traité de Cambrai, nous l'avons dit, le ressort du prévôt était bien restreint et ne dépassait plus l'Authie. De là à la Somme, il s'étendait encore néanmoins sur cent six localités renfermées dans les limites que nous avons tracées au chapitre XXVI.

Adrien Du Fresne, dont il vient d'être question, et qui, au titre de prévôt royal de Beauquesne, joignait ceux de conseiller au bailliage et, à diverses reprises, de maire d'Amiens, ne paraît pas avoir été marié. On trouve sa signature, en qualité de prévôt de Beauquesne, en tête des cahiers annuels de l'état-civil de la paroisse jusqu'à l'année 1736, époque à laquelle une ordonnance royale du 9 avril de cette année transféra au lieutenant-général au

---

(1) Daire, *Histoire du Doyenné de Doullens*, article Beauquène.

Bailliage la signature de ces registres. Il mourut le 2 décembre 1736 (1), et ne fut pas remplacé.

(1) Une notice sur la famille Du Fresne, qui a occupé pendant près de deux siècles le siège prévôtal de Beauquesne, nous paraît ici tout indiquée, et nous allons la donner, aussi succincte que possible :

La filiation de cette famille remonte sans interruption jusqu'à Jean du Fresne, sergent d'armes du roi, qui vivait à la fin du XIIIe siècle.

De nombreuses branches sont issues de cette tige : l'une d'elles s'est fixée en Champagne et s'est éteinte en ce siècle en la personne du marquis de Fresne, écuyer de main des rois Louis XVIII et Charles X.

Mais la plupart sont picardes et ont eu pour auteur commun Louis Du Fresne, écuyer, seigneur d'Authie, Authieule, Corniamont, Haudrimont, Bus, la Motte, Boisbergues, Hulleu, Saint-Hubert, Acheu et Nolant, marié en juin 1515, à Marie Castelet.

Les principales branches sorties de ce couple sont celles de Corniamont, éteinte en 1625; d'Haudrimont, éteinte au XVIIIe siècle; de Fontaine, qui possédait de nombreuses propriétés sur le terroir de Beauquesne et s'est éteinte, en ce siècle, en la personne de Jean-Baptiste-Joseph-Honoré-Pierre, officier d'infanterie; celle de Hulleu, éteinte à la fin du XVIIIe siècle (toutes ces branches avaient leur fief principal sur Authieule); celle d'Homecourt, éteinte en 1668; celles de Frédeval et du Cange, éteintes au XVIIIe siècle; et enfin celles de la Brosse et d'Aubigny.

Toutes sont disparues, à l'exception de celle de La Brosse, dont nous dirons quelques mots en terminant.

La branche de Frédeval, qui a fourni la série des prévôts de Beauquesne de son nom, a pour son premier représentant :

1º Michel Du Fresne, écuyer, seigneur de Frédeval, seizième enfant de Louis, seigneur d'Authie, et de Marie Castelet. Il est né à Amiens, le 8 mai 1539, et a épousé Marie des Essarts. Il fut nommé prévôt royal de Beauquesne le 15 novembre 1575, et mourut le 4 novembre 1594.

2º Louis Du Fresne, leur fils, écuyer, seigneur de Frédeval et du Cange, né le 24 décembre 1568, devint prévôt royal de Beauquesne sur la résignation de son père, le 13 novembre 1594. Il fut marié deux fois : la première, avec Marie Vaquette; la seconde, avec Hélène de Rely. De son second mariage, il eut Charles Du Fresne du Cange, l'illustre érudit à qui la ville d'Amiens a élevé une statue. Né le 18 décembre 1610, il mourut en 1688. Du Cange avait épousé, le 19 juillet 1638, Catherine Du Bos, dont il eut François, écuyer, seigneur du Cange, qui lui survécut, et neuf autres enfants, la plupart morts jeunes. Louis était mort le 9 janvier 1638. De son premier mariage était né, le 22 septembre 1597 :

3º Adrien, écuyer, et aussi seigneur de Frédeval. Adrien devint prévôt de Beauquesne le 30 décembre 1629, sur la résignation de son père, et épousa, le 23 avril 1630, Marguerite Langlois, dame de Fancamps, dont il eut deux fils : Louis, qui suit, et François, écuyer, seigneur d'Espagny. Il mourut le 23 septembre 1666.

Les offices de judicature, qui constituaient pour leurs titulaires une propriété, étaient alors devenus tellement nombreux qu'ils rapportaient fort peu à leurs possesseurs. Vers le milieu du siècle, les détenteurs subsistants de ces offices, dans le Bailliage d'Amiens, s'entendirent donc pour en racheter un certain nombre, sinon à leurs titulaires, du moins à leurs héritiers. En même temps, ils sollicitèrent du roi la suppression de quelques-unes de ces charges.

Or, en 1748, la prévôté de Beauquesne était vacante depuis douze ans, et le dernier prévôt n'avait pas laissé d'héritiers directs; ceux du prévôt d'Amiens, aussi décédé, avaient été désintéressés. Il ne fut donc pas difficile d'obtenir du roi son acquiescement à cette mesure, motivée sur l'intérêt des justiciables; et un édit du mois de septembre 1748 prononça la suppression des sièges prévôtaux d'Amiens, de Beauquesne et de Beauvoisis à Amiens.

C'est ainsi que finit notre prévôté.

Cette suppression, il est vrai, ne fit disparaître que le personnel des officiers des sièges éteints, car les prévôtés continuèrent d'exister, en tant que circonscriptions, jusqu'à la fin de l'ancienne monarchie.

4º Louis Du Fresne de Frédeval, prévôt royal de Beauquesne en remplacement de son père, le 21 juillet 1666, avait épousé, par contrat de mariage du 17 du même mois, Antoinette Le Caron. Il mourut le 8 juin 1710.

5º Adrien Du Fresne, leur fils, écuyer, seigneur de Frédeval, né le 15 mars 1668, lui succéda, en qualité de prévôt de Beauquesne, en 1710. Il fut maire d'Amiens à différentes reprises, et mourut, le 2 décembre 1736, sans postérité. C'est à lui que s'arrête la série de nos prévôts.

La seule branche subsistante de la famille Du Fresne est, avons-nous dit, celle de La Brosse. Elle a aujourd'hui pour chef et pour seul représentant M. *Gaston-Louis-Emmanuel* du Fresne, marquis de Beaucourt, né le 7 juin 1833, marié, le 31 août 1854, à Madame Edith-Marie-Charlotte Cardon de Montigny, d'où une fille et quatre fils, dont l'aîné, M. Marie-Louis-Joseph-*Edmond*, né le 17 septembre 1855, capitaine au 51e régiment d'infanterie, a, de son mariage avec Madame Louise-Henriette-Marie Arnois de Captot, sept filles et un fils, Marie-Louis-Benoît-*Michel*, né à Paris le 10 janvier 1882, et seul héritier du nom.

CHAPITRE XLIII

Enlèvement des pavés des rues de Beauquesne au profit
de Doullens.

Une mesure qui souleva bien des colères et suscita dans le cœur des habitants du pays des rancunes à peine calmées aujourd'hui fut l'enlèvement des pavés de leurs rues par leurs voisins de Doullens. Si Beauquesne, ainsi que le dit M. l'abbé Delgove, « tant de fois ruiné et réduit en cendres, avait vu disparaître son importance, Doullens, à la suite de nos longues guerres, était, lui aussi, bien déchu, au milieu du xviii° siècle, et se trouvait trop pauvre pour paver ses rues à neuf. »

Dans cet état de pénurie, les habitants de cette ville ne trouvèrent rien de mieux à faire que de prendre, pour en regarnir les leurs, le pavé qui couvrait les rues de Beauquesne.

Ce pavé n'était plus, paraît-il, en parfait état d'entretien ; mais, tel qu'il était, les habitants du pays y tenaient Aussi signèrent-ils, lorsqu'ils virent leur affaire prendre mauvaise tournure, le 14 décembre 1740, un acte de protestation dont la minute existe dans les archives du notaire de Rubempré, et où l'on trouve exposé tout au long l'historique de cette affaire. En voici la teneur abrégée :

Lorsque les sollicitations de la municipalité de Doullens auprès des autorités supérieures eurent été agréées, le duc de Chevreuse, seigneur-engagiste de Beauquesne, fut sollicité de donner son acquiescement à cette mesure. Il y consentit, et le sieur Jacques Duflos, inspecteur des Ponts-et-Chaussées de Picardie, en résidence à Doullens, fut commissionné à l'effet de visiter le pavé en question, et de dresser ensuite un rapport à son sujet. La visite eut lieu, et le rapport fut envoyé, le 5 juillet 1749, à M. Chauvelin, Intendant de Picardie. Il évaluait à deux mille cinq cent onze toises carrées la totalité de la surface pavée des différentes rues de Beauquesne.

En conséquence de ce rapport, M. Chauvelin édicta, en date du 20 du même mois, une ordonnance « portant que les pavés de Beauquesne seront enlevés à corvée par les paroisses qui seront commandées, pour être conduits dans la ville de Doullens, à la charge, par les maire et échevins de Doullens, de payer les frais que nécessiterait leur déplacement, et, par la paroisse de Beauquesne et celles qui seront commandées pour l'aider, de faire *une chaussée ferrée* audit lieu de Beauquesne. »

C'est en suite de ces évènements que les gens de Beauquesne formulèrent leur protestation. Cette protestation porte sur trois points : « premièrement parce que le pavé dont est question ayant été primitivement fait par tous les habitans composans la communauté, il leur appartient, et on ne peut sans injustice les en priver qu'en les indemnisant.

« Deuxièmement parce que ce pavé étant pavé dans les différentes rues de cette ville, peut, estans rassemblés, suffire à faire une bonne chaussée dans toute la longueur et largeur de la grande rue par où l'on passe pour aller de Doullens à Corbie, aux offres que fait la communauté de suppléer à ce qui en deffaudra, et, qui plus est, d'amender et ferrer les autres rues. Cette dépense sera bien moins coûteuse à la communauté que celle à laquelle elle se trouvera obligée si on la privoit du pavé qui lui appartient, puisque, dans ce dernier cas, elle seroit obligée non seulement d'amender et ferrer les autres rues, mais de faire une chaussée entière et nefve dans la grande dont est question, et d'aller chercher des matières étrangères et des moins solides que celles dont on les priveroit.

17

« D'ailleurs, privant ainsi la communauté de son propre bien pour le transmettre à la ville de Doullens, c'est donner à ces derniers un droit de souveraineté et même de supériorité qu'ils n'ont jamais eu sur les habitans de Beauquesne.

« Troisièmement et enfin parce que Duflos, qui a fait le procès-verbal de toisé et l'état estimatif, en a grossi les objets pour l'intérest de la ville de Doullens, dont il est lui-même habitant... »

De la suite de cet alinéa assez mal agencé, il paraîtrait que maître Duflos, pour rendre inacceptable l'offre énoncée plus haut par les Beauquesnois de faire repaver entièrement et à leurs frais leur grande chaussée, évalua d'une façon ridiculement exagérée la superficie de cette chaussée en la portant à neuf mille cinquante-deux toises trois pieds ; de telle sorte que les deux mille cinq cent onze toises de pavé qu'il avait déclaré exister dans toute l'étendue des rues auraient à peine suffi à en couvrir un bon quart. La conclusion à tirer de son exposé était naturellement que, dans ces conditions, autant valait caillouter la chaussée tout entière.

Les Beauquesnois, eux, soutenaient que la surface à paver n'excédait pas, ou guères, deux mille cinq cent onze toises. « Pourquoi, ajoutent-ils, lesdits maire, eschevins, lieutenant, sindicq, habitans, corps et communauté dudit Beauquesne... » députèrent deux notables auprès de Son Altesse Monseigneur le duc de Chevreuse et de Monsieur l'Intendant pour les supplier de retirer, l'un son consentement, et l'autre son ordonnance.

Mais les démarches de ces députés n'obtinrent aucun succès. Un mois plus tard, le 13 janvier 1750, les Doullennais arrivaient avec leurs voitures et procédaient à l'exécution de l'ordonnance de M. Chauvelin, malgré l'opposition des habitants.

Une noce avait lieu, ce jour-là, et les invités, quoique revêtus de leur costume des grandes fêtes, n'hésitèrent pas à prendre part à la lutte. Le chef annuel de la jeunesse, le bâtonnier de Saint-Nicolas, nommé Louis Marchant, se montra l'un des plus ardents. Mais la légalité était du côté des gens de Doullens : aussi alla-t-il expier dans leur prison les excès de son zèle pour les intérêts de son pays.

Même après cette exécution, les Beauquesnois continuèrent de réclamer contre elle ; mais enfin un arrêt du Conseil d'Etat du 2 février 1751 termina définitivement le débat en les déboutant de leurs prétentions.

Depuis ce temps, et pendant un siècle les rues devinrent impraticables durant la mauvaise saison, et les habitants, pour circuler, étaient alors réduits à se servir d'échasses. Pas n'est besoin d'ajouter que, dans un pareil milieu, les transactions commerciales cessèrent à peu près complètement.

Pour être tout à fait juste, nous devons pourtant dire que les Doullennais n'enlevèrent pas absolument tous les pavés de nos rues. Sur la grande chaussée, ils n'en laissèrent pas un, il est vrai, si ce n'est sur un tronçon de quelques toises entre le Bonile et le « flot à glaçons, » au lieu où se trouvait jadis la Porte d'Amiens. Il en fut de même dans la plupart des autres rues. Il en est pourtant deux ou trois, dans lesquelles ils se contentèrent de prendre les plus beaux, n'ayant sans doute pas besoin du reste. Ceux qu'ils y laissèrent y étaient encore près d'un siècle plus tard : nous en reparlerons plus loin.

CHAPITRE XLIV

Vente a titre d'accensement des ruines et de l'emplacement
du vieux-chateau.

Après la suppression de la prévôté, après l'enlèvement de ses pavés, il ne restait plus du passé, à Beauquesne, en dehors de son église, que les ruines de son vieux château-fort. C'était la seule possession directe qui restât à la couronne, dans notre commune ; aussi, comme il n'en retirait aucun revenu, le gouvernement de Louis XVI n'hésita-t-il pas à le mettre en vente.

Son dernier gouverneur était mort en 1778, le 20 avril. Il appartenait à cette famille Acary, qui avait fourni déjà deux titulaires de cette charge, à la fin du siècle précédent. Il se nommait Henri Acary de Beaucoroy, seigneur d'Escuire, et le P. Daire ajoute qu'il était âgé, à sa mort, de cent vingt ans. Ce serait là une longévité assez extraordinaire, et, à ce compte au surplus, il serait né en 1658. Or, nous ne l'avons pas vu figurer dans la généalogie de cette famille au xvii° siècle, et on peut conjecturer que le bon religieux a mal supputé le nombre des années de cet officier.

C'est trois ans après sa mort que l'aliénation du vieux-château fut décidée, et voici le texte de l'arrêt du Conseil qui en prescrit la réalisation :

Extrait des Registres du Conseil d'État.

« Sur ce qui a été représenté au Roi étant en son Conseil qu'il dépend du domaine de Sa Majesté un terrain d'environ trois journaux formant l'emplacement de l'ancien château de Beauquesne, Généralité d'Amiens, dont il seroit avantageux d'ordonner l'adjudication, et S. M. voulant qu'il soit incessamment procédé à cette adjudication, ouï le rapport du sieur Joly de Fleury, conseiller d'Etat ordinaire et au Conseil royal des finances : le roi étant en son conseil a ordonné et ordonne que par les sieurs Intendant et Commissaire député en la Généralité d'Amiens que S. M. a commis et commet à cet effet, il sera après trois publications de huitaine en huitaine procédé à la vente et adjudication à titre d'accensement perpétuel (1) de l'emplacement de l'ancien château de Beauquesne ci-dessus désigné, au profit de celui qui fera l'offre la plus avantageuse au domaine d'une redevance en bled, par toise carrée dudit terrain, payable en argent sur le pied de dix-huit deniers la toise pendant la vie de l'adjudicataire, et ensuite suivant l'estimation qui en sera faite et renouvelée à chaque changement de propriétaire, d'après les mercuriales des dix dernières années du marché le plus prochain, sans qu'en aucun cas ladite estimation puisse être moindre de dix-huit deniers la livre de bled, encore que le prix n'en ait pas monté aussi haut pendant lesdites mercuriales, ladite redevance emportant droits seigneuriaux aux mutations, suivant la coutume des lieux, à la charge par l'adjudicataire de payer le sol pour livre sur le pié du denier trente du principal de la rente moyennant laquelle ladite adjudication lui sera faite, de faire à ses frais lever un plan et dresser procès-verbal d'arpentage dudit emplacement par tel ingénieur ou arpenteur qui sera nommé à cet effet par ledit sieur Intendant, de déposer lesdits plan et procès-verbal d'arpentage au greffe du Bureau des finances d'Amiens, de faire enregister audit greffe son contrat d'accensement avant de se mettre en possession dudit terrain et d'en fournir une copie collationnée à Jean-Vincent René,

---

(1) Une vente faite à titre d'accensement n'entraînait aucun paiement de prix principal. Elle imposait le versement d'un cens annuel (d'où son nom). C'était une sorte de bail perpétuel.

chargé de la régie et administration des domaines de S. M.

« Fait au Conseil d'Etat du Roi, Sa Majesté y étant, tenu à Versailles le 11 octobre 1781.

« En exécution dudit arrêt, signé : D'AGAY.

« *(29 avril 1782, exact).* »

Cette vente fut effectuée l'année suivante, et le procès-verbal qui la relate reproduit d'abord l'arrêt ci-dessus, puis ajoute :

« Y joint le procès-verbal d'adjudication du 29 avril 1782 fait par le subdélégué de l'Intendant de la Généralité d'Amiens au profit des sieurs Jean Charpentier, champarteur, Nicolas Thuillier, laboureur, Jean-Louis Lecomte, vivant de son bien, et Pierre Lavillette, houpier, tous quatre demeurant à Beauquesne, chacun pour un quart, moyennant une redevance annuelle de quatre onces pesant de blé, poids de marc, formant le quart d'une livre, par toise carrée dudit terrain, et aux charges et conditions énoncées au susdit arrêt du Conseil. »

Un second arrêt du Conseil d'Etat, du 17 février 1784, confirme la vente. Il est ainsi conçu :

« Vente faite par les Commissaires du Conseil à Jean Charpentier et consorts de l'emplacement du vieux-château de Beauquesne, à la charge de payer au domaine une redevance annuelle et perpétuelle de deux cent soixante-dix-sept livres et treize onces un tiers de bled par journal dudit emplacement (1). »

Dans le contrat de partage que firent entre eux, le 14 prairial an VIII, les quatre acquéreurs, la contenance totale du terrain est fixée à quatre journaux quatre-vingts verges. Il s'en suit donc que la redevance annuelle s'élevait à la somme de cent livres cinq sous et un denier (2).

(1) Archives Nationales, Q 1538.
(2) Cette évaluation est trop faible, car l'ensemble des parcelles qui se divisent cet emplacement donne, sur la matrice cadastrale, une surface totale de deux hectares seize ares, ou cinq journaux onze verges et demie. Deux quarts de ce terrain, celui du nord-est et celui

Au cours de la Révolution, la vente à titre d'accensement fut convertie en vente ferme, moyennant la somme de cinq cent vingt-cinq livres payée en assignats...., et, de l'ancien château-fort, il ne reste plus aujourd'hui qu'un tertre couvert de jardins et de vergers.

Sic transit gloria mundi !

---

du sud-ouest, furent vendus, les 20 messidor et 5 thermidor an VIII, le premier pour cent quatre-vingt-dix livres, et le second pour deux cents.

CHAPITRE XLV

Préparatifs de la Révolution. — Élections des États-Généraux. — Cahiers des doléances de la communauté de Beauquesne. — Cahier général de la prévôté.

Cependant la détresse financière du gouvernement s'accroissait de jour en jour et devenait inquiétante. Louis XVI, acculé à la banqueroute et à court d'expédients, consentit enfin, en août 1788, à recourir aux Etats-Généraux.

L'Ordonnance royale de convocation, promulguée le 24 janvier 1789, décida qu'en ce qui concernait la représentation du Tiers-Etat, le mode d'élection serait le suivant : les paroisses nommeraient des délégués à proportion de leur population. Celles qui contenaient moins de deux cents feux devaient en nommer deux ; celles de deux cents à trois cents feux en éliraient trois ; celles de trois cents à quatre cents feux, quatre, et ainsi de suite.

Beauquesne, qui comprenait plus de trois cents feux, avait ainsi quatre délégués à choisir. L'élection eut lieu le 20 mars, et, le même jour, il fut procédé par les habitants à la rédaction du cahier des doléances de la paroisse.

Le procès-verbal de la séance a été publié, en 1888, par ordre du Conseil général de la Somme, dans les *Documents pour servir à l'Histoire de la Révolution dans la Somme*, à la page 42. En voici le texte :

Doléances de la Paroisse de Beauquesne, Election de Doullens, pour être jointes aux doléances générales du Bailliage d'Amiens et présentées à l'Assemblée générale dudit Bailliage.

« Les habitants dudit Beauquesne, convoqués à l'issue

de la messe paroissiale en la manière accoutumée et suivant l'ordonnance de Monsieur le Lieutenant-général et le réglement y joint,

« Proposent :

1° La suppression de la corvée, de touttes les Compagnies de finances, des Receveurs-généraux et particuliers, leur régime étant vicieux et ruineux,

2° La perception aux frontières de tous les droits de traitte et autres,

3° Il est sur le territoire des représentants une infinité de grands chemins qui le traversent et qui causent un dommage considérable,

4° L'imposition en général dans notre paroisse monte presque à la moitié du revenu,

5° Partout l'imposition du sel ruine les habitans et ne laisse aucun repos à ceux qu'on impose mal à propos et contre les réglemens, et qui, ne pouvant payer, sont molestés par les perquisitions journalières et entrés des commis et huissiers; ce qui occasionne souvent des homicides et autres affaires disgracieuses et diffamatoires,

6° La perception des impôts constitue dans des grands frais, tant par rapport à la confection des roles que pour leur recouvrement, vu qu'on est obligé d'y employer plusieurs personnes,

7° La différence des poids et mesures est un grand inconvénient, ce qui occasionne souvent de grandes difficultés et même des procès,

8° Les droits de champart, dans les lieux relevant directement du Roy, sont hors de tems, vu que les vassaux paient droit d'enregistrement, ensaisinement et autres, qui sont censés y suppléer,

9° La suppression de quantité de communauté de différent sexe,

10° Que le clergé et la noblesse, qui possèdent la moitié des biens de la France, paient les impôts comme le Tiers-Etat,

11° Le sol libre et marchand,

12° Que toutes les banalités de four et de moulin soient abolies,

13° Que tous les fiefs de la couronne alliénés y soient réunis pour y être pourvu à des nouveaux engagemens qui aient une époque fixé pour la durée desdits engagements.

« Fait et arrêté en présence de la Communauté dudit Beauquesne, le vingt mars mil sept cent quatre-vingt-neuf, et les susdits habitants ont signés.

« Signé : TRONGNEUX, CHARPENTIER, LÉPINOY, CORBIE, THUILLIER, LAVILLETTE, RENARD, syndic, CAPRON, DEVAUCHELLE, VERDURE, JOLY, MARCHANT, BOULENGEZ, GODRAN, BAILLET, DEMBREVILLE, BOUTHORS, RENARD, LE COMTE, MARCHANT, THUILLIER, VAQUETTE, TRONGNEUX, BOUTHORS, RENARD.

« *Procès-verbal d'élection.*

« Comparants : LE COMTE, VERDURE, RENARD, CAPRON, BOUTHORS, LÉPINOY, THUILLIER, CORBIE, VAQUETTE, BOUTHORS, JOLLY, LAVILLETTE, DEMBREVILLE, Jean-Louis TRONGNEUX, Pierre TRONGNEUX, MARCHANT, RENARD.

« Députés : J.-B. VERDURE, Claude CAPRON, Alexandre JOLY, Claude VAQUETTE. »

Les élus des paroisses avaient pour mission de porter au chef-lieu du Bailliage les doléances de leurs commettants, et là, dans une assemblée générale des délégués de tout ledit Bailliage, de fondre en un seul tous ces cahiers particuliers. Cette assemblée générale eut lieu, à Amiens, peu de jours après les élections des paroisses, et le nombre des délégués qui y prirent part fut, en y comprenant quatre envoyés du Bailliage de Ham, de mille quarante-deux. Leur premier travail de condensation des doléances se fit par prévôté, et voici le texte du cahier qui sortit du dépouillement de ceux qu'avaient dressés les paroisses comprises dans le ressort de la prévôté de Beauquesne.

Cahier des Doléances de la Prévôté de Beauquesne.

Rédaction en un des Cahiers de la Prévôté de Beauquesne
par les Commissaires nommés à cet effet.

« ARTICLE PREMIER. — Que les Etats-Généraux seront convoqués de cinq ans en cinq ans, et plus souvent si les besoins de l'Etat l'exigent,

ART. II. — Que, dans la prochaine tenue des Etats-Généraux, les suffrages soient réunis par tête, et non par ordre, et que la même règle soit suivie dans les Etats qui auront lieu par la suite,

ART. III. — Que la prochaine assemblée des Etats ne pourra être dissoute qu'il n'ait été statué définitivement sur les pétitions contenues au cahier du Tiers-Etat,

ART. IV. — Que l'on n'agitera aucun objet d'imposition nouvelle que tout ce qui concerne la réforme des impôts actuels ne soit réglé sans retour,

ART. V. — Que, pour acquitter la dette nationale, il sera établi un seul et même impôt tenant lieu de toutes autres levées et impositions quelconques,

ART. VI. — Que cet impôt unique sera réparti également entre le clergé, la noblesse et le Tiers-Etat, et perçu sur tous les biens, de telle nature qu'ils soient, tant en ville qu'en campagne, et dont l'estimation sera faite avec déduction de toutes charges quelconques,

ART. VII. — Que l'impôt sera acquitté dans l'endroit de la situation des biens,

ART. VIII. — Qu'au moyen de l'impôt unique, les aides et gabelle seront abolies, quant à présent, et que les douanes seront reculées aux frontières,

ART. IX. — Suppression du centième denier et de l'insinuation dans tous les cas,

ART. X. — Suppression des vingtièmes ou de tout autre impôt représentatif sur les prés tourbés jusqu'à ce qu'ils soient remis en valeur, attendu que la tourbe est grévée des vingtièmes lors de son extraction.

Art. XI. — Que le droit de franc-fief sera supprimé,

Art. XII. — Que le droit de contrôle des actes des notaires soit tellement simplifié et si invariablement établi que chacun puisse savoir ce qu'il doit payer,

Art. XIII. — Etablissement des Etats provinciaux dans tout le royaume, à l'instar de ceux du Dauphiné, lesquels seront subtitués aux Assemblées provinciales, pourquoi toutes les Intendances seront supprimées et leurs pouvoirs attribués aux Etats provinciaux, sous la réserve du contentieux aux juges ordinaires,

Art. XIV. — Création d'un Conseil souverain qui juge jusqu'à concurrence de douze mille livres, et auquel la connaissance de toutes les matières soit attribuée. Pourquoi toutes les juridictions d'exception seront supprimées,

Art. XV. — Réformation de la justice, tant au civil qu'au criminel,

Art. XVI. — Suppression de la vénalité des charges,

Art. XVII. — Que les pourvus de charge ne pourront être reçus qu'après avoir fait un stage d'au moins deux ans dans le Conseil supérieur de la Province.

Art. XVIII. — S. M. sera humblement suppliée de vouloir supprimer les lettres de cachet, comme attentatoires à la liberté des citoyens, et dangereuses par l'abus qu'en ont fait et pourraient faire encore les seigneurs guidés par leur animosité personnelle,

Art. XIX. — Révision de l'état des pensions, suppression de celles accordées sans juste cause, et réduction de celles qui se trouveront exhorbitantes,

Art. XX. — Que le traité de commerce avec l'Angleterre sera et demeurera anéanti,

Art. XXI. — Imposition industrielle sur les négociants des villes dans la plus juste proportion possible, ou un timbre sur tous les effets de commerce,

Art. XXII. — Que les habitants de la campagne conserveront la faculté du commerce chez eux, le droit de fabrique et de manufacture,

Art. XXIII. — Suppression entière des péages et pontenages. Pourquoi il sera pourvu à l'entretien des ponts par les provinces, sous la direction des Etats provinciaux,

Art. XXIV. — Que tous chemins, tant royaux que vicinaux, seront entretenus aux dépens des villes et campagnes, sans distinction aucune d'ordre ni de qualité,

Art. XXV. — Suppression des haras et gardes étalons de Picardie, comme droit absurde et préjudiciable aux différentes espèces de chevaux,

Art. XXVI. — Suppression des privilèges attribués aux maîtres des postes, sauf au gouvernement à pourvoir au dédommagement de ceux auxquels l'administration des postes est plus honorable que profitable,

Art. XXVII. — Réforme dans l'administration des Ponts-et-Chaussées,

Art. XXVIII. — Que les juges des seigneurs jugeront sans appel jusqu'à concurrence de la somme de trente livres,

Art. XXIX. — Suppression des banalités comme odieuses, des corvées seigneuriales et du droit de mort et vif herbage,

Art. XXX. — Exécution rigoureuse des règlements relatifs à la distance qui doit être observée pour les plantations permises aux seigneurs par la coutume,

Art. XXXI. — Exécution des règlements relatifs aux colombiers,

Art. XXXII. — Destruction des lapins et des garènes, tant dans les capitaineries du Roi que dans les terres et bois des seigneurs,

Art. XXXIII. — Suppression totale des dixmes et champart ecclésiastique, et rachat des dixmes inféodées,

Art. XXXIV. — Extinction et sécularisation de tous les Ordres religieux, aliénation de leurs biens au profit de l'Etat, avec translation des charges et fondations dont ils sont tenus, dans les églises paroissiales,

Art. XXXV. — Que les portions congrues des campagnes seront portées à douze cents livres pour les villages de deux cents feux et au-dessous, et à quinze cents livres au-dessus de deux cents feux ; que celles des vicaires seront portées à huit cents livres ; pourquoi ni les uns ni les autres ne pourront exiger doresnavant aucune rétribution pour les sacrements et cérémonies de l'église ; les augmentations desdites portions congrues à la charge des gros décimateurs,

Art. XXXVI. — Suppression, vacance avenant, de tout bénéfices simples dont les revenus, avec ceux des communautés déjà supprimées et de celles qui pourroient l'être par la suite, seront employés au paiement des portions congrues qui ne pourront être entièrement acquittées par les dîmes,

Art. XXXVII. — L'excédent des fonds ci-dessus sera employé au soulagement des pauvres des campagnes, en proportion du besoin des paroisses,

Art. XXXVIII. — Au moyen de l'augmentation des portions congrues tant des curés que des vicaires des campagnes, il leur sera défendu de prendre aucuns biens à titre de fermage, laquelle défense aura lieu à bien plus forte raison à l'égard des curés gros décimateurs,

Art. XXXIX. — Que les baux des biens des gens de main morte soient continués jusqu'à leur expiration, vacance arrivant par décès ou autrement, et qu'ils soient faits par adjudication publique,

Art. XL. — Abolition des dispenses et des provisions en cour de Rome, lesquelles seront accordées gratuitement par l'Ordinaire,

Art. XLI. — Abolition des droits d'indult et d'annates.

Articles d'addition.

I. — Suppression du tirage de la milice, à la charge par les villes et communautés de fournir à l'avenir le nombre d'hommes nécessaires, et que la contribution ait lieu en raison des facultés de chaque individu,

II. — Suppression des offices des jurés-priseurs et vendeurs de biens-meubles,

III. — Encouragements en faveur des communautés qui planteront les communes,

IV. — Simplification des réglemens relatifs au dommage causé par le gibier,

V. — Suppression des octrois des villes,

VI. — Suppression des droits de champart dans les lieux relevant directement de Sa Majesté, attendu que les vassaux paient des droits d'enregistrement et d'ensaisinement et autres qui sont censés y suppléer,

Suppression des privilèges des messageries et diligences royales,

« Clos et arrêté le présent cahier, le vingt-six mars mil sept cent quatre-vingt-neuf.

« Signé : THUILLIER, DE MONREFUGE, MORGAN, GOSSELIN, DOMONT, DUSAY, BRANDICOURT, LECLERCQ, BOUTHORS, SAGNEZ, Ant. GRY, DELABROYE, GERMAIN, CARETTE, FOUACHE, GODEFROY, J.-B. MARÉCHAL, MAGNIEZ, J. BONTEMPS, CARRUELLE, CHOQUET, JOLY, CAPRON, FROIDEVAL, PUYDEZ, DE SAINT-RIQUIER, VERDURE, FROIDURE, Victor LOGNON, Philippe CAILLY, LECONTE, J.-B. BACHELLIER, BRANDICOURT, MINGUET, BOURGEOIS, DHEILLY, HULLIN, LEMAIRE, TAVERNIER, ROHAULT, CALAIS, RENARD, J.-L. HÉNIN, J.-B. PETIT, CORNET, HELLUIN, GRAUX, PAYEN, TURMINE, THÉRY, DUBOLLES, LOIER, DOMONT, OGEZ, GOUBET, RIFFART, THUILLIER, FRANÇOIS, GAMAIN, LAVRE, DESLAVIER, DATTE, J. CAUET, HULLOT, VAQUETTE, BOUTON, HARDY, BASSERY, HARLAY, THUILLIER, BURLET, CORRER, GOSSELIN, CAUET, GUERLE, Denis CARON DE MIREVAUX, CARON, VILART, CHIRE, LEMAIRE, RIFFLART, BARDOU, DELUCHEUX, CRAPOULLET, IBLED, RICART, DOBRE, PETIT, ROSE, CALAIS, DE BRACQ (1). »

Ce travail accompli, il ne restait plus qu'à former le corps électoral définitif des députés aux Etats-Généraux. A cet effet, les mille quarante-deux délégués choisirent le

---

(1) Consulter les Archives de la Somme, B 206 et B 208. Voir aussi l'ouvrage cité au début du chapitre.

quart d'entre eux, soit deux cent soixante et un membres, à qui ils confièrent cette mission. Ces deux cent soixante et un électeurs définitifs du Tiers, réunis à ceux du Clergé, qui comptaient près de cinq cents membres, et à ceux de la Noblesse, au nombre de deux cent soixante-dix, procédèrent ensemble, les 30 et 31 mars, dans l'église des Cordeliers, à la vérification des pouvoirs.

Le 2 avril, les trois Ordres se réunirent séparément, selon que l'avait prescrit l'ordonnance royale, et bientôt une députation du Clergé vint déclarer aux électeurs du Tiers que leur Ordre consentait à ce que ses biens fussent imposés dans la même proportion que ceux des deux autres Ordres jusqu'à l'extinction de la dette publique. Peu d'instants après, l'Ordre de la Noblesse avisa également le Tiers de son consentement à subir, pour l'avenir et à toujours, les mêmes charges que les deux autres Ordres.

C'était là, il faut en convenir, un bien beau mouvement chez les représentants des deux Ordres privilégiés, et il convient de les en louer grandement.

Le 3, on nomma les scrutateurs, et, le lendemain 4, les députés. Les deux élus du Clergé furent Mgr de Machault, évêque d'Amiens, et M. Fournier, curé de Heilly ; ceux de la Noblesse furent le duc d'Havré-Croy et le prince de Poix. Enfin, les quatre représentants du Tiers ont été MM. Douchet, cultivateur au Hamel; Lenglier, marchand à Feuquières ; Leroux, ancien maire d'Amiens, et Laurendeau, avocat au Parlement et au Présidial (1).

(1) Consulter les Archives de la Somme, B 296 et B 298. Voir aussi l'ouvrage cité au début du chapitre.

CHAPITRE XLVI

La Révolution. — Abolition des droits féodaux. — Les derniers seigneurs engagistes de Beauquesne.

Les Etats-Généraux, réunis, le 5 mai, à Versailles, et transformés, six semaines plus tard, en Assemblée Nationale, entreprirent de renouveler de fond en comble l'état politique de la France. Dans la nuit mémorable du 4 août, tous les droits féodaux furent abolis. Quelques-uns de ces droits, les services personnels, furent supprimés purement et simplement, ainsi que les justices seigneuriales et les droits exclusifs de chasse, de colombier, de garenne, etc.; mais les autres, comprenant les cens et redevances pesant sur les immeubles, furent seulement déclarés rachetables.

Ce rachat ne fut effectué, à Beauquesne, ni en 1789, ni en 1790, car un acte de l'étude du notaire du lieu, en date du 29 mai 1791, nous montre que le champart n'y était point encore supprimé, à cette date. Par cet acte, les sept échevins, qui n'avaient alors que depuis très peu de temps abandonné ce titre pour prendre celui d'officiers municipaux, « réunis aux notables et autres habitants, corps et communauté du village de Beauquesne, y demeurants, assemblés au son de la cloche, en la forme et manière ordinaire et accoutumée, » ont constitué pour leur « procureur général et spécial » le maire en exercice, Pierre Haranger, instituteur, qui avait pris la direction du mouvement révolutionnaire dans le pays, à l'effet d'aller à Paris « consulter avocats, et, sur les avis qui lui seront donnés, constituer procureur ou deffenseur pour faire signifier au sieur duc de Luine qu'il ait à justifier en dedans quinze jours, à compter de la signification qui lui sera faite, les titres en vertu desquels il perçoit le droit de champart..., sinon et faute de ce faire dans ledit délay de quinze jours, lui déclarer par la même signification que chacun desdits habitants retiendra par ses mains ledit droit de champart... »

Le titulaire du duché de Luynes et de la seigneurie de Beauquesne n'était plus alors le fils de la princesse de Neuchâtel, Marie-Charles-Louis d'Albert : celui-ci était mort en 1771.

Dans une humble supplique adressée, le 30 décembre 1743, au conseil du Roi par ce seigneur, à l'occasion de sa grande majorité, à l'effet d'obtenir en sa faveur un nouvel enregistrement de l'acte de la vente jadis faite à Charles de Louvencourt de la terre et seigneurie de Beauquesne, le jeune duc est qualifié « mareschal des camps et armées du Roy, mestre de camp général des dragons de France (1). » Il avait alors servi en Allemagne, dans la guerre de la succession d'Autriche, et, depuis, il avait contribué, sous le maréchal de Saxe, aux victoires de Fontenoy, de Raucoux et de Lawfeld, remportées sur les Impériaux, et assisté le comte de Lowendal à la prise de « l'imprenable Berg-op-Zoom. » Il en avait été récompensé, le 1ᵉʳ janvier 1748, par le titre de lieutenant général. Nommé gouverneur de Paris en 1757, il combattit encore, la même année et la suivante, à Hastenbeck et à Crévelt, contre les Anglais.

Il avait hérité de son père, en 1758, et était mort lui-même à Paris en 1771, laissant ses titres à son fils, Louis-Joseph-Charles-Amable, qui était né le 4 novembre 1748. C'est à ce nouveau seigneur que fut adressée, en 1791, la sommation lancée par les Beauquesnois.

Maréchal de camp et colonel-général des dragons, comme jadis son père, la noblesse de la Touraine l'avait

---

(1) Archives Nationales, Q¹ 1538, canton de Doullens.

envoyé siéger aux Etats-Généraux, où il jouait un rôle très modéré et très conciliant. Réuni, dès le 25 juin, au Tiers-Etat, il vota constamment avec la majorité. Il n'émigra point; et, quoique fort riche, ne fut pas même inquiété pendant la Terreur.

A la fin de 1792, il possédait encore ce qui restait de la seigneurie de Beauquesne, car, le 12 décembre de cette année, son fermier et ancien champarteur, Jean Charpentier, vendait, en son nom et pour son compte, par le ministère du notaire de la localité, la coupe du bois de Beauquesne. Mais, l'année suivante, la dépossession eut lieu, soit par une confiscation pure et simple, soit après remboursement du prix de la vente faite au temps de Henri III. Le gouvernement nouveau pouvait facilement adopter cette mesure, car elle ne lui coûtait que le prix du papier et celui de l'impression de ses assignats. Quoi qu'il en soit, ce fut évidemment à la suite de ce retrait que, le 4 juillet 1793, « le régisseur des biens du citoyen Louis-Joseph-Charles-Amable d'Albert de Luynes pour ses seigneuries de Lucheux et de Beauquesne, le citoyen Adam Thorillon, » s'est fait délivrer par-devant M⁰ Gobet, notaire audit Beauquesne, par Pierre Lavillette, maire, Pierre Thuillier, procureur de la commune, et par les plus anciens de ladite commune, un acte de notoriété portant qu'il a été fait lecture du contrat d'engagement de la châtellenie de Beauquesne, passé le 24 septembre 1774 en faveur de Charles de Louvencourt, et que, pour suppléer aux procès-verbaux de visite des lieux qui ont pu être faits lors de la prise de possession par ledit Charles de Louvencourt, lesdits maire, procureur de la commune et autres ont attesté « qu'ils n'ont pas connaissance que la maison de Luynes ait possédé autre chose à Beauquesne, si ce n'est neuf journaux ou environ de bois à coupe chacun an, et de dix ans ; cinq journaux de terre au chemin d'Orville, quatre journaux au même canton ; un quartier et demi au chemin du vieux Moulin ; environ deux journaux dits les Vergeaux, sur partie desquels est une grange que la renommée dit avoir toujours existé en cette place pour y resserrer le champart, et environ un quartier de terre au même lieu où est une autre grange qui a été bâtie par la maison de Luynes, et en outre les cens, rentes et droits seigneuriaux, le quint desquels biens et droits a été longtemps possédé par la maison de Conty (1).

« Ils ont en outre attesté, sur la réquisition dudit Thorillon, que lesdits biens ont été entretenus avec soin, et notamment lesdites granges, qui ne sont actuellement défectueuses que parce des malveillants les ont délabrées depuis le 1ᵉʳ janvier dernier, ainsi que cela a dû être constaté par des procès-verbaux de la police municipale de Beauquesne (2). »

(1) Le premier prince de Conti qui ait joui de ce quint fut, nous l'avons vu plus haut, François-Louis, neveu du grand Condé et cousin germain du duc Jean de Longueville, qui testa en sa faveur. C'était un prince très remarquable, qui fut élu roi de Pologne, en 1697, à la mort de Sobieski, mais qui ne put se mettre en possession de ses Etats. Né en 1664, il mourut en 1709, et laissa pour héritier son fils Louis-Armand, prince qui n'a rien fait de remarquable et qui mourut en 1727. Son fils, Louis-François, n'avait alors que dix ans. Comme son grand-père, il se distingua dans les armes et mourut en 1776. Ce fut lui qui posséda le dernier le quint en question, quoiqu'il ait laissé un fils.

Nous n'avons plus trouvé trace de la possession de ce quint à partir de l'année 1760, et il est probable que la maison de Luynes l'a racheté vers cette époque.

(2) Voir cet acte aux Archives du notaire de Beauquesne.

CHAPITRE XLVII

NOUVELLES DIVISIONS ADMINISTRATIVES CIVILES ET ECCLÉSIASTIQUES.
BEAUQUESNE CHEF-LIEU DE CANTON.

Une loi du 22 décembre 1789, promulguée le 15 janvier suivant, décréta une nouvelle division du royaume en quatre-vingt-trois départements. Chaque département fut partagé en districts, appelés depuis arrondissements. Les districts furent, à leur tour, répartis en cantons, et les cantons en communes.

Le département de la Somme, formé du noyau de la Picardie, compta, dès l'origine, cinq districts, comme aujourd'hui; mais le nombre des cantons fut alors bien plus élevé qu'il ne l'est de nos jours. Le district d'Amiens en comptait dix-huit, celui d'Abbeville dix-sept, celui de Péronne seize, celui de Montdidier onze, et enfin celui de Doullens dix.

Les dix cantons de ce dernier district étaient ceux de Doullens, de Beauquesne, de Beauval, de Naours, de Domart, de Bernaville, de Frohen, de Lucheux, de Mailly et d'Acheux.

Le canton de Beauquesne, alors peuplé de sept mille sept cent quatre-vingt-quatorze habitants, comprenait les communes qui suivent :

1° Beauquesne, qui comptait 1.983 habitants, et le Valvion, 6. . . . . Au total. 1.989
2° Terramesnil 525
3° Marieux 151
4° Thièvres 85
5° Authie 580

6° Saint-Léger 227
7° Vauchelles et Maurepas 315
8° Louvencourt. 560
9° Arquèves, 400 hab. et Belle-Eglise, 12. Au total. 412
10° Raincheval 500
11° Puchévillers et le Quesnoy, 630 habitants, et
    Sériel, 20 . . . . Au total. 650
12° Toutencourt. 960
13° Hérissart 840

« Dans le cours de l'année 1791, et en application de la loi sur la nouvelle organisation judiciaire, une justice de paix fut établie à Beauquesne.

Les divisions ecclésiastiques furent aussi modifiées, et il n'y eut plus qu'un évêque par département. Un manuscrit des Archives départementales de la Somme, de l'année 1791, contient un travail intitulé : « Projet de réunion des cures, » et propose, pour le canton de Beauquesne, l'organisation suivante :

1° Beauquesne réunira le Valvion, jadis de la paroisse Sainte-Catherine de Saint-Jean d'Amiens,

2° Authie réunira Saint-Léger et Marieux, qui auront chacun un vicaire,

3° Arquèves réunira Raincheval et Belle-Eglise. Il y aura un vicaire à Raincheval. Arquèves est préféré pour la cure, parce qu'il est au centre, et que son église est la plus solide,

4° Hérissart,

5° Louvencourt réunira Maurepas et Vauchelles, qui aura un vicaire,

6° Puchévillers réunira Valdesmaisons et Sériel,

7° Thièvres. On y réunira Thièvres de l'Artois, qui a l'église,

8° Toutencourt réunira Harponville, du canton de Mailly, et qui aura un vicaire.

Quant à Terramesnil, il n'aura pas de curé parce qu'il n'a pas de presbytère, et que la maison actuelle du vicaire ne pourrait en tenir lieu. Quoiqu'il soit du canton de

Beauquesne, il ne saurait être réuni à la paroisse de ce nom parce qu'elle est par elle-même déjà très-considérable. Il sera en conséquence joint à Authieule. »

Cette organisation subsista jusqu'à la suppression du culte. Pour ce qui est de l'administration civile, elle demeura telle quelle jusqu'après le 18 brumaire, sauf en ce qui concerne les municipalités. La Constitution de l'an III fit en effet disparaître les municipalités communales, et, par ses articles 174, 179, 180 et 181, elle établit dans chaque commune de moins de cinq mille habitants un agent municipal et un adjoint. Les agents municipaux de toutes les communes du canton formaient une municipalité cantonale, à la tête de laquelle fut placé un président « choisi dans tout le canton. » Le nouveau système n'était point une invention heureuse. Il privait la commune de tout organe représentatif de ses intérêts spéciaux et ne pouvait lui être que préjudiciable ; aussi ne dura-t-il pas.

CHAPITRE XLVIII

Confiscation des propriétés du clergé. — Vente des biens nationaux sur Beauquesne.

La condition du clergé de France fut profondément modifiée par la Révolution. Après s'être vu enlever, dans la nuit du 4 août, la dîme, qu'il prélevait, depuis tant de siècles, sur les produits de la terre et de la basse-cour (1), il dut encore subir, le 2 novembre 1789, en vertu d'une décision de l'Assemblée Nationale, la confiscation pure et simple de toutes ses propriétés (2).

(1) Ce fut, comme le dit fort bien Henri Martin, au tome III, page 307 de son *Histoire de France populaire*, un magnifique cadeau annuel de cent vingt millions, qui en vaudraient aujourd'hui au moins trois cents, octroyé par l'Assemblée Constituante aux propriétaires français ruraux et aux fermiers et métayers. La campagne entière, ajoute cet auteur, applaudit avec transport à cette mesure et fut gagnée par elle sans retour à la Révolution.
L'abolition pure et simple de la dîme, sans rachat, fut hautement désapprouvée par Sieyès. Il prétendait, non sans raison, il faut le dire, qu'elle constituerait, pour les propriétaires ruraux qui avaient hérité ou acheté leurs terres alors qu'elles étaient toutes grevées de cette charge, « un présent énorme » et absolument préjudiciable à la partie de la nation qui ne possédait point de terres. L'article V du décret d'abolition dit en effet : « ... Les dîmes... sont abolies ; sauf à aviser aux moyens de subvenir d'une autre manière à la dépense du culte divin, à l'entretien des ministres des autels, au soulagement des pauvres, aux réparations et reconstructions des églises et des presbytères, et à tous les établissements, séminaires, écoles, collèges, hôpitaux, communautés et autres, à l'entretien desquels elles sont actuellement affectées..... » Or, il fallut évidemment depuis lors créer de nouveaux impôts pesant sans distinction sur tous les contribuables pour subvenir à tous ces divers services.
(2) Les biens du clergé, tant séculier que régulier, donnaient, à cette époque, ajoute le même auteur, un revenu annuel de quatre-vingts millions, qui en vaudraient, de nos jours, plus de deux cents.

Cette mesure une fois adoptée, il devint nécessaire de se rendre compte de l'importance des biens ainsi dévolus à « la Nation », et une loi du 13 du même mois en imposa rigoureusement aux détenteurs actuels la déclaration.

La formalité prescrite fut exécutée bon gré mal gré, et en voici le résultat, pour ce qui concerne Beauquesne :

1° *Terres appartenant à la Fabrique de l'église paroissiale :* quatre-vingt-dix-sept journaux de terre en quarante-huit pièces, affermées, d'après les derniers baux, en dehors des pots-de-vin, moyennant une redevance annuelle totale de sept cent cinquante-huit livres dix sous (1), non compris un terrain de trente-quatre verges appelé le « Vieux-Atre, » ou ancien cimetière, situé à l'angle formé par la rencontre de la chaussée de Doullens et de la rue du Valvion, et sur lequel se voyait encore le grand calvaire ordinaire des cimetières,

2° *Terres de la chapelle Saint-Nicolas :* seize journaux et un quartier,

3° *Terres de la Fabrique de l'église Saint-Martin de Doullens :* douze journaux,

4° *Terres de l'abbaye de Corbie :* six journaux quatre-vingt-onze verges.

5° *L'abbaye de Saint-Jean d'Amiens possédait sur Beauquesne :*

1. Le Valvion, dont le domaine aggloméré, compris entre la Borne ferrée, au nord-est, et la route de Beauquesne à Puchévillers, au sud-ouest, s'étendait sur trois cent soixante-quatre journaux de manoir, de terre, de bois et de pâtis (2).

---

(1) Voir, en l'étude du notaire de Beauquesne, deux baux du 30 novembre 1784, deux du 24 septembre 1786, un du 11 mars 1787, un du 26 août 1787, et deux du 24 mai 1789.

(2) Le Valvion avait en outre, à quelques toises de sa limite vers le nord et vers le nord-est, deux annexes, sur les terroirs de Sarton et de Marieux. La première, sur le Long Rideau, comprenant trente-quatre journaux soixante et onze verges (14 hectares 64 ares 70 centiares).

— 282 —

II. *Les Terres Saint-Jean*, sises, au sud-ouest de Beauquesne, entre les chemins de Talmas et d'Amiens, s'appelaient aussi « le petit Valvion, » et comprenaient deux cent quarante journaux.

6° *Le Domaine de Sériel*, quoique annexé par la Révolution au terroir de Puchévillers, se rattachait plus naturellement à la commune de Beauquesne, dont les habitants, au surplus, en possèdent aujourd'hui une très grande partie. A l'époque de la Révolution, il comprenait encore, à titre de propriété directe, cinq cent quatre-vingt-douze journaux, dont trente en bois et neuf en termes et pâtis, soit les six dixièmes environ de son ancien terroir.

Pour compléter la série des biens nationaux existant sur Beauquesne, nous allons donner, à la suite des propriétés enlevées au clergé, la liste des immeubles ayant appartenu à la couronne, tant ceux qui étaient libres dès lors, que ceux qui furent repris plus tard au duc de Luynes.

La partie libre comprenait le Bois-Roy, d'une contenance de quarante journaux. Ce bois n'avait pas été compris dans la vente de 1574. Il était donc disponible dès lors et fit partie du premier lot de biens nationaux aliénés.

Les biens qui seront repris au duc de Luynes sont les suivants :

---

occupait, sur le plan cadastral de Sarton, les parcelles portant les numéros 107 et suivants jusqu'à 213 inclusivement. L'étendue de la seconde était de dix-huit journaux vingt-neuf verges (7 hectares 71 ares 90 centiares) et contenait les parcelles portant les numéros 61 et suivants jusqu'au numéro 80, le numéro 75 excepté, de la section D du cadastre de Marieux.

Entre le domaine propre du Valvion, à l'est, les Terres Saint-Jean, à l'ouest, les Terres de Sériel, au sud, et la première section du Chemin blanc de Raincheval, au nord, se trouve un lot de cent journaux de terre appelés jadis *les Mouvances*. Il relevait alors encore de l'abbaye de Saint-Jean. Ces terres avaient longtemps appartenu directement à la manse abbatiale, qui les avait aliénées à une date inconnue.

1° Les Vergeaux, sur lesquels se trouvaient trente-huit arbres à fruit, ci . . . . 2 j° 37 v. 1/2
2° Le petit pré en face, de l'autre côté de la rue, de . . . . » 25 »
3° Une pièce de terre à la Solette, de . . . 5 » »
4° Une autre pièce, aux Bosquets, de. . . 4 » »
5° Au Boisdon . . . . 1 » »
6° Au Mahuet . . . . » 37 »
7° Le bois de Beauquesne . . . . 120 » »

Au total. . . 132 j° 99 v. 1/2

A côté des propriétés de la couronne, il y avait encore l'ancienne succursale du moulin banal. Ce moulin était passé, vers 1785, de la famille de Créquy, à M. Boucquel de Sarton, et, ce dernier ayant émigré, il fut confisqué par l'Etat et réuni aux biens nationaux.

Le 17 décembre, l'Assemblée préluda à toutes ces aliénations en décrétant la mise en vente, pour les besoins de l'Etat :

1° Des propriétés de la couronne, à l'exception des palais et des forêts ;

2° D'une partie des biens du clergé jusqu'à la complète réalisation d'une somme de quatre cents millions. Mais, comme alors les caisses étaient absolument vides, on décida, en attendant la mise en adjudication des immeubles désignés, la création, jusqu'à concurrence de quatre cents millions, de mandats négociables *assignés* sur les biens à vendre, et dont on pourrait faire argent de suite. Ce furent les *assignats*, si utiles d'abord au nouveau pouvoir, et si décriés depuis !

Le 17 mars 1790, parut le décret de mise en vente ; mais la première adjudication de biens nationaux intéressant Beauquesne n'eut lieu que le 1er juin 1791. Elle comprit le Bois-Roy et soixante-quatre journaux des terres du Valvion. On vendit encore, la même année, les terres Saint-Jean, celles de l'abbaye de Corbie et celles de la chapelle Saint-Nicolas.

Le 23 mai 1792, on adjugea le reste du domaine du Valvion, en différents lots (1), et, le 23 août 1793, Sériel et ses dépendances subirent le même sort.

Une loi du 13 brumaire an II ayant rendu aliénables les biens des Fabriques des églises, les lois du 9 floréal an III et du 28 ventôse an IV en prescrivirent la vente. Les terres de la Fabrique de l'église de Beauquesne et de celle de Saint-Martin de Doullens furent en conséquence adjugées, le 1er prairial an IV et les jours suivants.

Les propriétés de la couronne retirées à la famille de Luynes furent aliénées les dernières. En conséquence des lois des 28 ventôse et 6 floréal an IV, les Vergeaux et les autres terres furent vendus, à la date du 16 prairial an V.

Le bois de Beauquesne, lui, ne fut acheté par M. de Verville, ci-devant seigneur de Raincheval, que le 5 frimaire an IX.

Le moulin de pierre enfin, cette succursale du moulin banal d'Orville, avait été acquis, comme ce dernier, par M. Stanislas Thuillier, l'un des acquéreurs de Sériel, le 2 brumaire an IV.

Les résultats pécuniaires obtenus, à l'aide de ces diverses mesures, par le nouveau gouvernement, furent bien moins considérables qu'on ne l'avait d'abord espéré. En effet, les acquéreurs de biens nationaux ayant la faculté d'en payer le prix à la longue, à la condition de tenir compte de l'intérêt des sommes encore dues, la dépréciation croissante du papier-monnaie, que l'administration reçut toujours au taux du pair jusqu'à sa suppression, fit rentrer au trésor assez peu de valeurs effectives. Elles suffirent néanmoins à procurer aux hommes de la Révolution les moyens de mener à sa fin l'œuvre qu'ils avaient entreprise.

La propriété au surplus alla ainsi, à bon compte, à ceux qui la cultivaient.

(1) Pour l'un de ces lots, contenant quatre-vingt-six journaux et nommé le Champ à Gaux, la vente n'en resta pas effective. Il passa plus tard à la Légion d'honneur et ne fut vendu qu'après 1830.

CHAPITRE XLIX.

Partage des biens communaux.

La Convention, par sa loi du 10 juin 1793, décréta que les biens communaux, « appartenant, de leur nature, à la généralité des habitants des communes, » seraient partagés, par toute la France, « pour les citoyens en jouir en toute propriété, par tête d'habitant domicilié, de tout âge et de tout sexe, présent ou absent. »

Il y eut donc, à Beauquesne, en vertu de cette loi, le 29 ventôse an V, une réunion de la communauté du lieu, « en la maison commune, à l'effet de délibérer au parti à prendre relativement aux biens patrimoniaux appartenant à ladite communauté. Il a été décidé à l'unanimité que ces biens seraient partagés entre les habitants par tête. En conséquence, ils ont nommé pour commissaires Duminil, arpenteur à Caumesnil, J.-B. Desclos, cultivateur à Bertrancourt, et Nicolas Candas, marchand à Terramesnil, et, pour indicateurs, Philippe Houvin, charpentier, et Firmin Sévin, ménager à Beauquesne, lesquels feront l'estimation des biens et formeront les lots. De tout quoi ils dresseront procès-verbal en vertu de la loi du 10 juin 1793.

« Ces biens étant grevés, depuis environ dix-huit ans, d'une somme de trois mille livres empruntées par la commune, cette somme, avec les intérêts et les frais, sera levée sur tous les habitants de Beauquesne, et remboursée avant le partage (1). »

Cette opération de partage traîna en longueur : les pre-

---

(1) Voir cette délibération aux Archives du notaire du lieu, à la date indiquée. La somme de trois mille francs en question ici est celle qui a été empruntée pour plaider contre M. de Créquy.

miers commissaires désignés n'acceptèrent pas la tâche ou ne furent pas en état de la remplir, et on dut en nommer d'autres. Deux cultivateurs de Terramesnil, MM. Pierre Renard et Pierre-François Bontemps, furent choisis à cet effet, le premier, par les officiers municipaux, le second par « la communauté des habitants. »

Les terres sur lesquelles ils devaient opérer se trouvaient dispersées sur plusieurs terroirs contigus ; en voici le détail :

1° Sur Beauquesne.

1° Au chemin d'Abbeville	484	verges.
2° Au chemin d'Orville	300	»
3° Au chemin du Bois-Roy	80	»
4° A la Cognée, vers Beauval	2.192	»
5° A la Cognée, la petite pièce	856	»
6° A la Dialesse	176	»
7° A la Dialesse, autre pièce	208	»
8° Aux Fosses Chaudron	528	»
9° Au Fourdrinier-la-Mare	416	»
10° Au Fourdrinier	222	»
11° Au Fourdrinier, autre pièce	100	»
12° Aux Hayettes	25	»
13° Aux Hayettes, autre pièce	292	»
14° A la Mare	532	»
15° Au Maigremont	138	»
16° Au Maigremont, autre pièce	162	»
17° Pré de la rue de la Maladrerie	216	»
18° Deux parties y-contiguës	53	»
19° Aux Quatorze	1.376	»
20° A la Savate	400	»
21° A la Savate (enclos)	63	»
22° A la Savonnière	404	»
23° Au sentier de Sarton	357	»
24° Au même lieu, autre pièce	75	»
25° A la Solette	376	»
26° A la Voye Taillis	159	»

Au total : 101 journaux 90 verges.

2° Sur Terramesnil.

1° Au cimetière de Terramesnil	258	verges.
2° A la Justice	330	»

3° Au Larris-Saint-Pierre . . . . 1.224 verges.
4° A la Louche. . . . . 616 »
5° Au Moulin Delambre . . . . 536 »
6° Au Moulin de Terramesnil . . . . 480 »
7° Au Volpin . . . . 186 »
8° Au Volpin, autre pièce. . . . . 568 »

Au total : 41 journaux 98 verges.

3° Sur Sarton.

Aux Longs-Rideaux. . . . . 552 verges.

Au total : 5 journaux 52 verges.

4° Sur Orville.

1° Aux Catis . . . . 1.040 verges.
2° A la Longue-Borne . . . . 388 »
3° Aux Quinze . . . . 376 »

Au total : 18 journaux 4 verges.

5° Sur Authieule.

Au champ Poissy . . . . 2.058 verges.

Au total : 20 journaux 58 verges.

Après avoir visité ces diverses pièces de terre pour en apprécier la valeur, les commissaires divisèrent chacune d'elles en lots ayant, chacun sur sa surface, et à la verge, une valeur identique. Cent trente lots furent ainsi constitués, et, quand l'estimation en fut terminée, les commissaires convoquèrent les habitants et leur remirent, à la date du 29 floréal an VII, le résultat de leur travail, qui fut unanimement approuvé.

Les cent un journaux quatre-vingt-dix verges sur Beauquesne furent estimés, au total, vingt-huit mille huit cent soixante-quinze livres ; les quarante et un journaux quatre-vingt-dix-huit verges sur Terramesnil, quinze mille six cent quatre-vingt-neuf livres ; les cinq journaux cinquante-deux verges sur Sarton, treize cent quarante livres ; les dix-huit journaux quatre verges sur Orville, trois mille sept cent quatre-vingt-douze livres ; et enfin les vingt journaux cinquante-huit verges sur Authieule, deux mille cinquante-huit livres. Au total, cinquante et un mille sept cent cinquante-quatre livres.

Or, le nombre des co-partageants étant de deux mille deux cent quarante-trois, c'était une parcelle d'une valeur de vingt-deux livres environ qui revenait à chacun d'eux. On subdivisa donc chaque lot sur cette base, et on attribua à chacune des familles une quantité de parcelles contiguës égale au nombre de membres qu'elle comptait.

Douze cent quarante-six d'entre eux se trouvèrent nantis, sur le terroir de Beauquesne, de ce qui leur revenait ; six cent quatre-vingt-deux sur celui de Terramesnil ; cinquante-huit sur celui de Sarton ; cent soixante-six sur celui d'Orville ; et enfin quatre-vingt-onze sur celui d'Authieule.

Le même jour, 29 floréal an VII, il fut dressé du tout un acte que les officiers municipaux déposèrent, longtemps après, le 27 fructidor an XII, en l'étude M^e Le Correur, notaire à Doullens, et dont nous avons retrouvé par hasard une copie, que nous avons déposée à la Mairie.

Ce partage, que la Convention avait ordonné dans le but d'attacher encore plus au nouvel ordre de choses les habitants des campagnes, a créé, il est vrai, bon nombre de nouveaux propriétaires ; mais il n'a réussi, il faut le reconnaître, à développer que chez un bien petit nombre l'amour de la propriété et le goût de l'épargne, car beaucoup d'entre eux — les archives du notaire en font foi — se sont empressés de se débarrasser de leur part pour en faire un usage que l'on devine sans peine.

D'autre part, et au point de vue des intérêts communaux, il a constitué une mesure absolument désastreuse, car il a privé la municipalité d'une ressource précieuse, en ce siècle où les budgets communaux sont si chargés ! Pendant une longue suite d'années, en effet, le prix de fermage des terres atteignait facilement ici cinquante francs nets, chaque journal, et, à ce compte, les cent quatre-vingt-huit journaux partagés eussent produit annuellement plus de neuf mille francs, et soulagé d'autant les contribuables.

Enfin, si l'on se rappelle que la donation de ce bien à la communauté de Beauquesne avait été faite à de certaines conditions, on se demandera peut-être si, lors de la restauration du culte, notre population, qui s'était si allègrement partagé l'héritage du bon abbé Jumel, s'est également empressée de rétablir le service anniversaire qui avait été institué et qui se célébrait à son intention depuis la mort de ce généreux bienfaiteur... Nous devons avouer, hélas ! que personne ne paraît même y avoir songé. Heureux est-il, le digne curé, si les prières des générations antérieures, à défaut de ses mérites propres, sont parvenues à le faire entrer en paradis !

CHAPITRE L

Beauquesne pendant la première moitié du XIXᵉ siècle. — Suppression de son canton. — Rétablissement de sa vicinalité.

Avec le xviiiᵉ siècle disparurent la Constitution de l'an III et le gouvernement directorial qu'elle avait créé. Aux premiers jours du xixᵉ, par une loi du 28 pluviôse an VIII, le Consulat, qui les avait renversés, apporta de grandes modifications au système administratif de la France. Les départements furent conservés, et des préfets nommés pour les administrer ; les districts, rétablis, prirent la dénomination d'arrondissements et eurent à leur tête un sous-préfet ; les cantons continuèrent d'exister, mais diminués en nombre. Les municipalités cantonales enfin furent supprimées, et un conseil municipal présidé par un maire fut établi dans chaque commune (1).

(1) Avant la Révolution, la charge de maire, nous l'avons vu, était annuelle. De 1790 à l'an III, l'absence de tout document, à la mairie de Beauquesne, jusqu'à l'année 1823 (en dehors des actes de l'état-civil) nous met dans l'impossibilité de donner la suite des maires qui se sont succédé. Il en est de même pour la période des mairies cantonales, et nous ne possédons la liste suivie de ces magistrats qu'à partir de l'an VIII (été de 1800).

Le premier en date fut M. Pierre Trongneux, dont le premier acte d'état-civil est du 9 messidor an VIII. Le dernier de ses actes est du 17 février 1808. Son successeur fut :

2° M. Jean-Baptiste-Marie Bouthors, dit de Sériel. Son premier acte est daté du 23 février 1808, et le dernier de cette première période de sa mairie est du 11 décembre 1816. Le premier de

3° M. Jean-Louis Bouthors, dit du Valvion, est du 22 décembre, et son dernier du 7 février 1818.

Beauquesne recouvra alors sa municipalité propre, comme les autres communes, mais sa circonscription cantonale fut abolie. La plus grande partie de son ressort alla à Acheux, et le chef-lieu, avec Terramesnil, fut réuni à Doullens.

Ce nouvel ordre de choses dure depuis près d'un siècle, et rien n'en fait présager la disparition prochaine.

Dès lors et pendant toute la première moitié du xixe siècle, l'existence de notre commune fut celle d'un gros village isolé et privé, durant une bonne partie de

4° M. Jean-Baptiste-Marie Bouthors le remplaça, le lendemain, 8 février, jusqu'à la mi-août 1821.

5° M. Jean-Jacques Gobet lui succéda, et son premier acte est du 23 août 1821.

6° M. Jean-Baptiste-Marie Bouthors commença une troisième période d'exercice aux premiers jours de janvier 1824, et, à la mi-novembre 1831, il céda la place à son prédécesseur,

7° M. Jean-Jacques Gobet. Celui-ci administra ainsi la commune, une seconde fois, de la mi-novembre 1831 au mois de janvier 1835, et

8° M. Jean-Baptiste-Marie Bouthors reprit une quatrième fois l'écharpe municipale, qu'il conserva jusqu'à sa mort, survenue en février 1838.

9° M. Auguste Allart prit sa place quelque temps après et la garda pendant cinq ans.

10° M. Auguste Renard lui succéda en septembre 1843 et garda son titre jusqu'après la Révolution de février 1848. Aux premiers jours d'avril, son prédécesseur,

11° M. Auguste Allart, reprit la direction de la commune, et céda la place, en décembre 1854, à

12° M. Amable-Auguste Lelong. Celui-ci donna sa démission en 1867, et fut remplacé par

13° M. Jean-Baptiste Lagrange-Lavallart, en décembre de la même année.

14° M. Jean-Baptiste-Marie Briaux lui succéda à la mi-septembre 1870. Il démissionna en octobre 1873.

15° M. Jean-Baptiste-Auguste Renard-Saguez fut élu en sa place en mars 1874.

16° M. Jean-Baptiste-Marie Briaux devint maire de nouveau en 1875.

17° M. Alcide Sévin le remplaça en 1878 et resta en fonctions jusqu'en 1881.

18° M. Jean-Baptiste Lagrange-Herbet, appelé à le remplacer, à cette époque, fut, depuis lors, réélu, à chaque renouvellement du Conseil municipal, aux fonctions de maire.

l'année, de toute communication avec le dehors, par l'absence complète de toute voie praticable sur son territoire. Pour conduire, en hiver, leurs denrées au marché d'Amiens, les cultivateurs devaient employer toute la journée de la veille à transporter, par petites parties, leur chargement au Vert-Galant, à près de six kilomètres de Beauquesne, où ils atteignaient la grand'route ; et, le lendemain, de bon matin, ils partaient de là pour arriver à leur destination, à l'heure du marché.

Lorsque, dans les rues du village, il se produisait, devant la maison d'un cultivateur, une ornière par trop profonde, ce cultivateur allait, quand la saison le permettait, chercher à Caumesnil, à huit kilomètres de distance, une voiture de cailloux, et, à son retour, il la versait tout simplement dans le trou. Telles étaient, en hiver, les seules opérations de vicinalité pratiquées. Pendant la belle saison, les corvées des habitants aplanissaient vaille que vaille le sol des rues et des chemins.

On voit par là que l'ordonnance de M. Chauvelin n'avait été exécutée qu'en partie, car si les pavés de nos rues avaient été enlevés, la « chaussée ferrée » qui devait les remplacer n'avait pas été faite ; et, dans les endroits que MM. les Doullennais n'avaient pas entièrement dépouillés, la situation n'était pas meilleure. Lorsqu'en effet ils eurent enlevé, de-ci de-là, les pavés les plus beaux, ceux qu'ils y laissèrent s'y disloquèrent de plus en plus, et il en résulta bientôt une multitude d'inégalités peu propres à faciliter la circulation ; aussi le conseil municipal en arriva-t-il à désirer l'enlèvement total des pavés restants. Dans deux délibérations, l'une du 29 août 1838, et l'autre du 5 février 1843, il sollicita de la bienveillance du sous-préfet de Doullens la permission de les faire retirer et de les vendre au profit de la commune, pour le prix en être employé à l'achat de marne et de cailloux destinés à confectionner enfin la « chaussée ferrée » prescrite par M. Chauvelin.

La première délibération vise la rue des Fossés, et la

seconde un tronçon de soixante-quinze mètres de long de la grande chaussée situé entre le « Boël et le Flot à glaçons, » et aussi l'entrée sur la chaussée et la sortie sur la rue de Beauval de la rue Cornet.

Les motifs sur lesquels s'appuient ces deux suppliques au sous-préfet sont que dans chacun des quatre endroits précités, « la surface de ce vieux pavé présentant en tout lieu des trous et des bosses, se trouve actuellement si irrégulière que le passage des voitures y est très difficile, » ces voitures « y éprouvant des cahots et des secousses qui portent préjudice tant aux voitures qu'aux chevaux qui les conduisent. »

L'exécution, dans nos rues, des prescriptions de la loi de 1836, commença à préoccuper notre municipalité en 1843; mais ce ne fut qu'en 1850 et 1851, lors de la création de la route de Doullens à Moreuil et de celle de Fienvillers à Acheux, routes qui se croisent dans Beauquesne même, et qui coupent le terroir dans le sens des quatre points cardinaux, que le système vicinal a pris, chez nous, un développement rapide. En même temps qu'on les rendait praticables, plusieurs de ces rues ont été redressées, d'autres élargies, et diverses mares qui obstruaient ou gênaient et rendaient dangereuse la circulation ont été comblées et reportées dans les terrains avoisinants.

Lorsque le rétablissement de la vicinalité fut bien en train et eut commencé à rendre les communications plus faciles, le conseil municipal songea à faire revivre les marchés et les foires d'autrefois. Plusieurs vœux furent émis successivement à cet effet, et enfin, le Conseil d'Arrondissement de Doullens et le Conseil Général de la Somme ayant appuyé, dans leur session de 1850, la demande de la commmune, un arrêté ministériel du 13 juillet 1851 autorisa l'ouverture d'un marché hebdomadaire, le lundi, et d'un ranc-marché, le premier lundi de chaque mois. Les deux foires, rétablies également, furent fixées, l'une, au premier lundi après la Saint-Jean, et l'autre au lundi qui suit le premier dimanche d'octobre. Pour être juste, nous ajouterons que les marchés, comme les foires, n'ont pris jusqu'ici qu'une médiocre importance.

L'état de nos rues et de nos chemins ruraux est aujourd'hui aussi satisfaisant qu'il est possible de le désirer. Si, dans la saison humide, ces rues sont parfois un peu grasses, cela tient à ce que le pays est plat, et que, conséquemment, l'écoulement des eaux y est assez difficile.

Enfin, pour compléter ce réseau de voies de communications, on a construit et mis en exploitation, à partir des premiers jours de l'année 1889, une ligne de chemin de fer économique qui traverse la commune et nous relie, vers l'est, à la grande ligne du Nord, à Albert, et, vers l'ouest, à la gare de Gézaincourt, l'une des stations de la ligne qui, vers le nord, conduit, d'un côté, à Saint-Pol, et, de l'autre, à Arras, et, vers le sud, se dirige sur Amiens, d'une part, et sur le Tréport ou Abbeville, d'autre part.

Lors de la création de la ligne de Frévent à Gamaches et au Tréport, sous le second Empire, nous avions tout lieu d'espérer être desservis directement par elle et directement reliés à Amiens, mais de puissantes influences politiques en ont disposé autrement. La voie qu'on nous a accordée depuis ne répare qu'imparfaitement le préjudice causé à cette époque; mais, tout incomplète qu'elle soit, la compensation n'en a pas moins son prix.

CHAPITRE LI

Erection de la succursale de Beauquesne en cure de seconde classe.

Le Concordat, conclu à Paris entre le Premier Consul et le Cardinal Consalvi, représentant du Pape, et signé dans la nuit du 27 au 28 messidor an IX (16-17 juillet 1801), avait rétabli officiellement en France le culte catholique, et, moyennant un salaire assuré par l'Etat au clergé, Pie VII avait reconnu comme valable l'aliénation des biens du clergé.

Depuis l'abolition du culte, au temps de la Terreur, la Constitution de l'an III, placée par la Convention « sous les auspices de l'Etre suprême, » avait bien accordé le libre exercice de toutes les religions, mais sans en reconnaître aucune, et sans allouer aucune rétribution à leurs ministres.

A Beauquesne, le curé en exercice à l'époque de la Révolution était un enfant du pays, M. l'abbé Dembreville, homme simple, conciliant, très aimé et très estimé de la population. Entré en fonctions en 1784, il avait prêté serment à la constitution civile du clergé, décrétée en juin 1790, et n'avait point émigré sous la Terreur. Réintégré dans ses fonctions, lors du rétablissement du culte, malgré son titre de curé constitutionnel, le sort que lui fit le Concordat était, au point de vue pécuniaire, bien préférable à ce qu'il avait été avant la Révolution, au temps des portions congrues. Mais, s'il gagna d'un côté, il perdit de l'autre, car son titre fut amoindri. La nouvelle institution ne lui reconnut plus en effet que celui de desservant. Il mourut en 1811, et ses premiers successeurs durent se contenter, comme lui, de ce modeste titre. Mais, sous le règne de Charles X, prince de tout point favorable au clergé, l'un d'eux, plus ambitieux, et aussi, il faut le dire, fort intelligent, M. l'abbé Vicart, confiant dans cette heureuse disposition du roi, entreprit de remonter au rang de ses prédécesseurs des siècles passés. Il réussit à mettre la municipalité dans ses intérêts, et celle-ci, au nom de la commune, sollicita de la bienveillance royale, par une délibération en date du 17 septembre 1826, le rétablissement de la paroisse de Beauquesne dans son ancien titre.

Cette pièce nous a paru mériter d'être reproduite ; aussi allons-nous en donner le texte scrupuleusement exact :

Extrait du Registre aux délibérations du Conseil municipal.

« Le Conseil municipal de Beauquesne, canton et arrondissement de Doullens, département de la Somme, réuni extraordinairement sous la présidence du maire dudit Beauquesne, au lieu ordinaire des séances, par autorisation de M. le Soupréfet de larrondissement de Doullens en datte du cinq septembre courrant, à l'effet de délibérer sur la question de sçavoir si la secursalle de Beauquesne n'auroit pas quelque droit à etre erigé en cure de seconde classe.

« Vu l'état de la population de Beauquesne, qui selevent maintenant à plus de deux mille habitants,

« Vu le rang distingué que la paroisse de Beauquesne occupoit autrefois dans le Diocèse d'Amiens ayant habituellement un curé et deux vicaire,

« Vu lexemple de plusieurs paroisse dans le département de la Somme dont les Église-secursalles ont été érigé en cure de secondes classes les années precedentes,

« Considérant que la population de Beauquesne et de plus considérables puisque ayant été en 1820, d'après un recensement officiel de deux mille deux cent soixante-deux habitants elle selevent maintenant à deux mille quatre cent trente-trois habitants d'après un nouvel état de population comparé avec l'ancien recensement,

« Qu'ainsy il a peu de commune rurales aussy populeuse dans le département de la Somme, Et que pour cette raison Beauquesne est au rang des gros Bourg de ce département.

« Considérant quil nexiste point d'autre paroisse rurale dans larrondissement de Doullens qui puisse rivaliser avec celle de Beauquesne, soit pour son étendu, soit pour le nombre de ses habitants, de plus quil n'y a dans cest arrondissement aucune secursalle élevé au Rang de cure de seconde classe.

« Considérant enfin que ladministration de la paroisse et souvent très penible par la multiplicité des fonctions quelque fois simultanées qu'un pretre seul et obligée de remplir, Qu'ainsy l'erection de la Secursalle en cure de seconde classe seroit le juste dedomagement de toutes ses peines et que cette premiere faveur seroit le presage d'une nouvelle faveur quil pourroit attendre plus tard dans le secour d'un vicaire ou de quelque pretre auxiliaire,

« Tout vu et considéré,

« Le Conseil municipal dune voix unanime declare par lorgane de son Président etre davis de supplier Sa Majesté Charles X par le canal de Mgr. le Ministre des Affaire ecclesiastique est de l'Instruction publique de conferer incessament à léglise secursalle de Beauquesne le titre de cure de seconde classe et de faire participer le deservant de la paroisse aux avantages qui résulte ordinairement de ce titre, tel que l'inamovibilité et le traitement égal aux autre curé de ce Rang, ils seront dans cette faveur un gage senssible de la bonté paternel que caractérise sy bien notre Roy Bien-aimé.

« Fait et deliberé en seance ledit jour 17 septembre 1826.

« Signé :

« Bouthors,   Louthors,
   maire   conseiller municipal

« Godran, Cour, Ansart, Durieux, Flesselle (1). »

Il était, on le comprendra facilement, difficile à la « bonté paternel du Roi Bien-aimé » dont on devait chaleureusement fêter, moins de quatre ans plus tard, l'expulsion, de repousser une semblable requête. Aussi une ordonnance royale ne tarda-t-elle pas à sanctionner, à la date du 24 janvier 1827, les vœux du curé et de la population en accordant l'érection si ardemment sollicitée (2).

(1) Liste des curés connus de Beauquesne, depuis le xvii° siècle :
1° M. Lefebvre . . . . de 1601 à 1633.
2° M. Antoine Capron . . . de 1642 à 1658.
3° M. François Cordier. . . de 1658 à 1663.
4° M. Brisse . . . . de 1660 à 1693.
5° M. Antoine Deflesselle. . de mai à octobre 1694.
6° M. Antoine Cailly . . . . de 1694 à 1720.
7° M. Norbert Violette . . . de 1720 à 1760.
8° M. François . . . . de 1760 à 1775.
9° M. Barbier . . . . de 1775 à 1782.
10° M. Boullet . . . . de 1782 à 1784.
11° M. Dembreville . . . . . de 1784 au 16 janvier 1811.
12° M. Wasse . . . . de septembre 1811 à novembre 1820.
13° M. Varlet . . . . de février 1822 à 1823.
14° M. Vicart . . . . de septembre 1825 à 1839.
15° M. Lattier, nommé le 15 décembre 1839, installé le 19 janvier 1840, mort en 1867.
16° M. Prache . . . . de 1867 à 1894.
17° M. Morel . . . . de 1894 à

(2) Pour trouver la date de cette érection, nous avons fouillé vainement les papiers de la Fabrique de l'église, et aussi la collection du *Bulletin des lois et des ordonnances royales*. Nous avons dû nous adresser enfin à l'Evêché, et c'est à une communication fort obligeante de M. le grand vicaire Mollien, aujourd'hui évêque de Chartres, que nous devons ce renseignement.

CHAPITRE LII

Quelques mots sur la culture et l'industrie du lin a Beauquesne au xix⁰ siècle.

Pendant une grande partie de ce siècle, mais surtout durant son troisième quart, Beauquesne a réalisé, grâce au lin, l'idéal des sociétés modernes, c'est-à-dire l'alliance sincère et féconde de l'agriculture, du commerce et de l'industrie. C'est pourquoi nous croyons devoir, en terminant ce travail, consacrer à ce sujet notre avant-dernier chapitre.

« A Beauquesne, dit le P. Daire, dans son *Histoire du Doyenné de Doullens*, écrite peu d'années avant la Révolution, les deux sexes s'occupent à filer de la laine. » Si cette proposition a jamais été vraie, ce fut certainement bien avant l'époque à laquelle écrivait cet auteur, au temps de saint Louis : par exemple, alors que, dans le jugement prononcé en Cour de Parlement sur les poids dont on se servait ici, la laine est placée en tête des marchandises que les Beauquesnois avaient l'habitude de peser. Mais, à la veille de la Révolution, le témoignage unanime des vieillards que nous avons interrogés à cet égard, il y a quarante ans et plus, nous démontre que c'était le lin qui, alors déjà comme plus tard, occupait, avec l'agriculture, à peu près toute la population.

L'auteur d'un savant et intéressant Mémoire sur la culture comparée du lin nous dit, à l'appui de ce que nous avançons : « Les habitants de Beauquesne se sont toujours fait remarquer par leur prédilection et leur aptitude pour la culture et le travail du lin. Ce village est le centre d'un mouvement d'affaires très considérable, et l'industrie linière y occupe à peu près tout le monde. L'origine de cette industrie y est sans doute bien antérieure à 1789; tout ce que nous savons à cet égard, c'est que dès 1806, le commerce du lin avait pris, à Beauquesne, une notable extension. La meilleure partie des lins qu'on y travaillait s'exportait pour Bordeaux, Orthez et Bayonne, et, de là, était dirigée sur l'Espagne ; l'autre partie était envoyée à Mayenne, Laval. C'est à Abbeville qu'on embarquait les lins destinés à Bordeaux et à Bayonne ; ces exportations prirent une grande importance jusqu'à l'époque où éclata la guerre d'Espagne.

« Après la chute du premier Empire, Beauquesne renoua ses relations commerciales, qui durèrent et se développèrent jusqu'à l'établissement des filatures de lin dans le nord de la France (1). »

Durant cette première période, le lin était récolté, travaillé et converti en partie sur place en toile. L'ancien marché hebdomadaire s'était réduit, pendant la première moitié de ce siècle, en un marché au lin et au fil également hebdomadaire. Les fileuses chez lesquelles ne se travaillait pas le lin allaient s'y approvisionner, et, dans les longues soirées d'hiver, un certain nombre de ces fileuses, femmes ou filles, au nombre parfois de quinze ou vingt, auxquelles se mêlaient de jeunes fileurs, se rassemblaient avec leur rouet dans « un boutique », et là, munies de leur « couvet », elles travaillaient autour d'un lampion fumeux, tandis que les hommes « devisaient » rangés devant le foyer chauffé par un feu « d'arêtes (2). » De même que quelques jeunes gens courageux se mettaient au rouet, un petit nombre de femmes peu portées au travail « fumaient au rang des hommes. »

Lorsque les fileuses jugeaient avoir suffisamment travaillé, on rangeait les rouets, et, à la musique des chan-

(1) M. B. VÉRET. Travail couronné.
(2) Débris ligneux résultant du teillage du lin.

sons, on se mettait en danse. En dépit de quelques côtés un peu durs, il avait tout de même ses charmes, le bon vieux temps !

Le lin filé, lorsqu'il n'y avait, dans la famille, personne pour le tisser, était porté au marché, où les tisserands du pays qui n'étaient pas approvisionnés chez eux allaient l'acheter. Le surplus du fil étalé était enlevé par des industriels étrangers, qui le faisaient tisser par les ouvriers de leur pays.

Les récits de nos vieillards aiment encore à rappeler, lorsqu'il est question de ces modestes acheteurs, le souvenir des chefs d'une famille des environs, la famille Saint, aujourd'hui arrivée à la plus grande puissance industrielle : exemple frappant de ce que peut réaliser l'intelligence servie par le courage et l'esprit de conduite...

Le vendredi arrivé, nos tisserands faisaient conduire par les messagers le produit de leur travail à Amiens, au marché qui se tenait, le vendredi après-midi et le samedi matin, à la Halle à l'avoine, et là vendaient leurs toiles aux négociants de la ville.

Vers la fin de la monarchie de Juillet, l'établissement des filatures mécaniques mit fin peu à peu à l'industrie des fileuses, et inaugura une nouvelle période, qui devait être la plus brillante. Elle date, chez nous, de l'année 1849. A partir de là, les filatures d'Ailly, d'Amiens (1), de Saleux, de Pont-de-Metz, de Pont-Remy, de Rollepot, etc., et de nombreux négociants de Lille accréditèrent dans le pays des commissionnaires chargés d'acheter nos lins pour leur compte.

A cette époque en effet, la production de ces lins était, chez nous, considérable. La moyenne de l'étendue des terrains consacrés, chaque année, à cette culture par les propriétaires et fermiers de Beauquesne s'élevait à sept cents journaux ; et pourtant elle était loin encore de suffire

(1) *La Cour de Mai, la Société anonyme.*

aux besoins de nos iniers. Aussi les voyait-on, aussitôt après la Saint-Jean, se diriger avec entrain sur les grosses fermes des environs, et jusqu'à six et huit lieues en Artois, d'où ils en ramenaient, bon an, mal an, une quantité qu'on évalue au double de celle qui se récoltait chez nous.

Tant que dura cet état de choses, la prospérité fut grande dans le pays. L'aisance y était générale ; aussi toutes les anciennes chaumières disparurent-elles en peu d'années, faisant place à des constructions nouvelles, plus saines et mieux installées : ce qui a fait dire avec grande raison à l'auteur cité plus haut que Beauquesne pouvait alors être considéré comme la commune la plus riche de France, puisque son terroir produisait de quoi nourrir ses habitants, et en même temps à peu près de quoi les occuper pendant toute l'année.

Tout cela est bien changé depuis quelques années !

Quoiqu'en moindre quantité, on sème encore du lin ; mais le produit en est maigre et le prix de la filasse tout à fait inférieur. Dans ces conditions, ni le cultivateur, ni le linier ne sauraient plus vivre par le lin, et on prévoit le moment prochain où la culture de cette plante sera tout à fait délaissée. Par quelle autre sera-t-elle remplacée ? C'est le secret de l'avenir.

CHAPITRE LIII

État actuel.

La population de Beauquesne s'élève à deux mille quatre cent deux habitants, répartis en six cent quatre-vingt-quatre familles (1).

Relativement à la superficie qu'elle occupe, cette population est peu élevée. En effet le diamètre de la surface habitée mesure, du sud au nord, deux kilomètres. De l'est à l'ouest, il est vrai, sa largeur est moindre ; elle atteint toutefois encore huit hectomètres et demi.

La forme générale de cette agglomération est celle d'un ovale présentant, à chacune de ses deux extrémités, un appendice : celui du sud, moins développé ; l'autre, plus long, vers le nord.

La partie centrale, ce qu'on pourrait appeler le noyau de la commune, se trouve comprise, du sud au nord, entre les deux extrémités formant chacune la base de deux places triangulaires nommées, l'une, le « Boël, » et l'autre,

---

(1) En dehors de son agglomération principale, Beauquesne possède deux annexes :
1° *Le Valvion*, 9 habitants. Cet ancien domaine des Prémontrés, acheté en partie — la partie centrale, avec le manoir — par la famille Bouthors, lui appartient encore aujourd'hui. Originaire du Quesnoy-lès-Puchévillers, cette famille a produit un savant fort remarquable, M. Alexandre Bouthors, ancien greffier en chef de la Cour d'Amiens. Membre de la Société des Antiquaires de Picardie, il a écrit plusieurs travaux d'érudition d'un grand mérite : *Coutumes locales du Bailliage d'Amiens* ; *Usages locaux*, etc.
2° *La Gare* (dite de Raincheval) du chemin de fer économique. Elle comprend la gare et un débit de boissons situé sur la route d'Amiens à Arras, près de la Borne ferrée, et compte cinq habitants.

« le Petit Boël, » et dont les deux sommets, tournés l'un vers l'autre, sont reliés ensemble au moyen d'une courte section de la chaussée qui traverse Beauquesne dans sa longueur.

De ces deux places, la première formait jadis, avec ses dépendances, ainsi que nous l'avons dit, la basse-cour du château, avec lequel elle communiquait par son angle sud-ouest ; la seconde, par son angle nord-est, s'abouchait avec le manoir des Templiers, et, par celui du nord-ouest, avec l'église.

Fortifiée dans son pourtour, comme elle l'était, la première formait, avec le château-fort, le quartier militaire. La seconde, avec ses deux annexes, entre lesquelles la tradition place l'ancienne ferme de la dîme (1), en constituait plutôt la partie ecclésiastique.

La commune est divisée en trois quartiers : celui du centre, limité, au sud, par la lisière méridionale de l'emplacement du vieux château, le long de la rue de Voisselle, et, au sud, par l'église et par la ruelle du Temple.

Toute la partie au sud de celui-ci constitue le quartier de la Porte d'Amiens, et la partie au nord celui de la Porte de Doullens.

De tous les anciens édifices qui s'élevaient jadis dans Beauquesne, l'église est le seul qu'ait connu la génération actuelle, et encore était-elle privée de l'un de ses bas-côtés, celui de droite. Voici la description que nous en donne M. l'abbé Lefèvre : « Elle a été construite, dit-il dans son travail sur les paroisses du canton de Doullens, à deux époques différentes. La nef est du XIIe siècle ; les autres parties de l'édifice appartiennent au XIIIe. Le porche a pour tout ornement quatre colonnes avec chapiteaux sur chacune de ses parois latérales, ainsi que des voussures ayant de simples tores. Au-dessus du portail se trouve

---

(1) En bordure de la chaussée, du côté opposé à l'église, jusqu'à la ruelle qui mène du Petit-Boël au Temple. Là aurait été situé le *managium* dont il est parlé dans les actes du XIIIe siècle relatifs à la dîme.

une fenêtre avec lancette géminée munie encore de ses meneaux. La tour en pierre qui sert de clocher est fort remarquable ; elle est carrée depuis la base jusqu'à la naissance du campanile en bois qui s'élève, svelte et gracieux, jusqu'à une grande hauteur. Les différents étages de la tour, au nombre de quatre, sont ornés de lancettes géminées avec baies aveugles aux trois premiers, et avec baies ouvertes garnies d'abat-sons au quatrième.

« Le chœur et l'abside sont également du XIIIe siècle, mais les fenêtres sont depuis longtemps privées de ces meneaux en pierre qui donnent tant d'élégance aux édifices de cette époque. A l'intérieur, nous avons remarqué une cuve baptismale monocylindrique du XIIe siècle, ainsi qu'une croix de la même époque, qui pourrait bien avoir appartenu à l'ancien arc triomphal. »

Les murailles de la nef et du chœur étaient aussi garnies, au sommet de leur pourtour, d'une ligne de mascarons très réussis, parmi lesquels figuraient, à l'ouverture du chœur, les quatre évangélistes, sous le symbole des quatre animaux de la vision d'Ezéchiel.

L'état de cet édifice étant devenu très défectueux, la construction d'une nouvelle église s'imposait ; mais le manque de ressources faisait considérer ce projet comme irréalisable. Heureusement, Beauquesne possède, comme curé, depuis le mois d'avril 1894, un de ces hommes rares, honneur du sacerdoce, qui nous montre qu'aujourd'hui, comme au moyen-âge, la foi peut encore enfanter des miracles.

M. l'abbé Jules Morel ne se borne pas en effet à être un prédicateur éloquent, un administrateur habile : par son dévouement infatigable envers les malades et les malheureux ; par ses instructions touchantes et ses doctes enseignements; par son action bienfaisante, en un mot, il a su raviver dans l'âme de ses paroissiens la foi attiédie, et conquérir leurs cœurs; aussi, à l'appel de leur curé, sont-ils venus en grand nombre mettre à sa disposition des sommes très importantes. La municipalité, présidée par un maire aussi intelligent que dévoué, M. Lagrange-Herbet, tint à honneur de s'associer à cette œuvre, et, par le vote d'une subvention de trente mille francs, donna au projet de M. le curé Morel une consécration définitive.

Un décret du président de la République en date du 5 novembre 1897 autorisa la démolition de la vieille église, à l'exception du clocher, que l'on a cru devoir conserver, en raison de sa valeur architecturale.

Cette démolition, commencée immédiatement, est aujourd'hui terminée, et les travaux d'édification de la nouvelle église sont poussés avec une grande activité (1).

Le terrain qui entoure l'église a été, jusque vers la fin de la Restauration, le cimetière paroissial. Il avait pour clôture une rangée de longs grès plantés l'un à côté de l'autre. Cette clôture a servi jadis plusieurs fois de retranchement contre les attaques des envahisseurs, et les murs de l'église portaient encore de nombreuses traces des projectiles qui ont été lancés contre eux.

Comme lieu de sépulture, ce cimetière avait succédé, à une date inconnue, à un autre, aujourd'hui couvert de constructions, et nommé le « Vieux-Atre, » dont nous avons mentionné la vente, à l'époque de la Révolution.

Beauquesne, complètement déchu de son importance des anciens jours, n'est plus actuellement qu'un grand village, et l'agriculture, qui y a toujours été en honneur dans les siècles passés, est la grande occupation et la principale, sinon la seule ressource de la généralité de ses habitants. Mais la crise agricole y sévit comme ailleurs, et, de plus, comme nous l'avons dit au chapitre précédent, la dispari-

---

(1) Lors de la démolition du chevet de l'église, on trouva dans le creux d'une pierre, au niveau du sol, les débris d'un vase en verre ayant contenu quelques pièces de petite monnaie de billon. Sur deux d'entre elles, l'architecte chargé de la construction de la nouvelle église, M. Ricquier, déchiffra les noms de François Ier et de Philippe le Beau. On se trouvait donc là en présence d'une réparation faite à la suite des dévastations commises par les Anglo-Impériaux en 1522 et 1523, ou après celles de Philibert-Emmanuel en 1553.

tion du lin a pesé lourdement et sur les cultivateurs et sur les ouvriers. La découverte de gisements de phosphate de chaux, en proportions assez restreintes, il est vrai, sur notre terroir, mais en quantités considérables sur les terroirs voisins, ceux de Beauval, de Terramesnil, d'Orville et de Raincheval, a compensé, pendant quelque temps, pour la classe ouvrière, la chute de l'industrie linière, et lui a procuré de gros salaires, en même temps qu'elle enrichissait subitement un certain nombre de propriétaires de terrains phosphatés, et qu'elle remettait à flot pas mal de barques que la crise entrainait à la dérive. Mais nos gisements sont aujourd'hui à peu près épuisés, et nos ouvriers inoccupés émigrent de plus en plus vers les centres industriels.

Aussi notre population, qui dépassait trois mille âmes à la fin du second Empire, est-elle actuellement réduite d'un quart; et l'exode est loin d'être terminé.

Néanmoins l'amour de la terre, qui a donné tant d'aisance à notre population, est toujours chez nous très vivace, de sorte que les propriétés y conservent encore un prix réellement exceptionnel.

Et maintenant, ami lecteur, si mon travail a réussi à t'inspirer quelque intérêt, je ne plaindrai ni mon temps, ni ma peine, et me tiendrai pour pleinement satisfait.

Fin

TABLE DES MATIÈRES

	Pages
INTRODUCTION	5

CHAPITRE PREMIER. — Origine et étymologie du nom de Beauquesne. 7

CHAPITRE II. — La contrée aux temps anciens et dans la première partie du moyen-âge. — Premières notions sur Beauquesne. — Création de sa gruerie 9

CHAPITRE III. — Beauquesne incorporé aux domaines des comtes de Saint-Pol. — Fondation de plusieurs grands domaines ecclésiastiques aux environs : Valvion, Valdesmaisons, Sériel, etc 14

CHAPITRE IV. — Quelques mots sur les cartulaires des anciens couvents. — Confession du seigneur de Beauval. — Légende du sire de Créquy 24

CHAPITRE V. — Beauquesne aux comtes d'Amiens et de Vermandois; son retour aux comtes de Flandre. — Construction de son château-fort. — Ce qu'étaient ces châteaux 28

CHAPITRE VI. — Guerre entre Philippe d'Alsace et le roi Philippe-Auguste. — Beauquesne réuni aux domaines de la couronne. 43

CHAPITRE VII. — Création de la prévôté royale de Beauquesne; son étendue; ce qu'était une prévôté royale. 49

CHAPITRE VIII. — Etablissement de la commune de Beauquesne. — Ce qu'étaient les communes. 54

CHAPITRE IX. — Redevances de la commune à l'égard du roi, son seigneur. 60

CHAPITRE X. — Création de la prévôté royale de Doullens. — Premier démembrement de la prévôté de Beauquesne; compensations 67

CHAPITRE XI. — Construction de l'église paroissiale. — Beauquesne change de patron et décimateur. . . . 70

CHAPITRE XII. — Ordonnances de saint Louis réglant la nomination des maïeurs et échevins; leurs attributions, etc.; premiers budgets présentés par les échevins de Beauquesne en vertu de ces ordonnances. . 73

Chapitre XIII. — Actes du Parlement concernant Beauquesne. — Ses premiers gouverneurs. — Le comte de Foix emprisonné au château de Beauquesne. . . . 77

Chapitre XIV. — Guerre de Flandre. — Suppression de la prévôté de Doullens. — Nouvelles modifications dans le ressort de la prévôté de Beauquesne. — Quelques-uns de ses prévôts 81

Chapitre XV. — Les Templiers de l'Amiénois emprisonnés à Beauquesne. — Ajournement par le prévôt des Italiens de son ressort. — Dotations diverses sur Beauquesne. 87

Chapitre XVI. — Tentatives d'abolition de la commune de Beauquesne. — Accord établi entre les échevins et les bourgeois, d'une part, et le roi, d'autre part. 93

Chapitre XVII. — Fondation de la chapelle de Saint-Nicolas. — Dotation complémentaire de celle de Saint-Louis. 102

Chapitre XVIII. — Travaux au château. — Début de la guerre de Cent Ans. — Aliénation de la châtellenie et sa reprise par le roi Jean. 108

Chapitre XIX. — Reconstitution de la prévôté de Doullens. — Rétrocession de la Flandre wallonne au comte de Flandre. — Nouvelles modifications dans le ressort de la prévôté de Beauquesne. 112

Chapitre XX. — Beauquesne sous Charles VI. — Destruction des établissements religieux du voisinage. 117

Chapitre XXI. — Beauquesne sous Charles VII. — Les villes de la Somme cédées à Philippe le Bon. . . . 122

Chapitre XXII. — Transfert momentané du siège de la prévôté de Beauquesne à Arras. — Quelques officiers de la prévôté, de cette époque. 128

Chapitre XXIII. — Persécutions contre des dissidents religieux. 131

Chapitre XXIV. — Rachat, puis nouvelle aliénation, et enfin retour définitif des villes de la Somme au domaine royal. 135

Chapitre XXV. — Rédaction des coutumes : préliminaires. — Liste des seigneuries, communes et localités diverses ressortissant à la prévôté royale de Beauquesne. 142

Chapitre XXVI. — Tableau des établissements religieux et des fiefs, communes et autres lieux de la prévôté de Beauquesne qui ont présenté des coutumes en 1507. — Texte de la coutume particulière de la même prévôté delà l'Authie 150

Chapitre XXVII. — Coutumes locales de la commune de Beauquesne. — Quelques réflexions à leur sujet . . 162

Chapitre XXVIII. — Nouvelle guerre; Beauquesne dévasté et brûlé. — Création de deux foires annuelles. 174

Chapitre XXIX. — Traité de Cambrai; amoindrissement considérable du ressort de la prévôté de Beauquesne. — Nouvelle guerre, suivie du déplacement du siège de la prévôté 179

Chapitre XXX. — Changement de patron et décimateur de la paroisse. — Vente à titre d'engagement perpétuel de la terre et seigneurie de Beauquesne. . . . 185

Chapitre XXXI. — Premiers seigneurs engagistes de Beauquesne : familles de Louvencourt et de Longueville. 192

Chapitre XXXII. — Beauquesne au temps de la Ligue : attaques, prises et reprises successives du château-fort par les deux partis. 196

Chapitre XXXIII. — Guerre avec l'Espagne : siège de Doullens et défaite des Français près de Beauquesne. 201

Chapitre XXXIV. — Le comte de Saint-Pol et le duc Henri II de Longueville héritent successivement la seigneurie. — Nouvelle guerre : ravages des Croates et des Polaques 212

Chapitre XXXV. — Le duc Henri II, Madame de Longueville et leurs enfants, les ducs Charles-Paris et Jean, seigneurs de Beauquesne 219

Chapitre XXXVI. — Les biens de la maladrerie; leur réunion à l'Hôtel-Dieu de Doullens. 223

Chapitre XXXVII. — Beauquesne à l'ouverture du xviiie siècle 227

Chapitre XXXVIII. — Testaments du duc Jean; procès qui s'en suivent; Beauquesne à Madame de Nemours; quelques mots sur cette princesse; sa mort; la seigneurie de Beauquesne aux maisons de Luynes et de Conti 230

Chapitre XXXIX. — Procès divers soutenus par la commune contre le duc de Luynes et contre les seigneurs d'Orville 237

Chapitre XL. — Revenus du clergé sur Beauquesne au xviiie siècle. — Revenus et charges de la commune à la même époque 241

Chapitre XLI. — Mode d'élection et fonctions de l'Echevinage au xviiie siècle. — Élection et composition du Conseil des Marguilliers, à la même époque. . . . 247

Chapitre XLII. — Suppression de la prévôté. 253

Chapitre XLIII. — Enlèvement des pavés des rues de Beauquesne au profit de Doullens 256

Chapitre XLIV. — Vente à titre d'accensement des ruines et de l'emplacement du Vieux-Château	260
Chapitre XLV. — Préparatifs de la Révolution : élections des Etats-Généraux ; cahier des doléances de la communauté de Beauquesne ; cahier général de la prévôté	264
Chapitre XLVI. — La Révolution : abolition des droits féodaux. — Les derniers seigneurs engagistes de Beauquesne.	273
Chapitre XLVII. — Nouvelles divisions administratives civiles et ecclésiastiques : Beauquesne chef-lieu de canton.	277
Chapitre XLVIII. — Confiscation des propriétés du clergé ; vente des biens nationaux sur Beauquesne.	280
Chapitre XLIX. — Partage des biens communaux.	285
Chapitre L. — Beauquesne pendant la première moitié du xixe siècle ; suppression de son canton ; rétablissement de sa vicinalité.	290
Chapitre LI. — Erection de la succursale de Beauquesne en cure de seconde classe.	295
Chapitre LII. — Quelques mots sur la culture et l'industrie du lin à Beauquesne au xixe siècle.	299
Chapitre LIII. — Etat actuel.	303

F 2528 — Abbeville, Imprimerie C. Paillart.

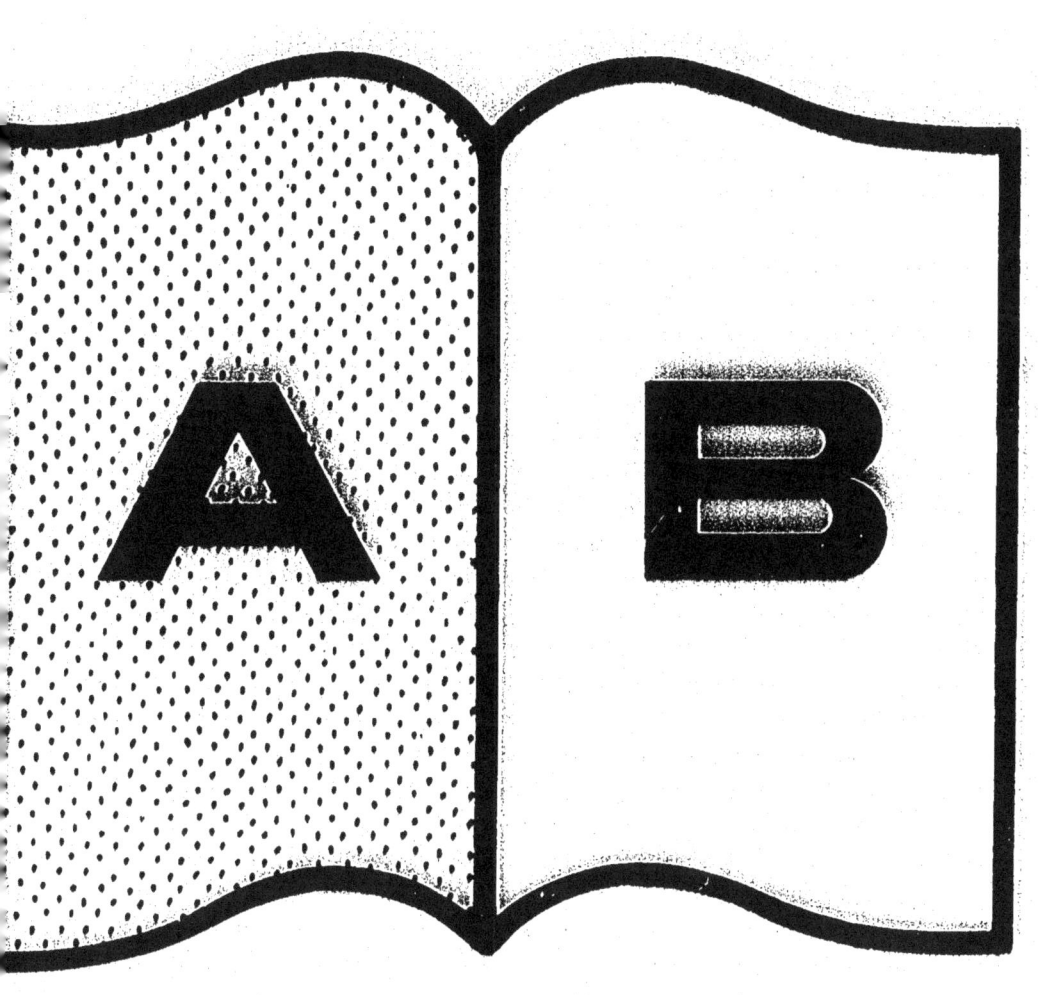

Contraste insuffisant

NF Z 43-120-14

www.ingramcontent.com/pod-product-compliance
Lightning Source LLC
Chambersburg PA
CBHW071251160426
43196CB00009B/1250